# L'art, l'argent et la mondialisation

Maquette et mise en page : Sophie Leperlier


5-7, rue de l'École-polytechnique ; 75005 Paris

http://www.librairieharmattan.com
diffusion.harmattan@wanadoo.fr
harmattan1@wanadoo.fr

ISBN : 978-2-343-00936-0
EAN : 9782343009360

Sous la direction de
Jean-Noël Bret et Nathalie Moureau

# L'art, l'argent et la mondialisation

AEPHAE : association euroméditerranéenne
pour l'histoire de l'art et l'esthétique

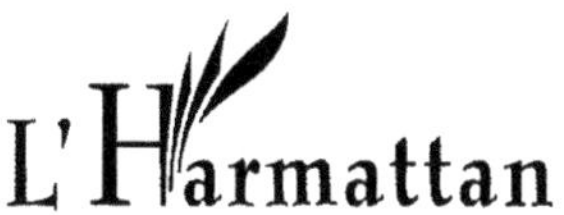

## Collection Logiques Sociales

### *Série Sociologie des Arts*
Dirigée par Bruno Péquignot

Comme phénomène social, les arts se caractérisent par des processus de production et de diffusion qui leurs sont propres. Dans la diversité des démarches théoriques et empiriques, cette série publie des recherches et des études qui présentent les mondes des arts dans la multiplicité des agents sociaux, des institutions et des objets qui les définissent. Elle reprend à son compte le programme proposé par Jean-Claude Passeron : être à la fois pleinement sociologie et pleinement des arts.

De nombreux titres déjà publiés dans la Collection Logiques Sociales auraient pu trouver leur place dans cette série parmi lesquels on peut rappeler :

**Déjà parus :**

GIREL Sylvia, *La mort et le corps dans les arts aujourd'hui*, 2013.
VILLAGORDO Eric, *L'artiste en action. Vers une sociologie de la pratique artistique*, 2012.
BRANDL Emmanuel, Cécile PREVOST-THOMAS, Hyacinthe RAVET (sous la dir.), *25 ans de sociologie de la musique en France. Tome 1 : Réflexivité, écoutes, goûts*, 2012.
BRANDL Emmanuel, Cécile PREVOST-THOMAS, Hyacinthe RAVET (sous la dir.), *25 ans de sociologie de la musique en France. Tome 2 : Pratiques, œuvres, interdisciplinarité*, 2012.
GUIGOU Muriel, *La danse intégrée. Danser avec un handicap*, 2010.
PAPIEAU Isabelle, *L'art déco : une esthétique émancipatrice*, 2009.
THÉVENIN Olivier, *Sociologie d'une institution cinématographique*, 2009.
BORGES Vera, *Les comédiens et les troupes de théâtre au Portugal*, 2009.
BRANDL Emmanuel, *L'ambivalence du rock : entre subversion et subvention. Une enquête sur l'institutionnalisation des musiques populaires*, 2009.
BARACCA Pierre, ROUSSEL Geneviève, TRAN VAN-NORY Marie-Claire, *Arman un entretien d'artiste (2004). Le texte et ses conditions de production*, 2008.
GAUDEZ Florent (sous la dir.), *Les arts moyens aujourd'hui*, 2 volumes, 2008.
PÉQUIGNOT Bruno, *Recherches sociologiques sur les images*, 2008.
ROLLAND Juliette, *Art catholique et politique*, 2007.
BRUN Jean-Paul, *Nature, art contemporain et société : le Land Art comme analyseur du social*, troisième volume, *Réseaux sociotechniques, monde de l'art et Land Art*, 2007.

# Sommaire

## L'art, l'argent et la mondialisation

# Avant-propos

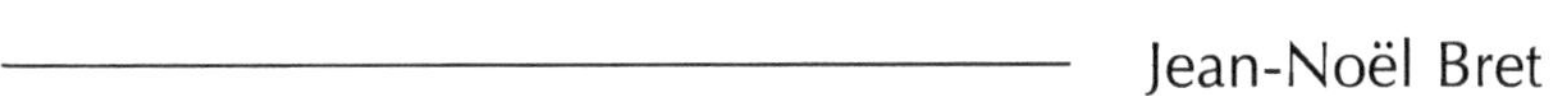

Jean-Noël Bret

À l'aube des années 1960, l'art exprimait avec le Pop Art, le Nouveau Réalisme ou le mouvement Fluxus l'état d'un monde qui entrait soudain dans l'ère de la consommation et de la communication. Ce monde n'avait plus grand-chose à voir avec celui qui, cent ans plus tôt, avait donné naissance à l'art moderne et les formes de l'art en furent bouleversées. L'objet cédait le pas à l'idée et l'artefact au ready-made ou au comportement. Harald Szeemann en dressait le constat, en 1969, avec son exposition « Quand les attitudes deviennent forme » et la modernité de Baudelaire et de Manet, qui avait marqué une rupture, connaissait son terme. L'art devint « contemporain ».

Vingt ans plus tard, le vocable n'avait sans doute pas changé mais les formes prenaient d'autres contours. Les années 1980 marquèrent alors un nouveau tournant. Les phénomènes de mondialisation et de globalisation qui commençaient à se manifester à travers la planète, associés à leur corollaire, l'argent, remettaient en question les rapports traditionnels et les modes de fonctionnement de nos sociétés et n'épargnaient pas la scène de l'art. La flambée des prix et la spéculation débouchaient sur un effondrement du marché au début des années 1990. Mais l'art contemporain ne cessait cependant d'élargir ses territoires au cours de la décennie suivante et, paradoxalement, la crise des *subprimes* aux États-Unis, qui entraînait en 2008 un krach financier sans précédent dans le monde depuis 1929, non seulement ne déclenchait pas un effondrement similaire, mais semblait au contraire entraîner le marché de l'art dans un tourbillon spéculatif. La vente des œuvres de Damien Hirst chez Sotheby's à Londres, la même année, pour un montant, jamais atteint, de 140 millions d'euros, ou le prix record de 26 millions d'euros pour une seule peinture de Gerhard Richter en 2012, étaient à cet égard révélateurs.

Ces ventes, ainsi que les grandes manifestations spectaculaires largement médiatisées que sont devenues les foires et biennales internationales d'art contemporain, ou encore l'exposition d'artistes dans des lieux aussi mythiques que le château de Versailles font régulièrement la « une » de la presse mondiale et frappent le grand public pour qui les questions du prix, de la valeur et de la légitimité de l'art d'aujourd'hui se posent de manière cruciale sans qu'il lui soit offert pour autant beaucoup de réponses. Les débats sur ces questions restent assez peu accessibles et souvent circonscrits au milieu de l'art. Les observateurs professionnels et le public initié n'ignorent pas, quant à eux, comme l'affirme Raymonde Moulin, la fondatrice de la sociologie du marché de l'art en France, dans l'avant-propos de son ouvrage *Le marché de l'art. Mondialisation et nouvelles technologies*, que « la difficulté d'analyse des marchés de l'art ne relève pas seulement de la dénégation de l'économie, généralisée dans les mondes de l'art. Elle naît de l'incertitude et de l'asymétrie d'information qui caractérisent les marchés de l'art » (Flammarion 2009, 3e édition).

Si l'accès aux données économiques et aux éléments d'analyse du marché de l'art demeure donc difficile pour ceux dont c'est la profession, l'accès du public aux explications qu'ils en donnent est d'autant plus rare et les occasions de les entendre ou de les rencontrer peu fréquentes. Il semble pourtant évident aujourd'hui que, devant un monde qui a changé, l'histoire de l'art, et en particulier celle de l'art d'aujourd'hui, ne peut se passer du regard et de l'analyse des économistes et des sociologues, seuls susceptibles de nous éclairer sur les contextes économiques et sociaux qui constituent le cadre et les conditions mêmes de la création.

Les textes réunis dans cet ouvrage sont donc issus d'une réflexion qui s'est tenue autour de ces questions lors du colloque « L'art, l'argent et la mondialisation » à l'Alcazar, bibliothèque municipale à vocation régionale de Marseille, les 29 et 30 octobre 2009, sous la direction de Nathalie Moureau et la mienne. C'était le cinquième colloque du cycle « L'histoire de l'art en question(s) » organisé par les associations A.C.C., art culture et connaissance, et AEPHAE, association euroméditerranéenne pour l'histoire de l'art et l'esthétique. Il a pu avoir lieu grâce à l'accueil de Monsieur Gilles Eboli, directeur de la bibliothèque de l'Alcazar, que nous remercions ainsi que la Fondation Écureuil, de la Caisse d'Épargne, et les membres des associations A.C.C. et AEPHAE qui nous ont apporté leur aide et leur soutien.

Jean-Noël Bret
Président des associations A.C.C et AEPHAE

# D'une crise à une autre

## La culture entre protection et perturbation

Françoise Benhamou

Les crises sont faites de paradoxes apparents. Moments de rupture et de mises en question, elles semblent libérer une certaine forme de créativité, elles incitent – obligent parfois – à la prise de risques. L'innovation peut aussi bien porter sur les formes artistiques que sur les modèles économiques qui permettent aux créations d'émerger sur les marchés. Mais il convient de se garder d'une vision angélique qui ferait de la culture en temps de crise un refuge autour de valeurs sûres et rassurantes : les crises ne coïncident pas nécessairement avec des créations de qualité, et les difficultés qu'elles entraînent dans leur sillage peuvent freiner la volonté de produire et de créer. La crise est un moment particulier du processus que Schumpeter qualifie dès 1942 de « destruction créatrice[1] », dont l'issue est pleine d'incertitudes. Elle force à repenser les relations entre le global et le local, à réviser les modes de financement, elle questionne l'avenir des structures les plus fragiles.

Lorsque John Maynard Keynes observe la manière dont la crise des années 1930 affecte la vie artistique, il décide de créer une association d'aide aux artistes. Il est frappant de voir que la crise des années 2010 appelle moins d'empathie et d'initiatives de la part des économistes[2]. Il est vrai que les relations entre Keynes et les milieux artistiques étaient solides et construites : Keynes fut au cœur de la vie du cercle de Bloomsbury, qui rassemblait les sœurs Woolf, son ami peintre Duncan Grant et tant d'autres. Mais cette explication est courte. Les solidarités artistiques étaient peut-être plus fortes à l'époque. Et tout se passe comme si, dans la crise présente, les risques artistiques n'étaient guère plus forts que ceux que vivent d'autres professions, la précarité s'étant étendue aux catégories les plus instruites. Ajoutons que joue en France, du moins pour les artistes du spectacle vivant et de l'audiovisuel, le régime fort avantageux de l'intermittence. Les artistes peintres, sculpteurs, créateurs d'installations, etc., non couverts par ce régime, doivent composer autrement avec la crise.

La crise, pour ces artistes qui travaillent dans le champ des beaux-arts, se manifeste par des tendances divergentes : tandis que les comportements spéculateurs semblent continuer leur course folle, faisant grimper les enchères pour les artistes les plus en vue, nombre d'artistes et d'œuvres sont délaissés par le marché[3]. De ce point de vue, la crise ouvre un double mouvement d'accentuation du *star-system* et de précarisation[4], dont les soubresauts sont particulièrement intéressants à observer à l'échelon international. La crise produit de ce fait des réajustements et une réorganisation des marchés.

La crise se déroule enfin au moment même où une révolution industrielle et technologique prend son plein essor autour de l'économie de l'information, conduisant à une révision drastique des formes artistiques et des modèles économiques qui les accompagnent.

## Marchés de l'art. Un contexte de profond changement

Le commerce mondial menace l'intégrité de certaines cultures locales et nationales et donne naissance à de nouveaux produits faits de mélanges et de métissages. La standardisation porte en elle son contraire, mais jusqu'à un certain point seulement.

Tyler Cowen avance que la mondialisation induit tout à la fois « l'homogénéisation et l'hétérogénéisation, lesquelles sont les deux côtés de la même pièce, bien plus que des processus opposés[5] ». En d'autres termes, le déclin de certains genres artistiques pourrait n'être qu'un symptôme de la richesse et de la vitalité de la vie culturelle. Les échanges culturels ont cette vertu d'élargir la palette des choix possibles, du moins au sein de chaque culture locale ; en revanche, ils réduisent la diversité entre les cultures, en conduisant à plus de similarités et à plus de standardisation de part et d'autre du monde.

La globalisation induit l'émergence de nouvelles concurrences, qu'il s'agisse de l'industrie touristique, liée aux activités culturelles – pour le meilleur et souvent pour le pire –, ou des marchés de l'art, sur lesquels sont apparus de nouvelles fortunes et des pays longtemps absents, comme la Chine ou l'Afrique du Sud.

Sur le site d'Artprice, on peut lire en septembre 2011 qu'« alors que la crise de la dette se propage et amplifie la panique sur les marchés financiers et que la croissance économique est au ralenti au premier semestre 2011, le marché de l'art vient de connaître son meilleur premier semestre de tous les temps[6] ».

Cette santé insolente résulte de forces diverses. D'une part, les œuvres d'art jouent un rôle de valeurs refuge. D'autre part, la montée des pays émergents stimule le marché : apparition de jeunes fortunes qui se positionnent sur le marché de l'art, ouverture de musées et de centres d'art. Le seul chiffre d'affaires du premier semestre de 2011 dépasse celui de l'année 2009 : le produit des ventes sur le marché de l'art croit de 34 % au premier semestre 2011 par rapport au premier semestre 2010. Un des signaux forts de la bonne santé au moins apparente du marché réside dans le niveau des œuvres « ravalées » (invendues en enchère[7]), qui n'atteint qu'un tiers des lots.

Cette bonne santé, avec ses aléas et ses heurts, s'accompagne de la révision des positions des pays leaders. Le marché de l'art ne fait que refléter la révision des grands équilibres géopolitiques et économiques : la Chine devient la première place de marché au monde pour le Fine Art en 2010, et elle le demeure en 2011 (avec un produit des ventes de 2,2 M$, devant l'Angleterre et les États-Unis dont le produit des ventes est respectivement de 1,6 et 1,4 milliards de dollars). Sept des dix premières maisons de ventes du monde sont désormais localisées en Chine[8].

On pourrait s'étonner de la faible corrélation des prix de l'art avec l'évolution des actifs financiers. En effet, les réajustements de crise peuvent être souhaitables sur le marché de l'art, en particulier sur les segments de l'art contemporain et de l'art actuel, très marqués par les mouvements spéculatifs. Les travaux des économistes ont montré que les effets des mouvements qui affectent les marchés financiers se manifestent sur le marché de l'art avec un décalage de l'ordre de six mois[9]. À l'aube des années 2000, les prix avaient flambé avec l'arrivée de nouveaux acheteurs, notamment venus des pays émergents, l'argent facile de la spéculation, et la montée des fortunes notamment acquises sur les marchés financiers et dans les métiers qui leur sont liés. Entre 2000 et 2005, le montant des ventes de Fine Art était passé de 2,5 à 4,2 milliards de dollars, puis à 9,3 milliards en 2007 au niveau mondial ; il redescend à 8,3 milliards en 2008[10]. La bulle spéculative se manifestait en 2007 par un décrochage majeur entre valeur fondamentale et cote en enchères, 1 254 œuvres atteignant des adjudications supérieures à un million de dollars, soit autant que pour les deux années 2005-2006. Parmi les cinq artistes les plus chers, Damien Hirst, Andy Warhol, Gerhard Richter, Richard Prince, Jeff Koons, quatre sont encore vivants, et leur cote d'autant plus fragile[11]. La transmission des mouvements est rapide à la fin de la décennie 2000-2010, et on passe de l'euphorie à la crise avec un recul des prix de l'ordre de 7,5 % en moyenne au premier semestre 2008. À la baisse des prix s'ajoute la diminution du volume des transactions, les vendeurs qui le peuvent différant le moment de se défaire des œuvres qu'ils souhaitent revendre, et les acheteurs espérant un nouveau mouvement de diminution des prix. Cet épisode apporte un éclairage intéressant sur la situation de 2010-2011 : manifestement, elle a l'éclat de la fragilité, des spéculations et des « exubérances irrationnelles » analysées par Shiller[12].

Le marché de l'art apparaît ainsi comme un des lieux de la manifestation de nouveaux équilibres internationaux et de la révélation du caractère artificiel de certaines valeurs artistiques et culturelles, soumises à des jeux spéculatifs à l'instar de ceux qui peuvent se déployer sur d'autres marchés. Mais on le voit aussi se poser en contrepoids d'autres lieux de spéculation, et basculer du lieu des passions vers des lieux de raison lorsque l'effet de la crise rétablit de plus justes concordances entre valeur artistique et valeur en enchère[13].

*Le numérique et la culture : vers de nouveaux modèles économiques*

Le numérique affecte l'ensemble des filières culturelles. Il induit de nouvelles articulations entre le spectacle vivant et l'industrie de la musique enregistrée. Il contribue à la déconstruction des clivages traditionnels entre les activités de production, de diffusion/prescription et de consommation. Il met en question les modalités d'application des lois qui régissent la propriété intellectuelle. Il impose en de nombreux cas la gratuité des biens et des services et rend urgente et indispensable l'invention de nouveaux modèles d'affaires. Il conduit encore à l'affaiblissement des politiques culturelles, mises à mal par le pouvoir de marché des entreprises de l'Internet, Google notamment. C'est dans ce contexte que s'inscrit la crise, le numérique renouvelant les pratiques effectives et les modèles économiques, au risque de la disparition de certains métiers d'intermédiation par exemple.

On ne saurait en quelques lignes en décrire toutes les facettes. En revanche, il est passionnant de relever à quel point cette révolution est faite de tendances contraires et de paradoxes. Pour l'artiste, elle est une promesse de démultiplication de sa notoriété, de constitution de réseaux « d'amis ». Elle ouvre la voie à des créations nouvelles. Mais dans le même temps, elle crée plus que jamais un tel foisonnement de l'offre que les chances d'émergence des artistes inconnus sont plus que jamais infimes. Elle assèche les possibilités traditionnelles de financement et impose de toutes nouvelles façons de travailler.

Quittons les beaux-arts pour aller vers la musique : l'effondrement des revenus tirés de la musique enregistrée conduit les artistes les plus audacieux à de nouvelles combinatoires faites de tournées et de clips, ou de préfinancement par les internautes, comme dans les cas de *Mymajorcompany* ou Radiohead[14]. Maya Bacache-Beauvallet, Marc Bourreau et François Moreau[15] montrent que les artistes qui ont une forte activité scénique s'en sortent le mieux : tout se passe en effet comme si l'argent perdu du côté de la musique enregistrée était plus que compensé par l'argent gagné grâce aux spectacles et aux tournées. Il est vrai que l'on peut supposer que les périodes de crise favorisent l'adoption de comportements, du côté des acheteurs/consommateurs, de recherche du moindre prix – si ce n'est de gratuité – concourant à la recherche obligée de financements d'une nouvelle origine.

*Les consommations culturelles. Refuge ou résilience ?*

L'inquiétude des ménages semble produire deux effets qui se conjuguent. Elle accentue les réflexes de substitution du gratuit au payant, et du pas cher au plus cher. C'est ainsi que sur le marché du livre, les bibliothèques voient leur fréquentation se renforcer, avec une plus forte propension à l'emprunt, et que les acheteurs se tournent plus volontiers vers les collections en format poche, chaque fois que possible. C'est sans nul doute la substitution du gratuit (légal et illégal) au payant qui conduit le secteur musical au bord du désastre, avec une baisse de moitié du chiffre d'affaires entre 2002 et 2008 ; la montée des ventes numérique ne compense pas le mouvement.

Dans tous les cas, l'inquiétude menace la production de nouveautés et la prise de risques. Le mécénat, variable d'ajustement des temps de crise, bat lui aussi de l'aile ; il souffre d'une double concurrence : celle qui se développe entre les établissements dans le cadre de la mondialisation de la vie culturelle, et celle qui oppose la sphère culturelle et la sphère sociale et humanitaire. En mai 2009, l'Association des musées américains, qui regroupe 3 000 établissements, distribue un texte intitulé *Le Guide de la survie* lors de sa conférence annuelle. Dans un pays qui rechigne devant l'appel aux deniers publics pour financer les activités culturelles, cette chute est catastrophique. Le Gouverneur de Pennsylvanie ne s'en cache pas : il ne saurait y avoir d'argent pour « *les équipements superflus*[16] ». La situation est d'autant plus difficile que certains placements s'avèrent catastrophiques. Exemple parmi d'autres, le musée d'art moderne de Seattle est soutenu par un organisme de crédit qui fait faillite en 2009, Washington Mutual. Les fonds du MET (Metropolitan Museum) diminuent de même de 800 millions de dollars en 2009, de sorte que le budget de fonctionnement baisse de 10 % : 250 emplois sont supprimés et la fermeture de 10 boutiques est décidée. Certains musées envisagent de se défaire d'œuvres, le principe du *deaccessioning* étant accepté aux États-Unis, au grand dam d'une large partie de la communauté des conservateurs qui ne tolère cette pratique que dans le but d'enrichir et de faire vivre les collections[17].

En France, le mécénat n'est ni une solution, ni un désastre marquant le passage à une culture financée privativement, d'autant que les dégrèvements fiscaux qu'il permet en font porter l'essentiel du poids non pas sur le mécène, mais sur l'État ! On est ici renvoyé à toute la force de la culture en temps de crise : elle souffre mais résiste, réclame des financements et parvient à contourner la propension de l'État au retrait dans un pied de nez aux détracteurs de l'effort public : même le mécénat est pour partie au moins de la subvention déguisée...

## Conclusion

La crise appelle, d'évidence, de nouvelles régulations. Le privé et le public peuvent y trouver l'occasion de formes inédites de coopération. Au plan social, les leçons du keynésianisme devraient être appliquées à l'emploi culturel ; alors que Keynes soutenait les artistes en difficulté via des associations privées *ad hoc*, il acceptait de présider aux destinées du CEMA (Comité pour la promotion de la musique et des arts), futur *Arts Council* anglais, en charge du versement de subventions aux activités culturelles.

Au plan industriel et fiscal, les difficultés des petites entreprises innovantes, dans le champ artistique, appellent des aides ciblées afin de les aider à traverser la crise ; une fiscalité appropriée est un instrument déjà en œuvre pour le livre (taux réduit de TVA, label LIR pour les librairies de qualité ouvrant droit à des dégrèvements fiscaux). Sans doute le maillon le plus stratégique demeure celui de la distribution, menacée de prédation par des entreprises venues de l'informatique et des télécommunications, peu rompues aux logiques culturelles, et en situation de pouvoir devant les incertitudes propres à la sphère culturelle.

La crise est en matière culturelle comme en d'autres domaines, un moment de déchirements et de menaces, mais aussi de révision de modèles parfois essoufflés. Elle oblige à repenser les cadres anciens de la vie économique ; qu'elle puisse laisser au bord du chemin des pans entiers des structures industrielles est bien connu. Qu'elle menace l'activité de certains artistes l'est aussi. On peut s'inquiéter de la tentation toujours présente de céder aux sirènes de la notoriété et du divertissement facile au détriment des œuvres plus exigeantes qui peinent à trouver leur public et leurs sources de financement dans les moments difficiles.

Françoise Benhamou
Économiste, professeur des universités

## Notes

1. Tyler Cowen, *Creative Destruction. How Globalization is Changing the World's Cultures*, Princeton, Princeton University Press, 2002.
2. Cf. Françoise Benhamou, « Industries culturelles. Accompagnement de la transition vers le numérique ou changement de paradigme? », in P. Dockès et J. H Lorenzi., *Fin de monde ou sortie de crise?* Perrin, 2009, p. 320-328.
3. Trois exemples en 2010: 44,85 millions de dollars pour Wen Zong et D. Fang chez Beijing Jiuge Int. Co, 56,5 millions pour un Wahrol chez de Pury et co, et 95 millions pour un Picasso chez Christie's (Source: Arprice).
4. Cf. Françoise Benhamou, *L'Économie du star-system*, Paris, Odile Jacob, 2002.
5. Tyler Cowen, *op. cit.*, p. 129.
6. http://www.artmarketinsight.com/fr/11/08/30/Bilan+du+premier+semestre+
7. Cf., notamment, Orley Ashenfelter, Kathryn Graddy, « Auctions and the Price of Art », *Journal of Economic Literature*, 41 (3), 2003, p. 763-787.
8. Source: Artprice.
9. Olivier Chanel, Louis André Gérard-Varet, Victor Ginsburgh, « Prices and Returns on Paintings: an Exercise on How to Price the Priceless », *The Geneva Papers on Risk and Insurance Theory*, 19, 1994, p. 7-21.
10. Source: Art Market Insignt, Artprice, 2009.
11. Cf. Raymonde Moulin, *L'artiste, l'institution et le marché*, Paris, Flammarion, 1992. Raymonde Moulin distingue le marché de l'art ancien et le marché de l'art contemporain; tandis que sur le premier les valeurs sont relativement établies, sur le second elles sont sujettes à des révisions et des spéculations.
12. Robert J. Shiller, *Irrational Exuberance*, Princeton, Princeton University Press, 2000.
13. Nathalie Moureau, *Analyse économique de la valeur des biens d'art*, Paris: Economica, 2000.
14. Le groupe Radiohead avait proposé son dernier album *In Rainbows* en ligne pour un prix que les internautes pouvaient librement fixer. Ce type d'expérience a fait des émules jusque dans la musique classique. La soliste violoniste Tasmin Little a proposé son album *The Naked Violin* en téléchargement gratuit sur son site Internet. Mymajorcompany est un label musical communautaire qui propose aux internautes de devenir producteurs en achetant des « parts de contribution » dans un projet d'album d'un ou plusieurs artistes. Le premier artiste produit à travers MMC fut Grégoire.
15. Maya Bacache-Beauvallet, Marc Bourreau et François Moreau, *Portrait des musiciens à l'heure du numérique*, Paris, éditions de la Rue d'Ulm, 2011.
16. En moyenne aux États-Unis, les recettes de billetterie des musées ne représentent que 5 % des ressources (41 % des musées sont gratuits), et les subventions publiques une proportion du même ordre. L'essentiel des ressources provient des revenus des endowments (placements) et du mécénat.
17. Cf. Benhamou Françoise, *L'économie de la culture*, La Découverte, 6ème éd., 2008, Coll. Repères.

## Bibliographie

Ashenfelter Orley, Graddy Kathryn, « Auctions and the Price of Art », *Journal of Economic Literature*, 41 (3), 2003, p. 763-787.

Benhamou Françoise, *L'Économie du star-system*, Paris, Odile Jacob, 2002.

Benhamou Françoise, « Industries culturelles. Accompagnement de la transition vers le numérique ou changement de paradigme? », in P. Dockès et J.H. Lorenzi, *Fin de monde ou sortie de crise?* Perrin, 2009, p. 320-328.

Benhamou Françoise, *L'Économie de la culture*, La Découverte, 7ème éd., 2011, Coll. Repères.

Chanel Olivier, Gérard-Varet Louis André, Ginsburgh Victor, « Prices and Returns on Paitings : an Exercise on How to Price the Priceless », *The Geneva Papers on Risk and Insurance Theory*, 19, 1994, p. 7-21.

Cowen Tyler, *Creative Destruction. How Globalization is Changing the World's Cultures*, Princeton, Princeton University Press, 2002.

Moureau Nathalie, *Analyse économique de la valeur des biens d'art*, Paris : Economica, 2000.

Schumpeter Joseph A., *Capitalism, Socialism and Democracy*, New-York : Harper, 1942.

Shiller Robert J., *Irrational Exuberance*, Princeton : Princeton University Press, 2000.

# Crise financière et crises culturelles

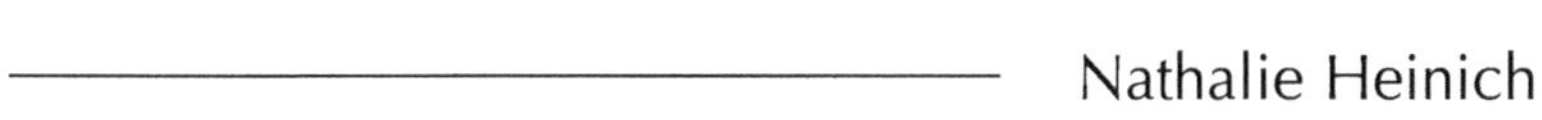

Nathalie Heinich

Quelles sont les incidences de la dernière crise financière – et de son éventuel corrélat, la crise économique – sur le domaine de la culture ? Je vais essayer de montrer que dans ce domaine, la crise est beaucoup plus profonde et ancienne ; et que sa dimension proprement financière, telle que nous la vivons depuis près d'un an, n'est en définitive que de peu d'importance.

## Une crise déjà là

En matière culturelle, la crise était déjà là, mais pas sous forme financière : sous forme de crise des valeurs. Aussi la crise financière actuelle n'apporte-t-elle que peu de changements – juste un dégonflement de la bulle spéculative sur les arts plastiques, et l'art contemporain en particulier. Ce n'est ni la première fois, ni la dernière (on se souvient de la crise du début des années 1990). La sociologie de l'art n'aurait donc pas grand-chose à en dire s'il fallait s'en tenir à l'aspect financier.

Pour bien comprendre ce qui est en jeu, il faut distinguer les domaines, car « l'art » en général ne veut pas dire grand-chose. Les choses ne se posent pas de la même façon selon qu'on a affaire, selon les termes de Nelson Goodman, aux arts « autographiques » (où l'œuvre consiste en un objet matériel unique) ou « allographiques » (où elle consiste en une infinité d'exemplaires, multipliables sans perte d'authenticité) : la crise financière ne touche évidemment pas de la même façon les arts plastiques, la littérature, le spectacle vivant ou les industries culturelles.

## En matière d'industries culturelles

Dans le cinéma, l'édition musicale et l'édition littéraire, la véritable crise est apparue il y a quelques années, et bat aujourd'hui son plein: c'est une crise technologique engendrée par Internet et les nouvelles possibilités de numérisation et de piratage. En France, on a tenté de lui donner une réponse législative, avec la toute récente loi Hadopi, qui a suscité de violents débats, non seulement entre partis politiques mais au sein des mêmes partis – signe qu'il y a là un profond conflit de valeurs. Cette crise technologique révèle une crise morale ou, plus précisément, axiologique, qui est au cœur de toutes les législations concernant le droit d'auteur: faut-il privilégier l'intérêt du public, en assurant le droit à l'information de la façon la plus large possible? ou bien l'intérêt des créateurs, en garantissant leur rémunération, gage d'un exercice professionnel de l'art?

C'est tout le problème, notamment, posé par la question de la numérisation du patrimoine écrit, qui agite actuellement le monde des bibliothèques: derrière la question technologique (quel type de numérisation des ouvrages?) se profile la question éthique et politique (qui faut-il privilégier: les auteurs ou les lecteurs?).

Par rapport à cette crise à la fois économique, axiologique et politique, les récents aléas du monde financier ne sont qu'un peu d'écume sur la lame de fond.

## En matière de spectacle vivant

Dans la musique, le théâtre et la danse, la crise est moins voyante et – pour ce que j'en sais – circonscrite à la France, mais elle est également révélatrice d'un profond conflit de valeurs et d'options politiques.

L'endettement de l'État français a rendu nécessaire une réduction des dépenses publiques, notamment en matière culturelle. Or une telle réduction s'est révélée extrêmement problématique dans le cas des établissements culturels – notamment les théâtres et les Maisons de la Culture – qui avaient été soit créés, soit confortablement dotés par le ministère de la Culture, notamment sous les gouvernements de gauche depuis 1981. Car si une réduction des subventions à des individus n'a pas de répercussions trop visibles, elle devient très problématique en revanche dès lors qu'elle touche des établissements, avec des frais fixes importants. Faut-il donc privilégier la reconduction quasi automatique des subventions aux directeurs de théâtre, quels que soient leurs résultats en termes de publics et, notamment de démocratisation? Ou bien faut-il réduire ces subventions dans certains cas, pour permettre à de nouveaux créateurs de percer, et inciter les anciens à adapter leur offre à des publics plus variés? C'est une question qui divise actuellement les professionnels du spectacle vivant, entre ceux qui préconisent un soutien systématique, et ceux qui estiment qu'une telle politique, trop évidemment corporatiste, doit être repensée pour favoriser les créateurs plus jeunes et les publics moins diplômés.

Cette rigidification du système d'aides publiques, et cette dépendance des créateurs envers l'État, est l'un des problèmes majeurs posés par ce que certains dénoncent comme une forme d'étatisation de la culture ou, au moins, comme une ghettoïsation des structures publiques, de plus en plus coupées des ressources privées et du grand public. Là encore, le problème est apparu bien avant la crise actuelle, qui ne fait que le rendre plus patent : l'économiste William Baumol l'avait déjà diagnostiqué dans les années 1960, en montrant par quels mécanismes les coûts de production ne peuvent qu'augmenter dans le secteur culturel ; la France l'a expérimenté de plein fouet dans les années 1990.

## En matière de littérature

Dans le secteur de l'édition, il me semble qu'on a plutôt affaire à un problème de surproduction éditoriale, en partie motivé par le système français de l'« office », qui incite les éditeurs en mal de trésorerie à pratiquer la cavalerie sur le dos des libraires, en publiant des livres dont ils ne rembourseront aux libraires les invendus que plusieurs semaines après leur mise en vente. Cette surproduction entraîne l'asphyxie des libraires (déjà très malmenées par la vente sur Internet), la mévente et, souvent, le découragement des lecteurs potentiels, aux yeux de qui l'accumulation de nouveautés trop souvent médiocres étouffe l'envie d'acheter. Cela ne signifie pas que la « littérature française » soit de moindre qualité qu'avant, comme le dénonçait en 2008 un journaliste américain en mal de scoop ; cela signifie simplement que les bons livres, comme les bons auteurs, tendent à perdre de leur visibilité dans un marché pléthorique.

Peut-être qu'à cette crise éditoriale s'ajoute une crise de la création proprement littéraire, comme le suggèrent ceux qui déplorent, notamment, la tendance française à l'« autofiction » plutôt qu'aux grandes fresques narratives. Mais c'est un débat qui relève de la critique littéraire – pas de la sociologie. Je ne peux donc rien en dire.

## En matière d'art contemporain

Ce qu'on appelle en France la « crise de l'art contemporain » a éclaté au début des années 1990, et dure encore. Elle n'oppose plus, comme jusqu'aux années 1970, les anciens aux modernes, ou les partisans de la figuration à ceux de l'abstraction, et la droite à la gauche, mais l'art moderne à l'art contemporain, et les *outsiders* qui pratiquent la peinture en marge des institutions, aux *established*, qui bénéficient de l'attention privilégiée portée par les pouvoirs publics aux expressions relevant de l'art contemporain – notamment les installations, les performances, la vidéo. Il s'agit donc avant tout d'une crise de définition de la notion même d'art et de création – une crise d'authenticité. Aux États-Unis, cette crise avait éclaté dès les années 1980, avec les *culture wars*, mais concernait principalement la question du financement public de la culture : elle était donc beaucoup plus politique et morale que proprement esthétique.

Quoique les termes en soient légèrement différents, l'une et l'autre crises posent la question de la forme, de la pertinence et de l'intensité de l'aide de l'État aux arts plastiques. En particulier, elles obligent – ou devraient obliger, si les questions étaient publiquement explicitées et débattues – à décider quelle direction doit être privilégiée : soit une politique de compensation, où les aides publiques se concentrent sur les seules expressions trop transgressives pour être directement assimilables par le marché ; soit une politique de pluralisme, où elles se répartissent sur l'ensemble des genres, en ciblant dans chacun les créations d'excellence. Et, plus profondément encore, cette crise touche à la question des critères de définition de l'art lui-même : question qui est au cœur de la nature même de l'art contemporain.

## Conclusion

C'est dire que la *crise des valeurs culturelles*, en même temps que des *politiques culturelles*, a largement précédé la *crise financière* ; et qu'elle est beaucoup plus ravageuse.

Ce débordement du financier par l'axiologique est constitutif de la nature même des biens culturels ; en effet, ils sont par définition investis de valeurs dont le propre est précisément de n'être pas réductibles au prix qui leur est attribué. *Les* valeurs de plaisir esthétique, d'élévation morale de l'humanité, d'authenticité de l'expression personnelle, excèdent très largement *la* valeur proprement financière attribuée aux œuvres : d'où, chez les esthètes, les stigmatisations récurrentes visant le marché de l'art, le commerce des œuvres, la non-concordance entre les prix trop élevés et les valeurs artistiques trop faibles (comme c'est le cas actuellement avec les vedettes de l'art contemporain sur le marché de l'art, tels que Cattelan, Koons ou Hirst) ou, au contraire, les prix trop bas par rapport à une valeur artistique injustement sous-évaluée (comme dans le cas de Van Gogh, dont on ne cesse de déplorer la sous-estimation par ses contemporains).

Du même coup, ceux qui cherchent dans l'art et la culture ce « reste » que ne peut appréhender l'économie classique – le plaisir des sens, l'expérience esthétique, l'élévation morale, voire une forme de transcendance – ne peuvent que se réjouir de voir se réduire, grâce à la crise financière, la valeur économique des biens culturels. La culture est sans doute l'un des rares – voire des seuls – domaines où une crise financière peut être perçue par beaucoup comme bénéfique, en tant qu'elle remet la dimension économique à sa juste place : celle de la face émergée de l'iceberg. Certes, elle touche les « biens » et, avec eux, ceux qui en vivent où y ont investi des capitaux ; mais elle les touche précisément en tant qu'ils ne sont pas « culturels ». De sorte qu'elle permet de remettre au cœur des débats les questions essentielles : celles qui, via la politique et la définition du bien commun, touchent à l'intérêt général.

Nathalie Heinich
Sociologue, CNRS

# La main visible des riches collectionneurs dans la formation de la valeur artistique

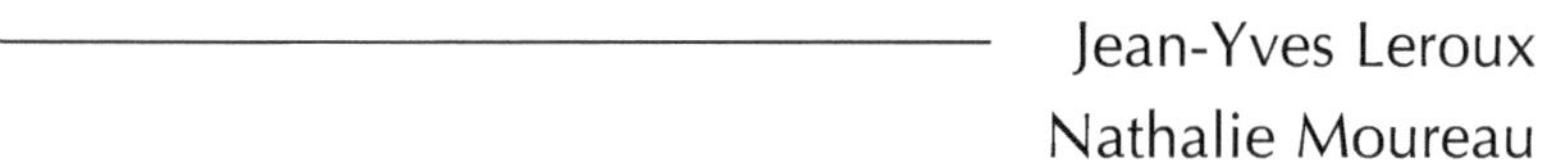

Jean-Yves Leroux
Nathalie Moureau

## Introduction

La littérature économique consacrée au marché de l'art contemporain s'est surtout focalisée depuis le célèbre papier de Baumol sur la question de l'investissement dans les biens d'art (1986) (cf. par exemple Agnello 2002, Ulibarri 2009, Beggs and Graddy 2008, Highfil and O'Brien 2007, Worthington and Higgs 2006, etc.). Moins de travaux ont traité de la valeur des biens d'art (Moureau Sagot-Duvauroux 2007, Velthuis 2003, Bonus and Ronte 1997, Schneider et Pohmmerene 1983, Frey and Pohmmerene 1989, Grampp 1989, Hutter et *alii*, 2007), des galeries ou des contrats (Caves 2000, Benhamou and *alii* 2001, Schönfeld and Reinstaller 2007; Shubik 2002, Rengers and Velthuis 2002). Encore moins de recherches se sont intéressées à ces acteurs particuliers du marché que sont les collectionneurs, (Bianchi, 1997), alors que leur pouvoir n'a cessé de s'accroître. L'exemple d'un des collectionneurs les plus célèbres, le britannique Charles Saatchi, à la fois arbitre et acteur majeur du marché de l'art contemporain qui a joué un rôle central pour la reconnaissance de la *Young British Artist,* atteste de l'importance de leur rôle pour la formation des valeurs artistiques (Bellet, 2005). Par contraste, le faible degré de reconnaissance des artistes français sur le marché international de l'art serait la conséquence du manque de collectionneurs dans le pays.

D'une part, parce qu'ils possèdent leur propre fondation ou parce qu'ils sont membres de conseils d'administration de musées, ces « big patrons » que sont les grands collectionneurs sont impliqués dans le processus de légitimation des artistes et d'autre part, parce qu'ils ont les moyens d'acheter des quantités importantes d'œuvres sur le marché, ils ont une influence sur le niveau des prix. Par exemple, jusqu'en 2003, le montant des achats du collectionneur David Geffen sur le marché de l'art a atteint 800 millions de dollars.

Dans cet article, nous nous focalisons sur ces « big patrons » et sur leur rôle dans la formation de la valeur artistique. À cet effet, nous avons constitué une base de données combinant la liste des 200 collectionneurs les plus influents fournie chaque année par *Artnews Magazine*, et les deux listes des 100 plus grands artistes figurant dans le magazine *Capital* et sur le site web *Artfacts*.

Dans une première partie sera précisé le cadre théorique de notre analyse. Dans une seconde partie, nous mettons en lumière le lien existant entre les collectionneurs et les artistes internationaux dans chaque pays. Pour terminer, nous identifions les variables ayant un impact sur la propension à collectionner et en déduisons des enseignements en matière de politique culturelle.

## Formation de la valeur artistique : cadre théorique

La sociologue Raymonde Moulin (1992) a été la première à souligner l'imbrication du monde institutionnel et du monde marchand pour la construction de la qualité artistique. Les acteurs impliqués dans ce processus de reconnaissance de la valeur artistique – usuellement qualifiés d'autorités de légitimation – pouvant être tant des conservateurs de grands musées que de riches collectionneurs ou propriétaires de galeries, etc. (Verger, 1991, Moulin, 1992).

À la suite des travaux de Moulin, plusieurs économistes se sont penchés sur la question de la valeur de l'art. Certains d'entre eux se sont focalisés sur les liens existant entre la valeur économique et la valeur artistique. Alors que Grampp (1989) s'est intéressé au lien entre la valeur artistique et le prix, Frey and Pommerhene (1989) expliquent la valeur artistique d'un artiste par différents proxies (nombre d'expositions et prix des œuvres, temps écoulé depuis la première exposition de l'artiste, nombre de supports utilisés par l'artiste pour ses créations et prix de vente antérieurs). D'autres recherches ont mis l'accent sur la « dépendance de sentier » en jeu dans le processus de reconnaissance (Bonus Ronte, 1997, Rouget and Sagot-Duvauroux 2000; Moureau 2000; Moureau and Sagot-Duvauroux, 2006) et ont mis en exergue la dimension conventionnelle de la définition de la qualité. L'émergence de la convention d'originalité au milieu du XIX^e^ siècle comme critère d'évaluation des œuvres au détriment de la convention académique jusqu'alors en vigueur a ainsi été analysée (Moureau Sagot-Duvauroux, 1992, 2010). Si le critère d'originalité fournit un guide pour juger de la qualité des œuvres, il est loin de se suffire à lui-même, toutes les créations innovantes n'entreront pas dans l'histoire de l'art, seules quelques-unes seront distinguées.

*Crédibilité et dépendance de sentier*

Se référant à la théorie évolutionniste, Bonus et Ronte (1997) mettent en lumière ce processus de reconnaissance et insistent sur le poids déterminant de la dépendance de sentier. Ils soulignent l'importance de la *crédibilité* des acteurs du monde de l'art pour compenser le manque de référence objective concernant la qualité des œuvres, cette *crédibilité* constituant le facteur déterminant du prix sur le marché. De la sorte, l'évaluation des œuvres d'art visuelles s'inscrit dans un processus de dépendance de sentier, générateur de crédibilité dans lequel les experts jouent un rôle-clé. Ces auteurs ancrent leur réflexion dans la théorie évolutionniste, selon laquelle un système soumis à des processus auto-renforçants peut déboucher sur plusieurs équilibres, la solution finalement obtenue dépendant d'une foule de petits événements qui échappent à notre connaissance. L'initiation du processus historique – qui résulte pour partie de petits événements et du hasard – est d'une grande importance parce qu'elle peut déterminer la solution qui s'imposera par la suite.

Les auteurs montrent alors que l'action des experts sur le marché de l'art relève d'un tel processus :

> *the economic value which is created by the interaction of various insider experts who are in the command of cultural knowledge. Such knowledge, which is highly specific, enables the bearer to ascertain cultural quality. Cultural knowledge includes subjective elements, though. The process by which credibility is created is path dependent, which implies that it may arrive by chance at suboptimal states.* (Bonus Ronte, p. 115)

Dans leur analyse, les auteurs se focalisent sur les facteurs subjectifs de reconnaissance, leur conception nous paraît toutefois incomplète. En effet, la crédibilité que le public et les collectionneurs accordent aux jugements des experts est fondée sur des signaux objectifs. En outre, Bonus and Ronte ne font aucune différence entre la valeur artistique (la qualité) et la valeur économique (le prix).

*Valeur artistique, prix et petits événements historiques*

Moureau (2000) propose de pallier ce manque en dissociant le mécanisme de formation de la valeur artistique de celui de la formation de la valeur économique (prix).

À la base, la reconnaissance du travail d'un artiste est impulsée par les instances de légitimation qui, selon leur connaissance du monde de l'art et leur intuition, soutiennent les artistes dont le travail semble le plus innovant et prometteur. Dans la mesure où ces experts sont insérés dans des réseaux sociaux, ce processus de reconnaissance est à rendements croissants, à savoir que plus un artiste est reconnu par un nombre élevé de personnes au sein du réseau, plus élevée sera la probabilité qu'il soit reconnu par les autres membres du réseau. La reconnaissance concrète de l'artiste s'effectue grâce à l'émission de signaux objectifs, qualifiés de « petits événements historiques », qui contribuent à inscrire le nom d'un artiste dans l'histoire de l'art. Il peut s'agir de l'achat d'une œuvre par un musée, de la rédaction d'un catalogue par un commissaire, de l'écriture d'un article par un critique dans un magazine spécialisé, etc. Seul un petit nombre de conservateurs, de grands collectionneurs, de critiques ou de marchands d'art ont la capacité de produire ces signaux objectifs qui fondent la légitimité des artistes sur le marché de l'art contemporain. Il importe toutefois de souligner la dimension collective du processus, au sens où un signal émis par un seul acteur, fut-il influent, n'est pas suffisant pour crédibiliser le travail d'un artiste.

C'est la reconnaissance conjuguée des différents membres des instances de légitimation qui conduit à la légitimation de la qualité artistique du travail de l'artiste. Les multiples lieux de rencontres internationales que sont les foires, biennales, expositions constituent autant d'interactions au cours desquelles les agents s'informent, échangent leurs avis sur un nouvel artiste et s'influencent dans leurs évaluations.

Sur le marché, l'information fournie par les instances de légitimation est déterminante pour la fixation du prix. En effet, les anticipations des collectionneurs quant à la valeur future d'un artiste et par voie de conséquence le prix qu'ils accepteront de payer pour une œuvre, sont à la fois fondées sur ces signaux objectifs et sur des bruits de marché. La formation des prix relève alors d'un mécanisme similaire à celui en vigueur sur le marché financier et, selon que les acheteurs se fient plus aux jugements des instances de légitimation ou aux bruits de marché, la correspondance entre la valeur artistique des œuvres d'art (valeur fondamentale) et leur valeur économique (prix) sera plus ou moins assurée. Ainsi, lorsque les collectionneurs font davantage confiance à l'information délivrée par les instances de légitimation plutôt qu'à l'opinion moyenne du marché, la hiérarchie des prix sur le marché est corrélée à celle de leur valeur artistique. Au contraire, lorsque les acteurs du marché n'accordent qu'une confiance limitée aux informations provenant des instances de légitimation et se fient plutôt à l'opinion moyenne (bruits de marché), la valeur artistique et les prix divergent et, dans les cas de généralisation de comportements mimétiques, des bulles spéculatives peuvent apparaître (Orléan, 1995).

*Les grands collectionneurs, acteurs majeurs des instances de légitimation*

Le pouvoir des grands collectionneurs au sein des instances de légitimation a augmenté sur les vingt dernières années du fait de l'accroissement du rôle joué par les variables financières sur le marché. D'un côté, du fait de l'augmentation considérable du nombre d'événements internationaux, comme les biennales ou les foires, ces « big patrons » deviennent quasiment les seuls à avoir les moyens de se déplacer dans le monde entier tout au long de l'année, de manière à recueillir toute l'information nécessaire à propos des artistes (Bellet, 2005). De l'autre, leur fortune leur permet d'acquérir les œuvres monumentales produites aujourd'hui par les artistes.

Le pouvoir des grands collectionneurs intervient tant dans la détermination de la valeur artistique (la qualité) des œuvres que dans leur valeur économique (prix). D'un côté, ils peuvent générer ces petits événements historiques dont l'importance a été soulignée pour la détermination de la valeur artistique des œuvres (*cf. supra*) : ils possèdent souvent leur propre musée, effectuent des donations à des institutions, appartiennent fréquemment aux conseils d'administration des musées, peuvent également charger des commissaires de la rédaction de catalogues sur les expositions qu'ils financent, etc.

Voici quelques exemples de collectionneurs influents :

*– M. Shirley est président du conseil d'administration du Musée d'art de Seattle Art, membre du conseil d'administration du Musée de Flight, Seattle, Washington, membre du conseil d'administration de The Hill School, Pottstown, Pennsylvania, et membre du conseil d'administration du Musée d'Art Moderne de New York City ;*

*– Glenn est Président du comité américain d'acquisition du Tate Museum. Il est également vice president du conseil d'art contemporain du Museum of Modern Art de New York et membre du conseil d'administration de Berea College à Berea Kentucky, au Hirshhorn Museum et à Sculpture Garden à Washington D.C., de l'Institute of Contemporary Art à Philadelphie et du Dia center for the arts à New York. Il est également membre du bureau de the Federal Enforcement Homeland Security Foundation ;*

*– Werner (Wynn) Kramarsky est président du conseil du musée Andy Warhol à Pittsburgh, PA. En outre, il est membre du Museum of Modern Art à New York et au Museum Hammer à UCLA. Au cours*

*des six dernières années, il a donné au Museum of Modern Art près de 200 pièces ;*

*– Ronnie Heyman est membre du comité des acquisitions au conseil d'administration international du Guggenheim Museum. Elle est membre du conseil d'administration de l'Israel Museum à Jérusalem et membre du comité des collectionneurs de la National Gallery of Art.*

Par ailleurs, du fait de leur pouvoir financier, et de la taille de leur collection, leurs acquisitions ont un fort impact sur les prix. À ce propos, l'exemple du collectionneur britannique Saatchi est exemplaire. Dans les années 1990, il avait acquis des œuvres de l'artiste néo-expressionniste italien Chia en quantité puis s'en est débarrassé en les vendant à un prix inférieur, contribuant à la dépréciation de sa cote.

## Les collectionneurs à l'œuvre : étude empirique

*Méthodologie*

Bien que l'idée selon laquelle il existe un lien entre le nombre de collectionneurs dans un pays et le dynamisme du marché de l'art de ce pays soit assez répandue, ce fait n'a pas été validé empiriquement du fait du manque de données à la fois sur les artistes et sur les collectionneurs. La première difficulté rencontrée lorsqu'on cherche à mesurer l'influence des grands collectionneurs sur la reconnaissance des artistes à un niveau international est d'obtenir des données quantifiées sur les artistes. Sur le marché de l'art contemporain, la plupart des transactions se réalisent dans les galeries privées et demeurent confidentielles. Selon l'évaluation de Kusin et *alii* (2005) le marché d'enchères de l'art contemporain ne représente que 30 % du marché international global. Pour résoudre cette question, nous avons choisi de retenir le classement publié par le magazine allemand *Capital* ainsi que celui d'*Artfacts*. Depuis 1970, *Capital* publie tous les ans le fameux *Kunst Kompass,* qui propose la liste de cent artistes les plus légitimes du monde (Frey and Pommerhenne, Bonus Ronte, 1997). Dans cette liste, la reconnaissance d'un artiste est fonction de la présence de ses œuvres dans les musées, au sein d'événements artistiques internationaux, etc. L'idée de base consiste à attribuer une note aux différents événements de légitimation en fonction de leur impact. Par exemple, le score de Beaubourg ou du MOMA est de 800, celui du Walker Art Center de 650 etc. Puis, chaque artiste est classé en fonction d'une note qui résulte de la somme des scores des musées ou expositions où ses œuvres ont été exposées. Ce magazine étant allemand, il est fréquemment accusé de proposer une liste où les artistes allemands sont surreprésentés. Afin de corriger ce biais potentiel, nous avons comparé ce classement avec celui du site web Artfacts. Ce dernier classement est basé sur le travail de Georges Frank et « l'économie de l'attention ». Frank, assimile le mécanisme de renommée dans le champ culturel au fonctionnement du capitalisme ; de ce fait, l'objectif des conservateurs de musées ou des propriétaires de galeries lorsqu'ils soutiennent un artiste est d'obtenir un rendement sur investissement le plus élevé possible, tout comme le ferait un investisseur lorsqu'il finance un entrepreneur. « Les conservateurs prêtent leur propriété (leur salle d'exposition ou leur réputation) à un artiste dont ils espèrent un retour sur investissement sous la forme d'une plus grande attention (réputation, célébrité, etc.) » (Claaben, 2005). Finalement, la manière dont le classement est établi est fonction d'investissements des professionnels dans des signaux grâce auxquels ils manifestent leur attention pour un artiste. Cette approche est voisine de celle du *Kunst Kompass*. Pour construire notre base de données d'artistes, nous avons utilisé les classements proposés tant par *Artfacs* que par le *Kunst Kompass* pour les deux années 2001 et 2005. Une fois résolue la question des artistes, la seconde difficulté que nous avons rencontrée dans notre étude a été d'obtenir des données sur les grands collectionneurs. Pour ce faire, nous avons utilisé la liste des deux cents collectionneurs les plus influents dans le monde fournie chaque année par le magazine américain *Artnews*. Nous avons collecté des données (nom, nationalité des grands collecteurs) sur trois années (1997, 2001, 2005). Nous avons complété cette base de données par des informations relatives à l'implication des collectionneurs dans le monde artistique, en précisant notamment s'ils possédaient leur propre musée, une galerie, s'ils appartenaient au comité d'experts d'un musée, etc.

## Les collectionneurs à l'œuvre : étude empirique, résultats

En dépit de l'internationalisation du marché, une forte corrélation apparaît entre le nombre des collectionneurs influents dans un pays et le nombre de ses artistes nationaux reconnus sur la scène internationale. Au-delà, des différences importantes apparaissent dans les pays développés, tandis que dans certains la propension à collectionner s'avère élevée, dans d'autres elle est beaucoup plus faible. Nous avons exploré plusieurs facteurs susceptibles d'expliquer ces différences, en évaluant successivement l'impact de la richesse, du système fiscal et de l'environnement culturel.

*Une distribution inégale des collectionneurs entre les pays*

Comme il vient d'être souligné, nous avons pu constater une forte corrélation entre le nombre de grands collectionneurs de chaque pays et le nombre de leurs artistes appartenant à la *top list*. Le coefficient de corrélation ($R^2$) est de 0,8 lorsque l'on utilise la liste du *Kunst Kompass* et encore plus élevé avec la liste *Artfacs*. Sur le nuage de points représentant les données issues de la liste *Kunst Kompass*, un point apparaît anormal, celui de l'Allemagne, montrant un plus grand nombre d'artistes reconnus au niveau international au regard du nombre de collectionneurs relativement aux autres pays. Dans le nuage de points représentant le lien collectionneurs-artistes à partir d'*Artfacs*, ce point anormal disparaît, même si pour l'Allemagne le nombre d'artistes reconnus internationalement semble légèrement plus élevé que pour les autres pays. Il se peut que la situation atypique de l'Allemagne lorsque l'on se réfère à la liste du *Kunst Kompass* soit due au biais que comporte cette liste (voir nos remarques méthodologiques *supra*).

| | Nombre de pays | Nombre de collection-neurs influents (liste *Artnews* | Nombre d'artistes (liste *Kunst Kompass*) | Nombre d'artistes (liste *Artfacs*) | Corrélation *Kunst Kompass* | Corrélation *Artfacs* |
|---|---|---|---|---|---|---|
| 1997 | 29 | 200 | 100 | Données non disponible | 0,87 | Données non disponible |
| 2001 | 30 | 200 | 100 | 97 | 0,87 | 0,93 |
| 2005 | 33 | 200 | 100 | 94 | 0,76 | 0,90 |

Tableau 1 : Corrélation entre la nationalité des collectionneurs influents et des artistes reconnus internationalement

Dans l'étude qu'il conduit sur l'influence artistique des pays à l'échelle internationale, Quemin observe l'existence d'une forte corrélation entre l'influence artistique d'un pays et le niveau du PNB (Quemin, 2001). Le même phénomène peut être mis en évidence en ce qui concerne les collecteurs les plus influents. En effet, en 2005, la plupart des collectionneurs les plus influents (plus de 80 %) habitent dans le groupe des vingt pays ayant le PNB par tête le plus élevé au monde (Allemagne, Canada, États-Unis, France, Italie, Japon, Pays-Bas, Royaume-Uni, Suisse), les autres se répartissant entre seize pays.

| | 1997 | | | 2001 | | | 2005 | | |
|---|---|---|---|---|---|---|---|---|---|
| | 9 pays | Monde | % | 9 pays | Monde | % | 9 pays | Monde | % |
| Nombre de collectionneurs influents | 168 | 200 | 84 % | 171 | 200 | 85,5 % | 172 | 200 | 86 % |

Tableau 2 : Nombre de collectionneurs influents par pays

Afin d'étudier la répartition des collectionneurs les plus influents entre ces neuf pays, il est nécessaire de construire un indicateur qui élimine la taille du pays, pour ce faire nous avons rapporté le nombre de collectionneurs à la population. Des différences importantes peuvent être observées. La Suisse apparaît clairement comme un cas à part, son nombre de collectionneurs rapporté à sa population étant très supérieur à celui des autres pays. À l'autre extrême, se trouve le Japon où le nombre de collectionneurs influents par habitant est très inférieur à la moyenne. Les autres pays se répartissent en deux groupes intermédiaires : le premier comprend les États-Unis, le Royaume-Uni, et les Pays-Bas, dans le second on trouve l'Allemagne, la France, le Canada avec un nombre de collectionneurs par tête légèrement inférieur.

| | Population du pays (millions d'habitants) | Nombre de collectionneurs influents | Nombre de collectionneurs influents pour 10 millions d'habitants |
|---|---|---|---|
| États Unis | 303 800 000 | 108 | 3,5 |
| Allemagne | 82 400 000 | 11 | 1,3 |
| Royaume Uni | 60 900 000 | 16 | 2,7 |
| France | 64 000 000 | 9 | 1,4 |
| Italie | 60 100 000 | 5 | 0,8 |
| Japon | 127 300 000 | 2 | 0,15 |
| Suisse | 7 600 000 | 13 | 17 |
| Pays-Bas | 16 600 000 | 4 | 2,4 |
| Canada | 33 600 000 | 4 | 1,2 |

Tableau 3 : Nombre de collectionneurs influents par pays rapporté à la population

*Un éclairage sur les différences entre les pays : le rôle de la richesse, de la fiscalité et des institutions culturelles*

Nous nous sommes penchés sur plusieurs facteurs qui pourraient expliquer les différences entre les pays. L'utilisation du ratio collectionneurs par tête permet d'éliminer l'effet de la taille du pays ; cependant, tous les habitants d'un pays n'ont pas la même probabilité de devenir des collectionneurs influents. À cet effet, le capital économique semble jouer un rôle essentiel, trivialement parce que devenir collectionneur influent suppose d'acquérir de nombreuses œuvres. Pour disposer d'une meilleure base de comparaison, nous avons ainsi calculé le nombre de collectionneurs par rapport au nombre de millionnaires dans les différents pays.

| 2005 | Nombre de collectionneurs influents | Nombre de millionnaires (HNWI) millions | Nombre de collectionneurs par millions de millionnaires |
|---|---|---|---|
| États Unis | 108 | 2669000 | 40,6 |
| Allemagne | 11 | 767000 | 14,3 |
| Royaume Uni | 16 | 448000 | 35,7 |
| France | 9 | 367000 | 24,5 |
| Italie | 5 | 370000 | 13,5 |
| **Japon** | **2** | **1406000** | **1,4** |
| **Suisse** | **13** | **191000** | **68** |
| Pays-Bas | 4 | 108000 | 37 |
| Canada | 4 | 232000 | 17,2 |
| | 172 | | |

Tableau 4

N.B. : le nombre de millionnaires est issu du *World Wealth Report* établi par Merrill Lynch et la liste des 200 collectionneurs les plus influents est tirée d'*Art news*.

Deux groupes peuvent être identifiés (tableau 4). Dans le premier se trouvent la Suisse, les USA, le Royaume-Uni et les Pays-Bas. La France est dans une position médiane. Le second groupe où l'indicateur est inférieur à la médiane comprend le Canada, l'Italie, l'Allemagne et le Japon. Cette situation correspond à grands traits à l'idée que l'on se fait de la répartition des collectionneurs entre les différents pays, si l'on excepte le cas de l'Allemagne. Il est en effet usuel de considérer qu'il y a davantage de collectionneurs en

Allemagne qu'en France. Or, nos résultats ne confirment pas cette opinion. Il faut en outre souligner la spécificité de deux cas polaires que sont la Suisse et le Japon, pays pour lesquels la part des collectionneurs dans la population diffère de manière significative par rapport aux groupes médians.

Examinons maintenant l'impact de la fiscalité. Du fait de la complexité des systèmes fiscaux, et du manque de données pour conduire une régression sur l'impact de chaque taxe, nous nous sommes limités à une analyse de nature qualitative. Lorsque l'on considère les systèmes fiscaux dans leur ensemble, aucun pays n'apparaît *a priori* particulièrement attractif ou répulsif relativement aux autres. Notamment, aucune spécificité du système fiscal japonais ne peut expliquer le faible nombre de collectionneurs dans l'archipel. Si l'on étend toutefois l'approche et que l'on ne se limite pas à la fiscalité qui traite directement des biens d'art, la vision apparaît un peu différente. Ainsi, la situation helvétique apparaît plus intelligible. Du fait de l'existence en Suisse de ports francs et des entrepôts, les investisseurs sont incités à investir dans certains biens comme les œuvres d'art ou les voitures de collection. Cependant, il doit être noté que si la fiscalité ne semble pas avoir nécessairement un impact très marqué sur le nombre de collectionneurs, en revanche, elle peut avoir des effets sur le contenu des collections et sur leur visibilité.

| | Droits succession | Taxe sur plus value | Rentre dans l'impôt sur la fortune | TVA import et export | Spécificité nationale | Globalement |
|---|---|---|---|---|---|---|
| Suisse | Pas dans certains cantons | Non | Oui | Importations 7,6 % | Attractivité Ports francs, pas de droit de suite | Attractif |
| Japon | Oui Élevés 50 % en dessus d'un certain seuil de fortune | Oui 10 à 50 % selon le niveau de la plus-value Plus value diminuées de 50 % si les œuvres sont détenues plus de 5 ans | Pas d'ISF | Importations 5 % | Pas de droit de suite | Pas attractif |

| | | | | | | |
|---|---|---|---|---|---|---|
| France | Taux progressif de 5 à 40 % | Oui 5 % prix de vente ou 27 % de la plus-value réelle Abattement fonction durée | Non | Importations 5,5 % | Droit de suite Tolérance administrative œuvre d'art considérée comme meuble meublant 5 % du montant total des actifs de la succession Droits de succession payés en dation | Moyen |
| États Unis | Au-delà de 2 millions de dollars taux 46 % | Oui maximum fédéral 28 % sur plus value Long terme (œuvres détenues depuis plus d'un an) | Pas d'IS | Non | Don associations caritatives déductions impôt réduction d'impôt limitées à 30 % du revenu brut | Moyen |
| Italie | Non | Non | Non | Importation taux courant UE 10 % UE pas X | Import sur prime d'assurance 25 % de la prime | Attractif |
| Allemagne | Taux fonction du revenu de l'héritier 7 à 50 % du prix de marché de l'œuvre | Pas de taxe sur plus value | ISF n'existe pas | Importations 7 % (excepté UE) | Droit de suite | |
| Royaume Uni | 20 % dons faits du vivant 40 % mort en dessus de 285 000 livres avec abattement | Oui 40 % de la plus-value de cession au-dessus de 6 000 livres avec abattement | Non | Importation 5 % hors UE | Impôts sur primes d'assurances 5 % ou 17,5 % | |

Tableau 5 : Fiscalité et marché de l'art

Par exemple, le paradoxe que nous avions relevé en ce qui concerne l'Allemagne et la France peut être interprété à l'aune de cette assertion. Rappelons ce dont il s'agissait : alors que l'opinion, selon laquelle le nombre de collectionneurs est plus élevé en Allemagne qu'en France est répandue, les données que nous avons recueillies montrent que le nombre de collectionneurs influents rapporté à la population de chacun des pays est plus élevé en France qu'en Allemagne.

| | Musée | Galerie | Catalogue | Liens avec le monde de l'art | Rien de connu sur le web pour ce collec-tionneur | Nombre total de collec-tionneurs | Artistes (liste Kunst Kompass) | Artistes (liste Artfacs) |
|---|---|---|---|---|---|---|---|---|
| Allemagne | 5 | 2 | 4 | 0 | 0 | 11 | 19 | 31 |
| Angleterre | 3 | 4 | 2 | 5 | 2 | 16 | 9 | 8 |
| France | 2 | 2 | 4 | 0 | 1 | 9 | 5 | 4 |
| Italie | 2 | 1 | 1 | 1 | 0 | 5 | 2 | 2 |
| Japon2 | 1 | 0 | 0 | 1 | 0 | 2 | 1 | 3 |
| Suisse | 2 | 3 | 4 | 3 | 1 | 13 | 5 | 3 |
| USA | 30 | 13 | 30 | 34 | 1 | 108 | 34 | 31 |
| Pays-Bas | 0 | 0 | 1 | 2 | 1 | 4 | | |
| Canada | | | 3 | 1 | | 4 | | |

Tableau 6 : Les grands collectionneurs et leurs moyens d'action sur le marché

N.B. : Pour construire ce tableau nous avons recherché sur le web si les collectionneurs étaient à la tête d'une fondation ou d'un musée. Dans l'affirmative nous avons compté 1 dans la colonne musée et stoppé nos recherches pour ces collectionneurs. Dans la négative nous avons poursuivi nos recherches et regardé s'ils détenaient une galerie dans l'affirmative nous avons noté 1 dans la colonne correspondante et stoppé nos recherches. Dans la négative, nous avons poursuivi le processus, etc.

Nous pouvons observer que le pourcentage de collectionneurs allemands qui possèdent un musée est plus élevé outre-Rhin que dans tous les autres pays de notre étude. Cette situation est clairement liée à la spécificité du système fiscal allemand qui incite les collectionneurs à exposer leur collection du fait de deux dispositions. En premier lieu, si une œuvre d'art appartient à une collection depuis plus de vingt ans et a été exposée au moins dix ans, cette œuvre est exempte de droits de succession à la mort du propriétaire. En second lieu, la vente d'une œuvre d'art est exempte de taxe sur les plus-values pourvu qu'elle ait été possédée par son propriétaire depuis plus d'un an. Ces deux dispositions sont d'une grande importance car elles incitent les collectionneurs allemands à exposer publiquement leur collection et à publier des catalogues de manière à justifier de la date d'achat des œuvres et de leur accessibilité publique. Inversement, les collectionneurs français sont conduits à dissimuler leur collection pour ne pas avoir à payer d'impôts de succession. D'un point de vue artistique, le contexte allemand est d'une grande importance pour la reconnaissance des artistes locaux au niveau international parce que les collectionneurs sont incités à créer ces « petits événements historiques » qui contribuent au processus de définition de la qualité des œuvres (voir supra).

Puisque certaines différences ne peuvent être expliquées par la fiscalité, penchons-nous sur certaines variables sociales. Si l'on se réfère à l'analyse sociologique, il est établi que *l'habitus* – via une de ses principales composantes *i.e.* le capital culturel – est d'une grande importance pour expliquer la consommation culturelle. Dans la mesure où le nombre de galeries et d'institutions publiques d'art moderne et contemporain fournissent un environnement favorable pour sensibiliser le public à l'art contemporain, nous avons utilisé ces variables comme proxy pour mesurer dans quelle mesure l'environnement culturel pourrait expliquer les différences que nous avons pu observer dans le nombre de collectionneurs entre les pays.

| | Nombre de collectionneurs influents | Nombre d'institutions publiques dédiées à l'art contemporain | Nombre d'institutions privées ou publiques dédiées à l'art contemporain | Population des pays (millions d'habitants) | **Nombre de collectionneurs influents pour 10 000 000 d'habitants** | Nombre d'institutions publiques par million d'habitants | **Nombre d'institutions publiques et privées par million d'habitants** |
|---|---|---|---|---|---|---|---|
| États Unis | 108 | 862 | 3 682 | 303,8 | **3,5** | 2,84 | **12,12** |
| Allemagne | 11 | 908 | 2 895 | 82,4 | **1,3** | 11,02 | **35,13** |
| Royaume Uni | 16 | 274 | 1 292 | 60,9 | **2,7** | 4,5 | **21,21** |
| France | 9 | 296 | 1 179 | 64 | **1,4** | 4,62 | **18,42** |
| Italie | 5 | 234 | 1 143 | 60,1 | **0,8** | 3,89 | **19,02** |
| Japon | 2 | 113 | 408 | 127,3 | **0,15** | 0,89 | **3,2** |
| Suisse | 13 | 140 | 550 | 7,6 | **17** | 18,42 | **72,37** |
| Pays-Bas | 4 | 339 | 467 | 16,6 | **2,4** | 20,4 | **28** |
| Canada | 4 | 231 | 363 | 33,6 | | 6,9 | **10,8** |

Tableau 7 : Les institutions d'art contemporain selon les pays

Nous avons calculé le ratio du nombre d'institutions publiques par million d'habitants et le ratio du nombre total d'institutions (publiques et privées) par million d'habitants. Quel que soit le ratio, nous aboutissons aux mêmes résultats. Les positions extrêmes du Japon et de la Suisse font écho au nombre de grands collectionneurs dans chacun de ces pays, où il y a respectivement 72,37 institutions par million d'habitants pour la Suisse et seulement 3,2 pour le Japon.

## Conclusion

Cet article s'est attaché à étudier le rôle des grands collectionneurs sur le marché de l'art contemporain. Une forte corrélation a été établie entre la nationalité des collectionneurs influents et celle des artistes les plus reconnus, les riches collectionneurs ayant les moyens d'influer tant sur la valeur artistique (à travers les expositions qu'ils organisent dans leurs musées privés, à travers leur présence aux conseils d'administration de musées, etc.) que sur la valeur économique (à travers leurs achats). Deux cas polaires se distinguent, celui de la Suisse et du Japon. Tandis que la proportion de collectionneurs influents au Japon est largement inférieure à celle des autres pays, elle est au contraire nettement plus élevée en Suisse. Pour expliquer ces différences nous avons exploré différents facteurs, notamment la fiscalité et le contexte institutionnel (« atmosphère artistique » dans chaque pays). Tandis que le contexte institutionnel joue un rôle important, celui du système fiscal est plus complexe. Plus que la taxation proprement dite, c'est l'existence de zones de port franc qui semble avoir un impact, comme par exemple en Suisse. En outre, plus que l'incitation à collectionner ou non, la taxation semble avoir un effet sur la façon de collectionner. En Allemagne, le système qui organise la taxation des successions a un impact sur le comportement des collectionneurs et bien que leur nombre soit relativement plus faible qu'en France, une proportion plus élevée d'entre eux possède un musée et de ce fait est plus active pour la reconnaissance des artistes nationaux.

Au final, impulser un goût pour l'art contemporain à travers « une atmosphère artistique » et inciter à montrer sa collection à travers « des incitations à exposer » peuvent constituer les premières étapes à suivre pour un pays désireux de voir ses artistes reconnus au plan international.

Jean-Yves Leroux
Maître de conférences en sciences économiques, Université Montpellier III.
Chercheur au Cemi, Université Montpellier III
Nathalie Moureau
Maître de conférences en sciences économiques, Université Montpellier III.
Chercheur au Lameta, Université Montpellier I

## Bibliographie

R. Agnello, R. Pierce, "Financial Returns, Price Determinants, and Genre Effects in American Art Investment", *Journal of Cultural Economics*, 1996, 20 (4), 359-383.

B. W. Arthur, « Competing Technologies: an Overview » *in Technological Change and Economic Theory*, Dosi G., Freeman C., Nelson R., Silverberg G., et Soete L. (eds), Pinter Publishers, 1988.

W. Baumol, "Unnnatural Value: or Art Investment as Floating Crap Game", *American Economic Review*, 1986, 76 (2), 10-25.

A. Beggs, K. Graddy, « Failure to Meet the Reserve Price: the Impact on Returns to Art », *Journal of Cultural Economics*, 2008, 32(4), 301-320.

F. Benhamou and *alii*, *Les galeries d'art contemporain en France*, Paris, La Documentation française, 2001.

H. Bellet, « La folie des méga collectionneurs d'art contemporain », *Le Monde*. 1er décembre 2005.

M. Bianchi, « Collecting as a Paradigm of Consumption », *Journal of Cultural Economics*, 1997, 21 (4), 275-289.

H. Bonus, D. Ronte, « Credibility and Economic Value in the Visual Arts », *Journal of Cultural Economics*, 1997, 21, 103-118.

R. Caves, *Creative Industries: Contracts between Art and Commerce*, Harvard University Press, 2000.

B. Frey, W. Pommerhene, *Muses and Market Explorations in the Economics of the Arts*, Blackwell, 1989.

W. Grampp, *Pricing the Priceless Arts Artists and Economics*, Basic Books, 1989.

J. Highfill, K. O'Brien, « Bidding and Prices for Online Art Auctions: Sofa Art or Investment », *Journal of Cultural Economics*, 2007, 31(4), 279-292.

M. Hutter, C. Knebel, G. Pietzner, M. Schäfer, "Two Games in Town: a Comparison of Dealer and Auction Prices in Contemporary Visual Arts Markets", *Journal of Cultural Economics*, 2007, 31 (4), 247-261.

R. Moulin, *L'artiste, l'institution et le marché*, Paris, Flammarion, 1992.

N. Moureau, D. Sagot-Duvauroux, *Le marché de l'art contemporain*, Paris, Repères, La découverte, 2007.

N. Moureau, *Analyse économique de la valeur des biens d'art*, Paris, Economica, 2000.

N. Moureau, D. Sagot-Duvauroux, « Les conventions de qualité sur le marché de l'art, d'un académisme à l'autre? », *Esprit*, octobre 1992, 43-54.

A. Orléan, « Bayesian Interactions and Collective Dynamics of Opinion: Herd Behavior and Mimetic Contagion », *Journal of Economic Behavior and Organization*, 1995, 28, 257-274.

M. Rengers, O. Velthuis, "Determinants of Prices for Contemporary Art in Dutch Galleries, 1992-1998, *Journal of Cultural Economics*, 26, 1-28.

B. Rouget, D. Sagot-Duvauroux, *Economie des arts plastiques*, Paris, L'Harmattan, 2000.

F. Schneider, W. W. Pommerehne, "Analyzing the Market of Works of Contemporary Fine Arts: an Exploratory Study", *Journal of Cultural Economics*, 1983, 7 (2), 41-67.

S. Schönfeld, A. Reinstaller, « The Effects of Gallery and Artist Reputation on Prices in the Primary Market for Art: a Note », *Journal of Cultural Economics*, 2007, 31, 143-153.

M. Shubik, "Dealers in Art", *Yale School of Management, Working Papers ysm*, 2002, 225.

C. Ulibarri, « Perpetual Options: Revisiting Historical Returns on Paintings », *Journal of Cultural Economics*, 2009, 33(2), 135-149.

O. Velthuis, "Symbolic meanings of prices: Constructing the value of contemporary art in Amsterdam and New York galleries", *Theory and Society, 32*(2), 2003, 181–215.

O. Velthuis, *Talking prices. Symbolic meanings of prices on the market for contemporary art,* Princeton: Princeton University Press, 2005.

A. Verger, « *Le* champ des avant-gardes », *Actes de la recherche en sciences sociales*, 1991, 88 (1), 2-40.

A. C. Worthington, H. Higgs, « A Note on Financial Risk, Return and Asset Pricing in Australian Modern and Contemporary Art », *Cultural Economics*, 2006, 30(3), 73-84.

# La photographie à l'épreuve du marché de l'art*

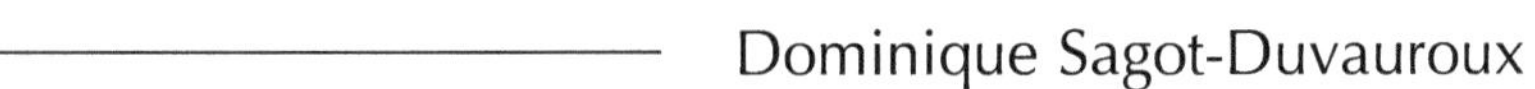

Dominique Sagot-Duvauroux

Le marché de la photographie contemporaine est souvent assimilé à celui des tirages, lui-même calqué sur celui de l'art contemporain, dont les règles se dessinèrent à la fin du XIXe siècle.

Cette assimilation a pour effet de hiérarchiser implicitement les formes de la création photographique. Comme le souligne Raymonde Moulin, « la rareté du chef-d'œuvre unique du génie unique est la rareté la plus rare, parmi les raretés socialement désignées comme artistiques[1] ». Il va alors de soi que le tirage unique d'un photographe artiste constitue la forme la plus aboutie de la création, puisque c'est celle qui se rapproche le plus de la forme artistique la plus reconnue. Les autres modes de présentation des images (livre, presse, posters...) sont ainsi considérés comme des documents sur l'œuvre ou même un pis-aller destiné à ceux qui n'ont pas les moyens de s'acheter le tirage original. Les photographes pouvant prétendre au statut d'artiste contemporain seront alors ceux qui adopteront les conventions du monde de l'art contemporain.

Il est vrai que comme le note Yves Michaud, « la photographie n'est certainement pas qu'un art[2] » et qu'il est dès lors très tentant de se simplifier la vie en ne considérant comme œuvre d'art, que les seules images qui présentent les attributs habituels d'une œuvre d'art, c'est-à-dire un objet unique présenté en galerie ou dans un musée quitte à confondre les notions d'objet rare et d'objet d'art[3]. La photographie en général, omniprésente dans la rue, à travers la publicité notamment, participerait alors de cet art à l'état gazeux dont chercherait paradoxalement à se protéger un monde de l'art contemporain replié sur lui-même[4].

Si le développement d'un marché des tirages constitue un salutaire mais marginal[5] complément de débouchés pour les photographes, ne risque-t-il pas de favoriser la ghettoïsation de la création photographique au sein du seul monde de l'art contemporain ? Après avoir rappelé les règles du marché de l'art contemporain, nous présenterons rapidement comment s'est structuré le marché des tirages photographiques en adaptant, à un marché de multiples, des règles d'un marché d'uniques. Nous terminerons par des réflexions sur les problèmes que pose une telle adaptation pour la création photographique.

## Les règles du marché de l'art contemporain

Un marché ne fonctionne correctement que si il y a consensus sur les critères qui permettent d'en apprécier la qualité et que les offreurs comme les demandeurs sont en mesure d'évaluer cette qualité[6]. Sur le marché de l'art, ce consensus se caractérise par l'existence de conventions esthétiques communément admises qui informent les acteurs du marché de ce qui vaut et de ce qui ne vaut pas. L'adhésion à ces conventions définit des mondes de l'art au sens de Howard Becker :

> La valeur esthétique naît de la convergence de vue entre les participants à un monde de l'art à telle enseigne que si cette convergence n'existe pas, il n'y a pas non plus de valeur dans cette acception du terme. (...) Une œuvre a des qualités et partant une valeur quand l'unanimité se fait sur les critères à retenir pour la juger, et quand on lui a appliqué les principes esthétiques acceptés d'un commun accord[7].

Jusqu'au milieu du XIX$^{e}$ siècle, deux conventions coexistaient en bonne intelligence. La convention artisanale fondait la valeur sur le coût de production majoré d'une marge plus ou moins importante selon la notoriété de l'artiste. La convention académique ancrait la valeur sur le sujet. Dans les deux cas, la valeur était extrinsèque au marché. Elle était attachée aux caractéristiques de l'œuvre (sujet et objet).

Trois principaux facteurs remettent en cause ces modes de valorisation des œuvres[8]. Le triomphe du libéralisme met à mal le centralisme de l'académie et le monopole des corporations ; le romantisme consacre l'artiste inspiré au détriment de l'artiste savant (système académique) ou de l'artiste artisan (système des corporations[9]) ; enfin l'innovation photographique, qui capte les marchés du portrait et du paysage, fragilise les revenus des artistes peintres dont la technique de production devient subitement obsolète.

Pour survivre dans ce contexte de révolution industrielle, le monde de la peinture contemporaine de l'époque doit s'inventer de nouvelles règles adaptées à l'évolution des idées et des technologies.

Une nouvelle convention émerge, opérant une triple différentiation par rapport aux précédentes. Alors que la réussite, dans le système artisanal et académique passait par la fidélité au réel (marché artisanal) ou aux règles du beau (marché académique), elle dépend désormais de l'originalité de la démarche de l'artiste et donc de la transgression des règles. L'innovation devient le moteur de la création et de l'accès à la notoriété. Alors que la copie n'est pas disqualifiée dans les précédents systèmes puisqu'elle préserve le sujet et le travail, elle perd l'essentiel de sa valeur dans le nouveau système. La rareté devient un élément essentiel de la valeur. Alors que la connaissance de l'auteur n'est pas indispensable pour évaluer les œuvres artisanales ou académiques, elle l'est sur le nouveau marché en train de se mettre en place. L'authenticité devient la clé de voûte de la valeur, garantissant simultanément la nouveauté et la rareté de l'œuvre. Désormais, une œuvre a d'autant plus de valeur qu'elle est innovante, rare et authentique. C'est ce que nous avons appelé avec Nathalie Moureau la convention d'originalité.

Il faudra une soixantaine d'années pour que le monde de l'art contemporain adopte majoritairement cette nouvelle convention. Mieux vaut encore être un peintre académique à la fin du XIX^e^ siècle. Ce qui fait en effet la spécificité des conventions, c'est qu'elles ne se décrètent pas, elles doivent convaincre de leur efficacité à faire vivre les artistes. Force est de constater que ces nouvelles règles, qui ont résisté jusqu'à aujourd'hui, ont permis, dans une économie de marché où l'État intervient relativement peu, de procurer des ressources aux artistes les plus radicaux. Le marché au service de l'avant-garde, c'est assez rare pour que cela soit souligné. Qu'on en juge, dans les premières années du vingtième siècle, Picasso et le cubisme, Malevitch et l'abstraction, Duchamp et le conceptualisme révolutionnent le monde des arts plastiques plus rapidement que pendant les trois siècles précédents.

Cette économie de l'art propose une réponse appropriée à la concurrence photographique. Dans le secteur culturel, l'émergence d'un produit concurrent issu d'une technologie nouvelle (photographie par rapport à la peinture, cinéma par rapport au théâtre, télévision par rapport au cinéma...) s'est à chaque fois traduite par un repositionnement de l'activité concurrencée sur les caractéristiques qui lui appartiennent en propre, par un recentrage sur une clientèle plus aisée dont la demande est moins sensible aux prix et enfin par un refus de reconnaître des capacités artistiques au nouveau procédé. La liberté du peintre devant la toile blanche opposée à la prétendue dépendance du photographe par rapport à ce que voit l'objectif[10], la non-multipliabilité des peintures opposée à la multipliabilité de la photographie différentient efficacement le marché de la peinture de celui de la photographie. En transformant une faiblesse (la non-multipliabilité) en une force, la valorisation de la rareté, cette stratégie favorise le développement d'une demande de collection et répond au dilemme posé par la fameuse loi de Baumol puisque le prix n'est désormais plus ancré sur le coût de production[11].

Par contrecoup, le rapprochement de la notion d'art avec celle d'un mode de production artisanal opposé au mode de production industriel, écarte durablement la photographie du champ de l'art[12]. Le mouvement pictorialiste tentera bien de se faire une place dans le monde de l'art sans parvenir pour autant à construire un marché des tirages photographiques. Quelques tentatives, les galeries de Stiglietz au début du XX^e^ siècle et celle de Julien Levy à New York dans l'entre-deux-guerres ou encore d'Helen Gee avec sa galerie Limelight, ne feront pas d'émules. Et il faudra attendre pratiquement les années soixante pour que la photographie conquière parallèlement une place sur la scène artistique et sur celle du marché de l'art.

## La construction du marché des tirages photographiques[13]

Trois facteurs contribuent à la reconnaissance artistique de la photographie en même temps qu'à l'apparition d'un marché des tirages photographiques à partir des années soixante. Premièrement, les artistes plasticiens sont de plus en plus nombreux à utiliser la photographie dans leur travail, soit pour laisser des traces d'une œuvre par nature éphémère (Land Art, art conceptuel...), soit parce que la photographie devient leur principal médium (école allemande avec les Becher...).

Deuxièmement, les marchés traditionnels des photographes et notamment la presse se rétrécissent avec l'arrivée de la télévision. Le reportage vidéo se substitue au reportage photographique comme source première d'information de la population. Les photographes doivent vendre autre chose qu'une simple fixation pseudo-objective de la réalité. Le profil du photographe-auteur s'affirme. À la suite de l'expérience pionnière de l'agence Magnum, des agences de photographes-auteurs se créent à la fin des années soixante sous l'impulsion de photographes comme Raymond Depardon, fondateur de Gamma. Cette reconnaissance, confirmée par la loi de 1985 sur les droits d'auteur, ouvre la possibilité aux images de presse de gagner un jour les cimaises, l'auteur se transformant alors en artiste.

Les recherches des photographes au cours des années cinquante et soixante aboutissent à privilégier de plus en plus le style au sujet qui, soit devient accessoire, soit prétexte à une création plastique originale. L'affirmation de la subjectivité du photographe, en réaction à l'exposition *Family of Man*, conduit à l'idée que, s'il y a vérité dans la photographie, ce n'est pas tant dans ce que le cliché représente que dans la sincérité de la démarche de son auteur. Le photographe-artiste côtoie voire remplace le photographe-reporter au fur et à mesure que la photographie perd sa fonctionnalité première, « témoigner du réel », sur laquelle plane un doute, au profit d'une finalité seconde purement artistique. De nouveau, la création photographique rencontre la création des peintres. Certains photographes, comme Duane Michals, s'affranchissent de la réalité pour composer des images de pure fiction. D'autres investissent le champ de recherche conceptuel. D'autres encore réfléchissent sur la matière photographique. Le tirage redevient au centre des préoccupations des artistes.

Enfin, la construction du marché des tirages doit beaucoup au travail de pionniers qui vont sensibiliser les collectionneurs à l'importance artistique de la photographie et aux critères à prendre en compte pour en apprécier la valeur (convention esthétique[14]). Il y a d'abord le travail de collectionneurs, historiens, commissaires d'exposition qui à la fois construisent une histoire de la photographie, socle indispensable à l'identification de l'innovation et posent les bases des règles du marché. Parmi les plus fameux, on peut citer André Jammes, qui organise une vente aux enchères dès 1961, Helmut Gersheim dont une partie de la collection est acquise par l'Université du Texas dans les années soixante ou encore Harry Luhn, ce dernier ayant joué un rôle central dans la construction du marché aux États-Unis à travers la promotion du vintage et la fondation de l'Association of International Photography Art Dealers en 1978.

Il y a ensuite les institutions, maillon indispensable dans le mécanisme de création de valeur sur le marché de l'art[15]. Si Nancy et Beaumont Newhall font figure de précurseurs, la reconnaissance artistique de la photographie doit beaucoup à des personnalités comme Ted Hartwell à Minneapolis, Edward Steichen, John Szarowski ou Sam Wagstaff à New York, Jean-Claude Lemagny à la Bibliothèque nationale en France pour n'en citer que quelques-uns.

Enfin, il y a les premières galeries, qui essuient les plâtres d'un marché encore immature, parmi lesquelles on peut citer Il Diaframma à Milan, Agathe Gaillard à Paris, Lee Witkin à New York ou encore la Zeit Gallery à Tokyo, et les premières ventes aux enchères régulières organisées par Sotheby's et Christie's.

Ce travail de défrichage aboutit dans les années quatre-vingt à la structuration et à la diversification du marché. Des galeries de photographies pures côtoient des galeries d'art contemporain représentant des photographes. Le monde de la photographie de reportage se rapproche de celui des galeries avec la création de nouvelles agences comme Vu, qui ouvrira ensuite sa propre galerie. La célèbre foire de Bâle ouvre une section photographie en 1989.

Les années quatre-vingt-dix s'ouvrent sur un marché enfin en ordre de marche ayant adopté les règles du marché de l'art contemporain apparues à la fin du XIX$^{e}$ siècle. La contestation de la « sacralisation » du vintage pour les tirages historiques, et de la numérotation pour les tirages plus contemporains, portée par quelques grands noms de la photographie comme Henri Cartier Bresson faiblit. Les collectionneurs sont rassurés. Les ventes décollent rapidement.

Ces évolutions spectaculaires ne doivent pas faire oublier que le marché des tirages reste marginal par rapport au reste du marché. En 2011, les ventes aux enchères de photographies n'ont représenté que 1,6 % du chiffre d'affaires des enchères dans le monde et parmi les 500 artistes ayant réalisé les plus gros chiffres d'affaires en 2012, le premier photographe, Richard Prince, n'arrive qu'en 134$^{e}$ position.

## La convention d'originalité est-elle adaptable au marché des tirages photographiques ?

Sur le marché de l'art contemporain, la valeur est assise sur trois critères : la nouveauté de la démarche de l'artiste, la rareté et l'authenticité de l'objet. Ces trois dimensions renvoient à un concept unique, celui d'originalité.

### *La valeur de la nouveauté*

L'innovation s'apprécie sur la base de deux éléments : le passé et l'avenir. Concernant le passé, la spécificité de la photographie contemporaine est de pouvoir mesurer le degré d'innovation à partir de deux référents, l'histoire de l'art et l'histoire de la photographie. Le monde de l'art photographique a longtemps été secoué par l'opposition entre ceux qui privilégient la référence à l'histoire de l'art, c'est-à-dire, pour aller vite, le monde de la photographie plasticienne et ceux qui privilégient l'histoire de la photographie, c'est-à-dire, pour aller encore plus vite la photographie pure ou créative. Cette tension est moins vive aujourd'hui pour plusieurs raisons. D'abord la photographie « pure » a trouvé, sur le marché des tirages, des débouchés complémentaires venant (très) partiellement compenser l'érosion des revenus sur les autres marchés (presse, édition...). L'agence Vu a donné naissance à la galerie Vu, les collectifs de photographes comme « Tendance Floue » revendiquent leur présence sur les différents segments de marché. Ensuite, le marché de l'art, peut-être parce qu'il fonctionne de plus en plus comme un marché de marques, s'est fortement rapproché du marché de la publicité et de la mode[16], ouvrant des perspectives nouvelles à des photographes spécialisés sur ces créneaux et qui pourront d'ailleurs invoquer la période de l'entre-deux-guerres et des artistes comme Kertesz, Man Ray ou Steichen comme glorieux inspirateurs. Les succès de personnalités comme Helmut Newton ou Irving Penn sur le marché des tirages n'est pas étranger à ce phénomène. Enfin, les historiens d'art ont contribué, par leurs travaux, à rendre moins étanches ces deux histoires, montrant les influences réciproques des photographes et des plasticiens. La référence à l'histoire de l'art reste cependant dominante dans le processus de consécration des photographes sur le marché des tirages.

Concernant l'avenir, un artiste aura d'autant plus de valeur qu'il engendrera une descendance, c'est-à-dire que son travail sera imité (il sera à l'origine d'un mouvement), critiqué (il provoquera l'apparition de mouvements concurrents, en rupture), dans tous les cas qu'il aura influencé le travail des générations qui l'auront suivi.

Le travail des galeries mais aussi des critiques ou des commissaires d'exposition consiste essentiellement à construire un discours de légitimation de la nouveauté par rapport au passé et d'encourager, par la publication de catalogues, d'articles critiques et l'organisation d'exposition, une dynamique mimétique des autres artistes[17].

En conséquence, les artistes les plus chers sont ceux qui sont à la confluence de ces différentes histoires et qui s'inscrivent dans une dynamique de mouvements artistiques. Andreas Gursky en est un bon exemple.

*La rareté d'un produit multipliable*

En principe, la plupart des tirages sont multipliables. À partir d'une même matrice (le cliché, le fichier numérique...), on peut réaliser plusieurs originaux. Cependant, la multiplication des originaux ne convient guère à un marché de collection fondé sur la valorisation de la rareté. Le marché se doit de construire la rareté. Sur le marché des tirages anciens ou de presse, s'est imposée une hiérarchie de valeur organisée autour d'un mètre étalon, le vintage[18].

Sont ainsi distingués :

– Le vintage, tirage contemporain à la prise de vue, fait par le photographe ou sous son contrôle direct ;

– Le tirage original fait à partir du négatif original mais qui peut être fait postérieurement par le photographe ou sous son contrôle ;

– Le retirage, tirage effectué après la mort de l'auteur à partir du négatif original ou l'épreuve de lecture ;

– Le contretype, obtenu à partir d'une épreuve photographique rephotographiée.

À cette distinction s'ajoute une classification en fonction de la destination du tirage. Sont ainsi distingués :

– Épreuves de lecture, tirages intermédiaires réalisés par le photographe avant le tirage définitif ;

– Tirages de presse, destinés aux entreprises de presse en vue de la publication ;

– Tirage définitif, dont la destination est normalement l'exposition et qui constitue l'œuvre finie (taille, contraste...).

Dans la photographie contemporaine, la signature et la numérotation sont de règle. La réglementation l'impose pratiquement en France depuis le décret du n° 91-1326 du 23-12-1991 qui stipule :

> Sont considérées comme œuvres d'art les photographies dont les épreuves sont exécutées soit par l'artiste, soit sous son contrôle ou celui de ses ayants droit et sont signées par l'artiste et authentifiées par lui-même ou ses ayants droit et numérotées dans la limite de trente exemplaires tous formats et supports confondus. Toute épreuve posthume doit être indiquée comme telle au dos de façon lisible.

La numérotation fait cependant l'objet de pratiques parfois peu scrupuleuses. Elle est souvent associée à un format donné, la même image pouvant être tirée en plusieurs dimensions. Rien à redire s'il s'agit d'une simple pratique commerciale visant à différentier les marchés et clairement connue des collectionneurs ; pratique plus contestable quand elle est effectuée a posteriori, pour continuer à exploiter une image recherchée mais épuisée. Pratique enfin parfois critiquable d'un point de vue esthétique, si l'on considère qu'à une image correspond un format optimal qui constitue l'original.

De nombreuses galeries pratiquent en outre une politique de prix croissants en fonction du nombre de tirages restant disponibles. Ainsi les premiers tirages d'une même image sont vendus moins chers que les derniers, incitant les collectionneurs à se décider vite.

Dans tous les cas, la mise en place d'un marché de multiples de collection s'expose à un risque élevé de prolifération des faux, ce qui pose la question de l'authenticité[19].

*L'authenticité d'une photographie*

La question de l'authenticité pose celle de l'original. Qu'est-ce qu'un original en photographie[20] ? Une réponse simple est de considérer comme œuvre originale ce que l'artiste considère comme telle, mais si l'on ajoute que le processus de création photographique peut faire interférer trois artistes différents, cela signifie qu'un même cliché peut donner lieu à de nombreuses œuvres originales, indépendamment de la question de la multipliabilité de la photographie[21]. Une première famille d'originaux peut être définie par l'artiste qui prend le cliché, cette famille peut être composée d'un ou plusieurs tirages choisis par le photographe, il peut être le résultat édité du tirage, il peut même être le négatif.

Une seconde famille d'originaux peut être définie par « l'artiste-tireur », notamment si le photographe est mort et qu'il s'agit de tirer ses négatifs. Le tireur doit assumer pleinement sa subjectivité et sa capacité d'interprétation. On devrait alors parler d'une photographie de Mr. X interprétée par Mr. Y, comme pour les interprétations musicales. Cette double signature est pleinement assumée lorsque le tireur est lui-même un photographe réputé (Lee Friedlander tirant Bellocq ou Margaret Bourke White tirant Lewis Hine par exemple). Enfin une troisième série d'originaux peut naître de l'utilisation que ferait un troisième artiste d'un tirage existant. C'est le cas lorsqu'un artiste plasticien utilise des tirages amateurs pour ces compositions (Boltanski par exemple).

La notion d'original, pourtant si fondamentale pour le fonctionnement des marchés de l'art, échappe donc en matière photographique à une définition simple. C'est sans doute ce qui fait l'intérêt de cette discipline artistique mais aussi les difficultés de son inscription parfaite dans le marché de l'art. Celui-ci impose la construction d'un discours esthétique contestable reposant sur une hiérarchie artistique plaçant le tirage signé et numéroté au-dessus de toute autre forme de présentation de l'image, une sorte d'original naturel à partir duquel il est possible de décliner de nombreux produits dérivés, tirages non numérotés, posters, livres, publications dans la presse.

Une telle conception implique de ne considérer comme œuvre d'art que les seuls tirages et comme artistes que les seuls photographes exposant en galerie. Au risque d'une définition de l'artiste photographe proche de celle fournie par Michel Melot :

> si un photographe ambitionne la qualité d'artiste, il lui est nécessaire de respecter ces « prerequisits » et préférable de le faire a priori, c'est-à-dire de se mettre en condition de produire des objets d'art : utiliser des techniques obsolètes, refuser ou occulter la division du travail, faire en sorte de différencier ou de limiter ses épreuves pour les assimiler à des objets rares ou uniques[22].

Or, des pans importants de la création photographique contemporaine ont d'autres supports que le tirage. C'est le cas du livre de photographies par exemple dont le travail de Martin Parr et de Gerry Badger[23] contribue à la réhabilitation comme œuvre d'art à part entière.

## Conclusion

La construction d'un marché des tirages photographiques calqué sur celui du marché de l'art contemporain a le mérite d'offrir un nouveau débouché à la création photographique contemporaine dans un contexte de crise des autres marchés de la photographie. Elle s'est cependant appuyée sur une survalorisation artistique du tirage par rapport aux autres formes de la création photographique contemporaine. Le risque existe alors de voir des photographes se détourner des supports les mieux adaptés à leur travail pour être présent sur le prestigieux marché de l'art. L'idée de plus en plus couramment admise selon laquelle un photographe n'est un artiste que lorsque ses images passent le test de l'accrochage sur des cimaises conduit à déclasser des artistes dont la création passe par le livre, voir le reportage. Elle renforce l'élitisme d'un art dont la nature multipliable lui permet pourtant d'être un art démocratique, dès lors qu'on le distingue du fétichisme de l'objet rare. Non, la création photographique n'est pas soluble dans le marché de l'art contemporain.

Dominique Sagot-Duvauroux
Professeur de sciences économiques à l'université d'Angers

## Notes

* Cet article, écrit pour le présent ouvrage, a été publié une première fois en 2012 sous le titre « Le marché de la photographie est-il soluble dans celui de l'art contemporain ? » dans l'ouvrage *Photographie contemporaine et art contemporain*, dirigé par François Soulages et Marc Tamisier aux éditions Klincksieck.

1. Raymonde Moulin, « La genèse de la rareté artistique », Ethnologie Française, 1978, mars-septembre, p. 244.
2. Yves Michaud, in « Les photographies : reliques, images ou vrai-semblants » in *Critique*, numéro spécial « Photo-Peinture », Août-septembre 1985, N° 459-460, p. 762.
3. Cf. Michel Melot, « La notion d'originalité et son importance dans la définition des objets d'art », in Raymonde Moulin, *Sociologie de l'art*, La Documentation Française, 1986.
4. Yves Michaud, L'art *à l'état gazeux*, Champs Flammarion, 2003.
5. Les droits d'auteur versés en France au titre de la photographie étaient estimés par l'Agessa à environ 750 millions d'euros en 2003. Parallèlement, le marché mondial des tirages photographiques peut être estimé à environ 500 millions d'euros. Si l'on estime que la France représente environ 10 % de ce marché, ce qui est optimiste, cela fait un chiffre d'affaires d'environ 50 millions d'euros. Dans celui-ci, environ la moitié revient aux photographes soit 25 millions d'euros, c'est-à-dire 3 % environ des droits d'auteur versés.
6. L'économiste George Akerlof, dans un célèbre article portant sur le marché des voitures d'occasion, montre que l'asymétrie d'information entre les offreurs et les demandeurs sur ce marché peut conduire à l'éviction des voitures de bonne qualité du marché. Cet article a donné naissance à une abondante littérature sur les enjeux des incertitudes qualitatives sur les marchés (Akerlof G. [1970] - The market for lemons : Quality, uncertainty and the market mechanism, *Quaterly Journal of Economics*, vol LXXXIV, n° 3 august, p. 488-500).
7. Howard Becker, « Les mondes de l'art », Flammarion, 1988, p. 150.
8. Cf. Nathalie Moureau, Dominique Sagot-Duvauroux, « Les conventions de qualité sur le marché de l'art, d'un académisme à l'autre ? », *Esprit*, octobre 1992, p. 43-54, et « Le marché de l'art contemporain », Repères, la Découverte, 2010.
9. Nathalie Heinich, *Du peintre à l'artiste, artisans et académiciens à l'âge classique*, Éditions de Minuit, Paris.
10. Daniel Henry Kahnweiler, qui fut le principal marchand de ce courant, dit à propos du cubisme : « ils (les peintres cubistes) ont tenté immédiatement de donner des objets une image plus détaillée, plus précise, plus vraie que ce qui peut se voir en un seul regard. Autrement dit, ils ont peint (...), tout du moins partiellement, ce que l'on sait de l'objet et non plus seulement ce que l'on voit » in *Mes galeries et mes peintres*, Idées Gallimard, 1961, p. 85.
11. Celle-ci prédit que dans une économie de marché, les activités qui ne réalisent pas de gains de productivité (notamment le spectacle vivant) subissent une pression permanente à la croissance de leurs coûts de production relativement au reste de l'économie. Il en résulte soit une élitisation de la demande, soit une dégradation de la qualité, soit enfin un subventionnement croissant. Cf. W. Baumol, W. Bowen, « Performing arts, the economic dilemma », Cambridge MIT Press, 1966.
12. Voir l'analyse de l'école de Francfort et en particulier d'Adorno et Benjamin sur ce sujet.

13. Voir sur ce sujet Nathalie Moureau, Dominique Sagot-Duvauroux, « La construction du marché des tirages photographiques », in *Études Photographiques*, n° 22, octobre 2008.
14. Pour une analyse détaillée de cette histoire, voir Nathalie Moureau, Dominique Sagot-Duvauroux, « La construction sociale d'un marché, l'exemple du marché des tirages photographiques », in F. Eymard-Duvernay, *L'économie des conventions, méthodes et résultats*, tome 2, La Découverte, 2006,
15. Voir à ce sujet Raymonde Moulin, *L'artiste, l'institution, le marché,* Flammarion, 1992.
16. François Pinault, qui contrôle Gucci et Christie's, Charles Saatchi, fondateur d'un des plus importants groupes de communication britannique et promoteur des Young British Artists (Damien Hirst, Chris Ofili) ou encore Jeffrey Deitch, grand organisateur de fêtes artistico médiatique et producteur de l'artiste italo américaine Vanessa Beecroft, célèbre notamment pour ssa performance pour le groupe de luxe Louis Vuitton, constituent trois cas exemplaires de ces rapprochements.
17. Voir Nathalie Moureau, Dominique Sagot-Duvauroux, « Le marché de l'art contemporain », Repères, la Découverte, 2010.
18. Voir Sylvie Pflieger, Dominique Sagot-Duvauroux, *Le Marché des tirages photographiques*, Paris, La Documentation Française, 1994.
19. Cf. l'affaire Léon Amiel où plus de 75 000 faux multiples de Miro, Chagall et Dali furent mis en vente entre 1980 et 1991.
20. Cf. Jean-Claude Lemagny, « Qu'est-ce qu'un original ? », in J.-C. Lemagny, *L'ombre et le temps*, Nathan, 1992, p. 116-123.
21. Sur cette question voir Sylvie Pflieger, Dominique Sagot-Duvauroux, *Le marché des tirages photographiques*, La Documentation Française, 1994.
22. Michel Melot, « La notion d'originalité et son importance dans la définition des objets d'art », in Raymonde Moulin, *Sociologie de l'art*, La Documentation Française, 1986, p. 191 à 202.
23. *Le livre de photographie : une histoire*, 2 volumes, Phaidon, 2006.

# De l'art et de la mondialisation...

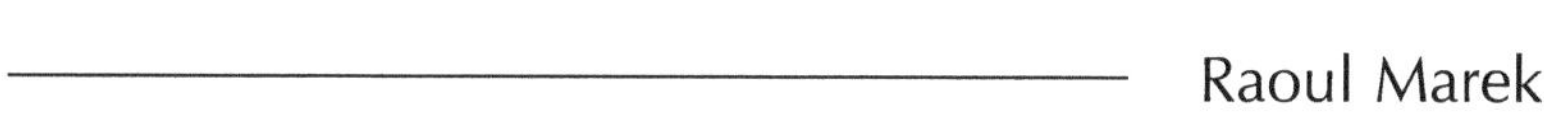

Raoul Marek

*Entretien avec Philippe Toulésan, 2011*

Philippe Toulésan : Lors de votre intervention au colloque national d'histoire de l'art, « L'art, l'argent et la mondialisation », à Marseille, vous avez dit qu'un « art mondial », comme forme de création, n'existait pas mais qu'il existait par contre sous la forme du marché de l'art...

Raoul Marek : Mes réflexions étaient générales et de l'ordre de la spéculation intellectuelle. Sachant que tout n'est pas noir ou blanc. Le gris est partout. Mais pour animer une discussion je préfère dire les choses de façon plus tranchée. J'espère que nous pourrons garder à la fois cette qualité et cette faiblesse.

Je ramènerai la question de la « mondialisation » à celle du transport, de la vitesse et du réseau (*network*). La « mondialisation », cela signifie un monde en réseau permanent qui n'existe pas sans le transport. Alors, se pose en même temps la question de savoir ce que l'on veut transporter. C'est aussi vrai pour les idées et les informations qui nous arrivent presque en temps réel grâce à l'évolution de la technologie et de l'Internet que pour les objets de consommation introduits, utilisés, disponibles et semblables sur tous les continents du monde. L'acheminement de ces objets est possible grâce à un système de transport élaboré, par voie aérienne, maritime et terrestre. Et, entre guillemets, ce système de transport dépend des ressources en énergies fossiles qui sont limitées et polluantes.

Mais cela est une autre question qui nous occuperait autrement, comme la relation entre la « mondialisation » et « l'argent » abordée d'un point de vue plus large que ce qui concerne le seul marché de l'art. On touche là à la situation économique de la « mondialisation », à propos de laquelle, comme beaucoup de monde, je me pose de nombreuses questions et j'ai beaucoup d'inquiétudes.

Est-ce normal d'augmenter les profits sur le dos de pays qui sont dans des situations sociales et écologiques moins développées ? Avec une certaine naïveté, j'avais pensé que si le coût du travail et de la production d'un objet de consommation était moins élevé, le prix de vente au public serait aussi moins élevé. Mais c'est une erreur. Les marges alors augmentent. Et la question de la responsabilité du consommateur dans ce système se pose également. On est dans une course mondiale aux prix de production les plus bas. Si les Chinois améliorent leurs conditions de production en augmentant le coût d'une heure de travail de deux euros à deux euros vingt et s'ils deviennent plus rigoureux en matière d'écologie, les entreprises des pays industrialisés déménageront, vers le Bangladesh ou Haïti par exemple où les coûts de production et du travail sont encore plus bas... (5,50 dollars par journée de travail, en Haïti actuellement, pour les fabricants de jeans de marque destinés aux États-Unis).

Revenons vers l'art... Quelle philosophie et quelle culture émergent de la relation actuelle entre l'argent et la « mondialisation » ? Si je parle de « l'art mondial » du point de vue du marché, je veux dire que tout est disponible, accessible partout dans le monde, ou presque partout. Il s'agit d'une forme d'art qui est liée au monde de l'objet. Cela ne représente aujourd'hui qu'un aspect de la création artistique mais c'est celle-ci qui est le plus impliquée dans le marché de l'art. Par contre les créations artistiques *in situ*, qui interrogent les lieux et les identités des hommes, ainsi que leur culture et les structures sociales, circulent difficilement et ne sont guère transposables dans d'autres lieux parce qu'elles sont intimement liées à un contexte particulier. Je pense pour ma part, qu'une démarche artistique qui propose d'autres finalités à la création que la seule production d'objets – métaphore de la société de consommation de notre temps – a un rôle plus fondamental à jouer dans « l'art mondial ». La mondialisation se fait toujours par la culture, celle des lieux et celle des hommes, quelle que soit leur condition, riches ou pauvres, et ceci m'intéresse comme champs d'action artistique. D'un point de vue général, qu'il s'agisse de la création d'un objet ou d'une œuvre *in situ*, la situation est similaire. L'artiste évolue en fonction de son conditionnement culturel, de son histoire, de son éducation et de son environnement social.

L'identité de l'homme se construit plus généralement à travers ses données personnelles. Tout cela montre qu'il y a un « localisme perso » qui influence l'œuvre et le travail de l'artiste. On aime l'art chinois ou l'art africain parce qu'ils nous ouvrent l'univers de leurs cultures « régionales ». Dans cette optique « l'artiste mondial » n'existe pas, même si les créateurs sont devenus des nomades. On peut rappeler ici une expression en anglais qui entérine bien ce constat: le « *glocal* », ce qui veut dire: « penser mondial, agir local » (« *to think global to act local* »). En ce sens, il existe des projets artistiques qui thématisent les questions diverses liées à la « mondialisation », comme l'idée de la mise en réseau.

P T: Là, vous touchez directement à votre travail. À quel projet artistique pensez-vous ? Je connais *La salle du monde*, votre projet de réseau créé en 1993 au château d'Oiron en France et, en 2004, à Berne en Suisse. C'est une œuvre sur la mondialisation qui traite les identités culturelles, de la différence et des contenus communs ainsi que de l'échange entre les cultures et les hommes. C'était en 1993 un projet novateur et l'idée de réseau comme concept artistique était alors peu répandue. Je pense que ce travail prend aujourd'hui tout son sens et devient plus évident...

R M: *La salle du monde* à Oiron était le début d'un projet de réseau. Elle interrogeait la culture planétaire de la ville, la culture de la mondialisation. Avec cette œuvre j'ouvrais le débat sur un aspect culturel et existentiel qui prendrait tout son sens avec la multiplication des expériences. Chaque culture pose des questions qui m'amènent plus loin qu'un discours artistique sur l'identité culturelle, la forme de la communication et l'échange. Il n'y aura pas un deuxième Oiron.

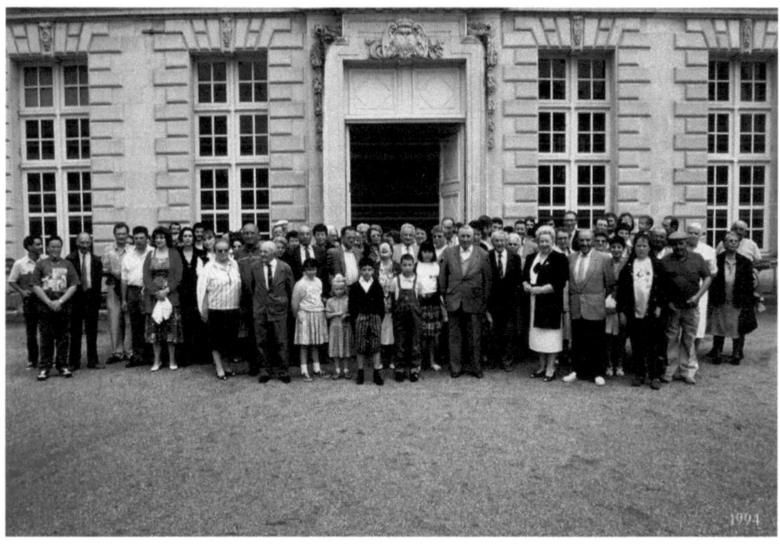

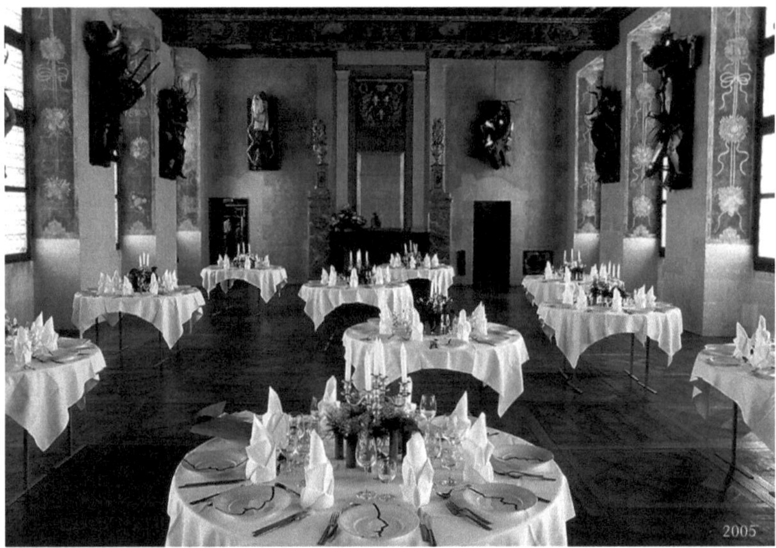


La salle du monde Oiron – *Raoul Marek. (Photos © Laurent Lecat)*
*La communauté de hasard (et ses hôtes) des 150 Oironnais identifiés sur les assiettes, les verres et les serviettes, conviés au château d'Oiron le 30 juin de chaque année à un dîner présenté dans ce service de table et organisé par l'association « 30 juin R.M. Oiron ». 2012 est l'année du vingtième dîner consécutif.*

Dans son œuvre *La salle du monde Oiron 1993*, Raoul Marek est perçu dans le rôle d'un hôte généreux au château d'Oiron. Tous les ans le 30 juin, le maître de la cérémonie (invisible) invite la communauté de hasard des 150 habitants d'Oiron (avec des hôtes) à un dîner glamour, qui rappelle la dépendance traditionnelle entre le village et « son » château. Depuis 1997, le dîner est organisé par l'association locale, « 30 juin R.M. Oiron ». Chacun des invités mange dans son service de table personnalisé. Par l'institutionnalisation de ce dîner, Raoul Marek en fait un rituel qui renoue avec une tradition de la Renaissance. À l'époque, l'organisation d'une fête ou d'une cérémonie était confiée à un grand artiste ou un architecte. Pendant les 364 autres jours de l'année, la galerie des portraits de Raoul Marek est exposée dans une salle du château, accrochée au mur. Les trois éléments d'identification de la galerie des portraits sont complémentaires et uniques à la fois. Ils sont le moyen aussi de relier les 150 personnes d'Oiron à trois perspectives temporelles : les initiales servent à nouer avec le passé de quelqu'un ; on lit le futur dans les lignes de la main, et enfin, la ligne du profil permet de dessiner le portrait caractéristique de chacun « *aetatis suae X* ».
La galerie de portraits retrace d'une manière très précise, mais pourtant anonyme, une partie de la population d'Oiron en 1993.

> La création de cette preuve de présence se transforme aussitôt en document historique, en chronique locale, en monument sous forme d'un signe qui sert à la communication avec le monde à venir. *La salle du monde* ne présente pas les critères formels d'un monument classique. Fonctionne-t-elle comme un anti-monument ? Notre hypothèse est qu'il s'agit d'un monument qui ne veut pas garder les gens à distance, mais qui veut les intégrer : un monument démocratique.
>
> *Bernard Fibicher, 1994 (Musée des Beaux-Arts, Lausanne)*

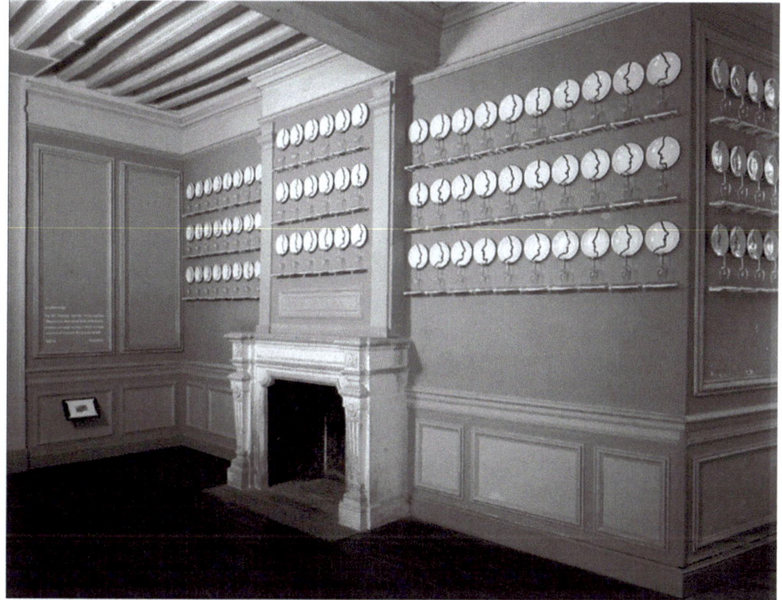

La salle du monde Oiron – *Raoul Marek. (Photo © Laurent Lecat)*
*Galerie des portraits de la communauté de hasard d'Oiron (150 personnes).150 assiettes en porcelaine avec les profils de chacun des membres, réalisées par la Cité de la céramique à Sèvres, 150 verres de cristal aux initiales de chacun, 150 serviettes en coton portant leurs lignes de la main. Château d'Oiron, Deux-Sèvres – Fonds régional d'art contemporain.*

Chaque endroit, chaque espace et chaque installation est spécifique. Les objets identitaires et rituels seront ainsi toujours différents et peuvent même être remis en cause par rapport à certaines pratiques culturelles. Le lien substantiel et l'échange réel entre les différentes cultures sont essentiels. Vues sous un angle artistique, ces discussions et ces réflexions sont cruciales, car c'est exactement là où les jonctions et les enchaînements de la mondialisation commencent.

Par exemple, on peut dire que si « manger » devient un sujet, le fait de « ne pas manger » est aussi un sujet. Le « ne pas manger » peut faire l'objet, chez nous, dans notre civilisation, d'un marché réel et important, avec la vente de médicaments très chers. Dans d'autres parties du monde, cela s'appelle la « faim », un état plus que tragique, que nous acceptons, même si nous ne l'admettons pas. Tout ça fait partie des questions qui me touchent comme contenu de la mondialisation. À Oiron, nous avons à la fois l'idée de communauté de hasard comme première forme de réseau, la représentation humaine avec des objets personnalisés sous la forme d'une galerie de portraits, le rituel du repas annuel, le 30 juin, comme l'instant vécu et l'échange entre les différentes « salles du monde ». La galerie de portraits thématise ainsi la temporalité de l'instant vécu de même que toute la vie se présente comme un instant vécu. À Oiron quinze personnes ayant fait partie de l'œuvre initiale sont décédées depuis. Elles sont toujours présentes dans la galerie de portraits... Une fois qu'il n'existera plus que la galerie de portraits, l'instant vécu aura disparu. En 2012 aura lieu au château d'Oiron le vingtième dîner, organisé depuis 1997 par l'association « 30 juin R.M. Oiron ». C'est un anniversaire rare pour un projet artistique. Ces quatre éléments qui font l'œuvre apparaissent de façon différente dans chaque culture. Il s'agit toujours des objets de la vie quotidienne locale faisant partie de la galerie de portraits et du rituel du repas sur place. Je les conçois et les élabore de façon spécifique dans chaque lieu. Avec la mise en relation des lieux et de ses communautés de hasard un processus émerge. Des relations humaines variées et spontanées se nouent avec une perception sensuelle, poétique et une imprévisibilité.

P T : À propos de la « salle du monde » en Suisse, il y a eu des échanges entre Oiron et Berne ?

R M : A Berne, j'ai travaillé sur l'idée de mobilité de la « salle du monde ». J'ai trouvé cette idée de mobilité, au sens de l'esprit, importante pour la Suisse. La galerie de portraits est mobile. Elle comprend quatre coffres d'exposition et, le dîner annuel du 3 septembre a lieu dans l'espace public de la ville, une année ici, une autre année là. En 2012 aura lieu le neuvième dîner « salle du monde ». Au sujet de l'échange, une délégation de la « salle du monde » d'Oiron a été invitée en 2010 par la « salle du monde » de Berne à participer au septième dîner annuel du 3 septembre sous les arcades de la ville. Ce fut pour tout le monde, un moment inoubliable, magique... Maintenant, je travaille sur une autre « salle du monde » avec ses problématiques habituelles. Une exposition et une publication avec les différents points de vue « *glocal* » accompagneront cette fois-ci le projet. Dans quelle culture ? je ne sais pas encore...

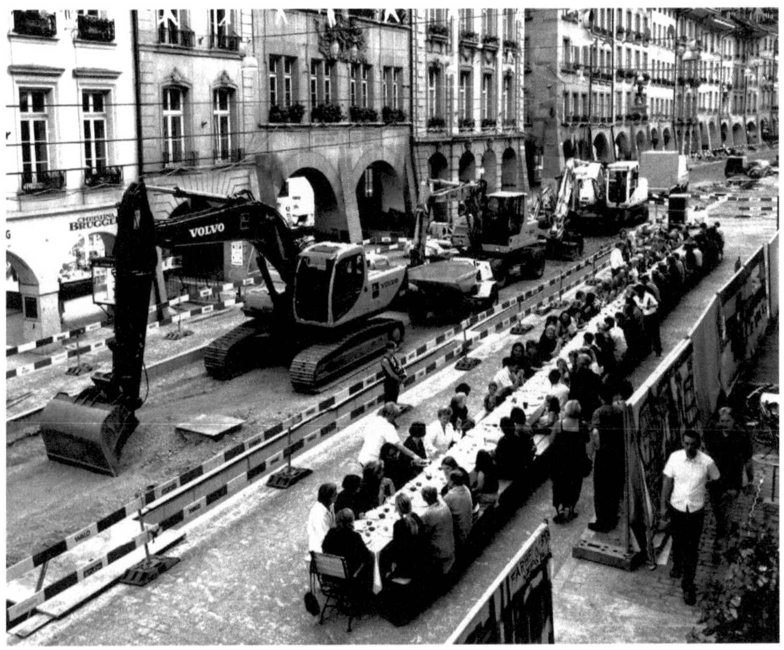


La salle du monde Berne – *Raoul Marek. (Photo © Laurent Lecat)*
*La communauté de hasard des 150 Bernois (avec des hôtes) identifiés sur les assiettes et les verres est conviée dans l'espace public de la ville de Berne, le 3 septembre de chaque année, à un dîner présenté dans ce service de table et organisé par l'association « La salle du monde Berne ». 2012 est l'année du neuvième dîner consécutif.*

> La communauté de hasard se rencontre pour la première fois... 150 personnes, choisies au hasard par un tirage au sort le 6 juin, se sont rencontrées vendredi pour le premier dîner d'art *La salle du monde*, un projet de Raoul Marek. Des gens qui ne se connaissaient pas étaient assis l'un en face de l'autre. Des gens qui ne s'étaient pas vus pendant longtemps étaient réunis de nouveau par un hasard artistique... Pas d'embarras, pas de gêne. La communication et la création de relations – sens central dans l'œuvre de Raoul Marek – se sont établies dès le début du repas. « Beau » et « génial » étaient les réactions unanimes que l'on entendait à la fin du dîner vers minuit. « À l'année prochaine, le 3 septembre », était la formule d'un au revoir la plus sûre.
>
> *Konrad Tobler, 2004,* Berner Zeitung

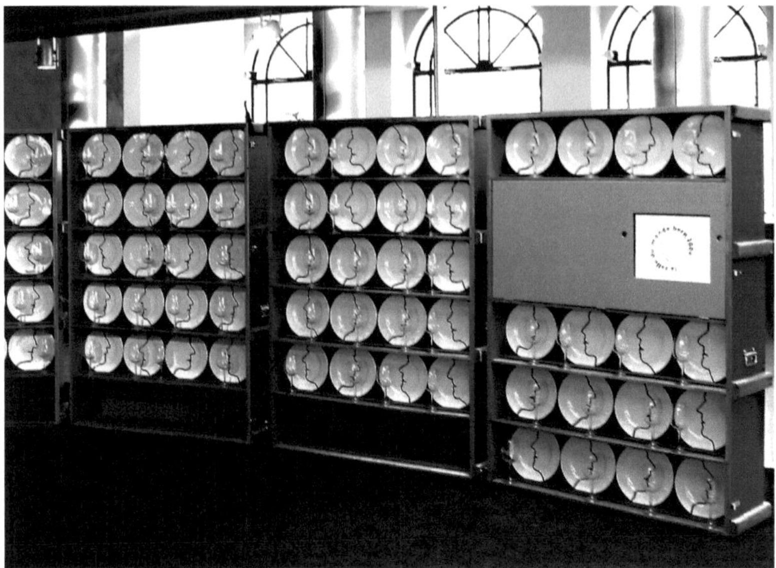

La salle du monde Berne – *Raoul Marek. (Photo © Raoul Marek)*
*La galerie mobile des portraits de la communauté de hasard de Berne (150 personnes) dans ses quatre coffres d'exposition. 150 assiettes en porcelaine avec les profils, 150 verres de cristal avec les signatures de chacun.*

> Dîner artistique sous les arcades... Présence et souvenir : l'idée de ce travail sous forme de processus autour de la relation entre des lieux, des personnes et des rituels vient de Raoul Marek. Mais il ne l'a pas développée exclusivement pour Berne. Son projet *La salle du monde* existe déjà en France avec beaucoup de succès. Dans la petite ville d'Oiron, 150 personnes se rencontrent tous les ans depuis 1993, le 30 juin, pour dîner ensemble. Afin de s'adapter à l'environnement plutôt urbain de Berne, Marek a opté pour une variante mobile de son œuvre, aussi bien en ce qui concerne l'endroit précis que pour l'installation proprement dite, constituée d'assiettes et de verres. Quatre valises construites à cet effet les renferment et sont prêtes à être ouvertes selon la nécessité. Elles transportent la galerie des portraits et sont en même temps des objets-sculptures en elles-mêmes.
>
> *Quotidien* Der Bund, *Bern*

P T : Je comprends ce projet de la « salle du monde » comme une jonction entre ce qui est présenté sous la forme d'une galerie de portraits, des objets personnalisés, et l'instant vécu d'une communauté locale. En effet, l'échange entre les différentes « cultures locales », la rencontre physique entre les gens et les lieux constituent un aspect important de la mondialisation. C'est l'étape avancée des réseaux d'échanges qui se fait aujourd'hui par Internet sur Facebook ou Twitter, par exemple. Je sais, même si vous avez émis une certaine critique au sujet du monde des objets de consommation en rapport avec la mondialisation, que malgré tout, dans votre travail, l'objet d'art a aussi sa place. Est-ce une contradiction ?

R M : La vie sans l'objet est impossible mais il y a des conditions, des nécessités et des qualités à interroger et d'ailleurs, j'adore les objets d'art. Le monde comme ma vie personnelle n'est pas linéaire, il est rempli de paradoxes et de contradictions. Dans mon travail c'est la même chose et c'est ça qui m'intéresse. J'interroge la forme et le média précis dans chacune de mes œuvres et chacun de mes projets. Il ressort souvent une nécessité de la forme et du média dans mon processus de travail et de recherche. J'ai compris que l'objet n'est qu'une forme artistique possible. J'aimerais bien nourrir ces formes avec d'autres propos et ceci n'est possible que grâce à ma liberté de création. Cette liberté est un voyage dans les mondes inconnus de la création, comme à l'époque des Grandes Découvertes. Un départ sans savoir, au début, où on arrivera. J'ai besoin de ce questionnement, de ces doutes, de ces contradictions, de ces émotions et de rencontres insolites et hasardeuses pour ouvrir et nourrir mon processus de travail. La question importante qui se pose tout au long de ce processus est la forme que prendra l'œuvre. Celle-ci peut s'imposer d'elle-même, mais elle peut aussi se manifester après un temps de maturation et de recherche. La forme et la matière sont très rarement définies au début du projet. Cela peut se concrétiser en objet d'art comme *La salle privée – Double portrait, le vase bleu* ou sous forme d'œuvres photographiques, ou par une installation in situ ou un projet comme *Le cabas lune*.

En art, ce n'est pas tant l'objet qui intéresse Raoul Marek que les relations qu'il suscite parmi les spectateurs. À l'œuvre, il privilégie l'effet qu'elle produit et les liens qui peuvent s'établir autour d'elle. Cette œuvre, *La salle privée – Double portrait, le vase bleu*, favorise la communication, car chacun se l'approprie à sa façon. Il propose la réalisation de vases épousant le profil de deux personnes liées affectivement (couples, enfants, amis, etc.). Mais il ne s'agit pas simplement d'une commande d'un objet décoratif personnalisé. Son objectif est d'en réaliser cinquante et de mettre en réseau les vases et leurs commanditaires en les photographiant tous sur place dans leurs différents usages et environnements, afin

de publier cette somme à caractère socio-anthropologique. Le livre mettra en valeur les liens entre l'objet, les gens et les lieux. Ce sont donc à la fois les relations interpersonnelles binaires et leur insertion dans un ensemble social à travers un objet unique qui sont visées.
Raoul Marek : » L'image se forme avec l'environnement du vase, avec son arrière- plan, au-delà de l'objet même. Elle se révèle en fonction de la manière dont le vase est placé. Ce que l'on voit n'est pas ce que cela représente. »

*Jean-Hubert Martin*
*Catalogue « Une image peut en cacher une autre », 2009,*
*(Galeries nationales Grand Palais, Paris)*

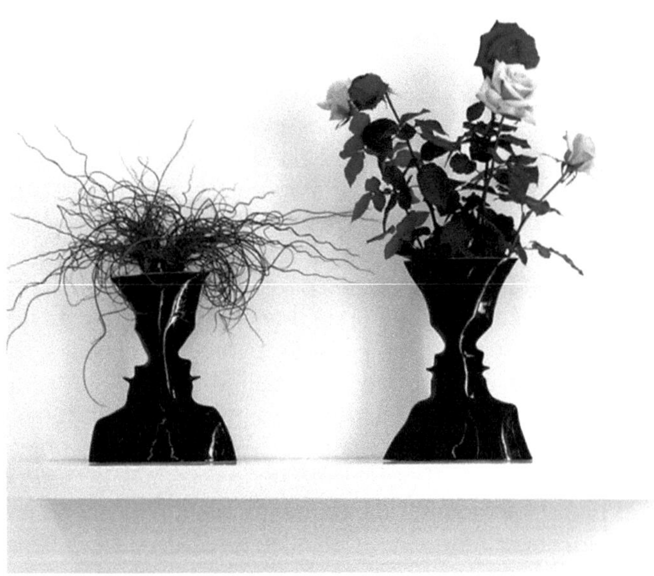

La salle privée – Double portrait, le vase bleu – *Raoul Marek (depuis 1996).*
*(Photo © Raoul Marek)*
*Pièces uniques, porcelaine, 40 x 30 x 8 cm chaque. Projet de réseau.*

En 2005 j'étais invité à l'hôpital d'Annemasse pour réaliser un projet dans le cadre du programme « Santé et Culture ». J'ai demandé à la direction de l'hôpital de participer à toutes les réunions médicales et administratives pour nourrir mes réflexions et développer mon projet. Pendant cette phase de recherche j'ai rencontré l'infirmière qui était responsable de la chambre mortuaire de l'hôpital. Elle m'a montré le sac en plastique, souvent assimilable à un sac-poubelle, ou du moins perçu comme tel, qu'on remet à la famille du défunt avec ses vêtements et autres effets personnels après son décès. Ce constat ne m'a plus laissé tranquille. Cela montrait où est tombée la culture dans laquelle nous vivons et le peu de considération que nous avons pour l'être humain. Certes, j'aurais pu mettre en évidence ce constat dans une exposition d'art contemporain, avec une présentation artistique du malaise, de la violence et des injustices du monde sous des formes diverses, comme on le voit souvent aujourd'hui. Même, si je suppose que – en dehors de l'empathie des artistes – le public de l'art a conscience de ces formes de tragédie de l'humanité, cela ne change rien...

Interpeller directement les structures et le fonctionnement de ma réalité, le regard tourné ou non vers le milieu de l'art est une nécessité et un questionnement au sein même de mon projet. Le milieu de l'art avec ses structures et ses règles est une partie de ma réalité, mais ce n'est pas la seule. Ma réalité est faite de différents moments et différentes approches de la société dans laquelle je vis ; comme les hôpitaux par exemple. Agir dans le « réseau société » avec une pensée artistique touche fondamentalement ma vision de l'art. Pour le monde de l'art, cette œuvre est difficilement assimilable en tant qu'objet d'art. C'est pourquoi j'ai également réalisé une édition graphique du concept du projet, signée et numérotée, destinée à être mise à disposition des collectionneurs et du monde de l'art en général. Mais c'est aussi pour moi cela la force de cette œuvre : interpeller l'art dans sa définition, dans sa catégorisation et provoquer sans cesse ce questionnement et cette remise en cause. C'est le seul domaine de la vie où ce dynamisme me paraît possible.

> Il n'est sans doute aucun modèle de civilisation qui ne voie pas en la mort une composante de la vie. Mort et vie ne sont jamais définies l'une sans l'autre. Même la où l'idée d'au-delà n'existe pas, le couple antithétique vie/mort se fond en synthèse ou en cycle entre vie et trépas, naissance et mort, devenir et périr. L'objectif de l'œuvre de Raoul Marek *Le Cabas lune* est de visualiser et de mettre en valeur ces deux événements qui sont essentiels pour une vie : la naissance et la mort et de les adapter au contexte des hôpitaux ou des cliniques, à la mise en question et en même temps à la mise en valeur ce fait culturel. Il est courant dans les hôpitaux en France, en Allemagne et en Suisse de remettre aux proches les vêtements, les objets de valeur et les affaires de quelqu'un qui est décédé dans un sac en plastique, souvent ressenti comme un sac de poubelle. Raoul Marek a créé un cabas à l'intention des hôpitaux et cliniques, dont les deux faces se complètent, représentant les deux pôles du cycle naturel :

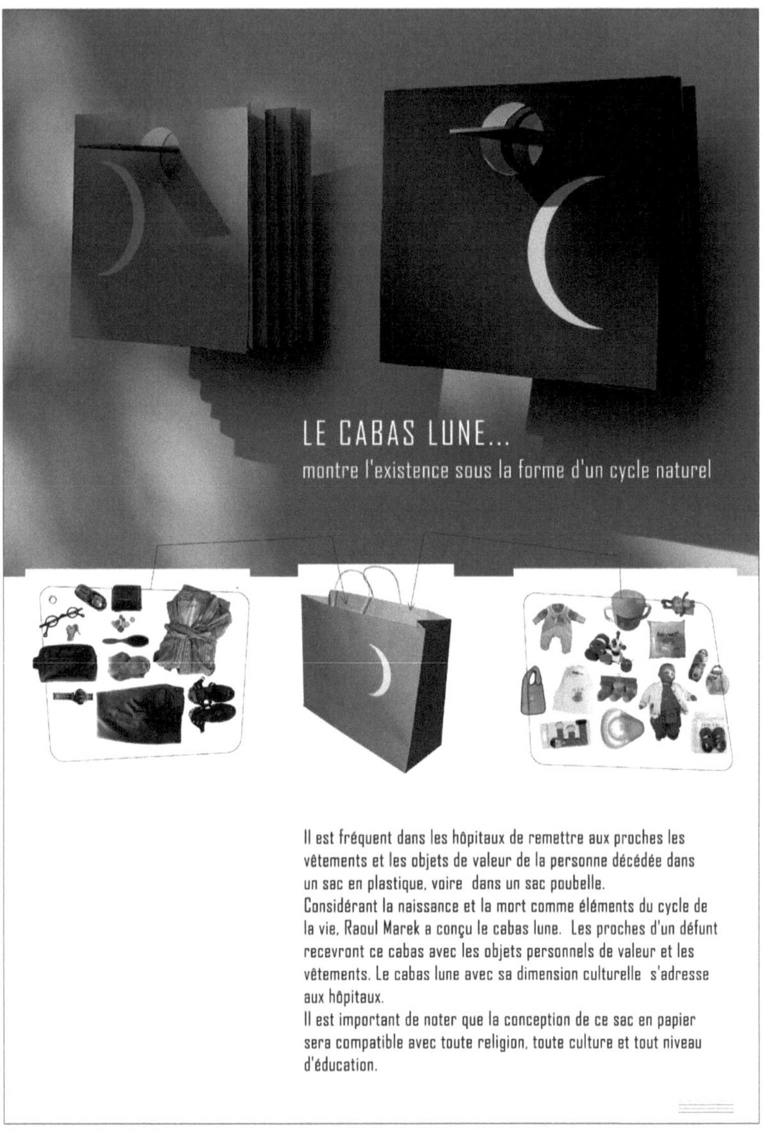


Le cabas lune – *Raoul Marek, (2008). (Photo © Raoul Marek)*
*Édition limitée à 30 exemplaires signés et numérotés, 70 cm x 100 cm. Impression jet d'encre sur papier.*

> Ce sac en papier montre sur un côté (recto) de couleur jaune, la lune ascendante, et sur l'autre côté (verso), de couleur bleue, la lune descendante. Le projet *Le cabas lune* a été réalisé pour sept hôpitaux en Allemagne, entre autres l'hôpital universitaire de Hambourg-Eppendorf, les cliniques Dominicus de Berlin et de Düsseldorf, l'hôpital Evang. Waldkrankenhaus à Berlin-Spandau, le Klinikum Chemnitz et la clinique Hubertus à Berlin...
>
> *Catalogue « Six feet under », Musée de l'hygiène, 2006-2007 (Dresde/Musée des Beaux-Arts, Berne)*

P T : J'aimerais bien revenir sur vos projets artistiques et la « mondialisation ». Dans le projet *La salle du monde*, je vois bien cette démarche que même le titre évoque. Cela me fascine. Vous m'avez parlé de deux autres projets qui sont liés à des réflexions sur ce thème.

R M : Un autre projet d'exposition et de mise en réseau qui m'occupe aujourd'hui en effet est la question de la perception dans un monde globalisé. *L'école de Mallarmé*, en 2010, était ma première réalisation de ce type. Elle a été élaborée en partenariat avec le Musée Mallarmé à Vulaines-sur-Seine et le département de Seine-et-Marne.

Dans ce projet d'exposition sur la perception, j'ai travaillé avec des enfants de moins de 13 ans, âge où l'on ne décide pas encore par le savoir. Cela a consisté à mettre en relation des élèves d'établissements scolaires très différents autour d'un projet artistique et d'une exposition. Cela concernait une école qui comprenait un petit nombre d'élèves étrangers, une autre avec beaucoup d'élèves étrangers, une école pour des élèves handicapés et une école pour des élèves sourds-muets. Cette œuvre en réseau se poursuit avec plusieurs réalisations dans différentes régions/pays, toujours basée sur des critères de différence entre les élèves. Je continue ce travail en réseau avec d'autres communautés, par exemple avec des enfants de religions différentes, des enfants de pays voisins, habitant une région frontalière ou avec des enfants d'ethnies différentes, comme en Australie. Une exposition finale montre toutes les réalisations avec leurs particularités. Le contenu de ce projet est issu de mes recherches sur la couleur. Il met en pratique ma thèse suivante : le symbolisme de la couleur choisie est propre à l'imaginaire de l'enfant en fonction de l'appartenance culturelle, de l'origine familiale, de la condition sociale et religieuse ainsi que de la sensibilité propre de l'enfant, témoignant par conséquent à la fois de la culture de l'endroit où il vit et de sa personnalité. Chaque élève réalise un tableau monochrome, avec la couleur de son choix, affirmant ainsi sa propre singularité. Ce

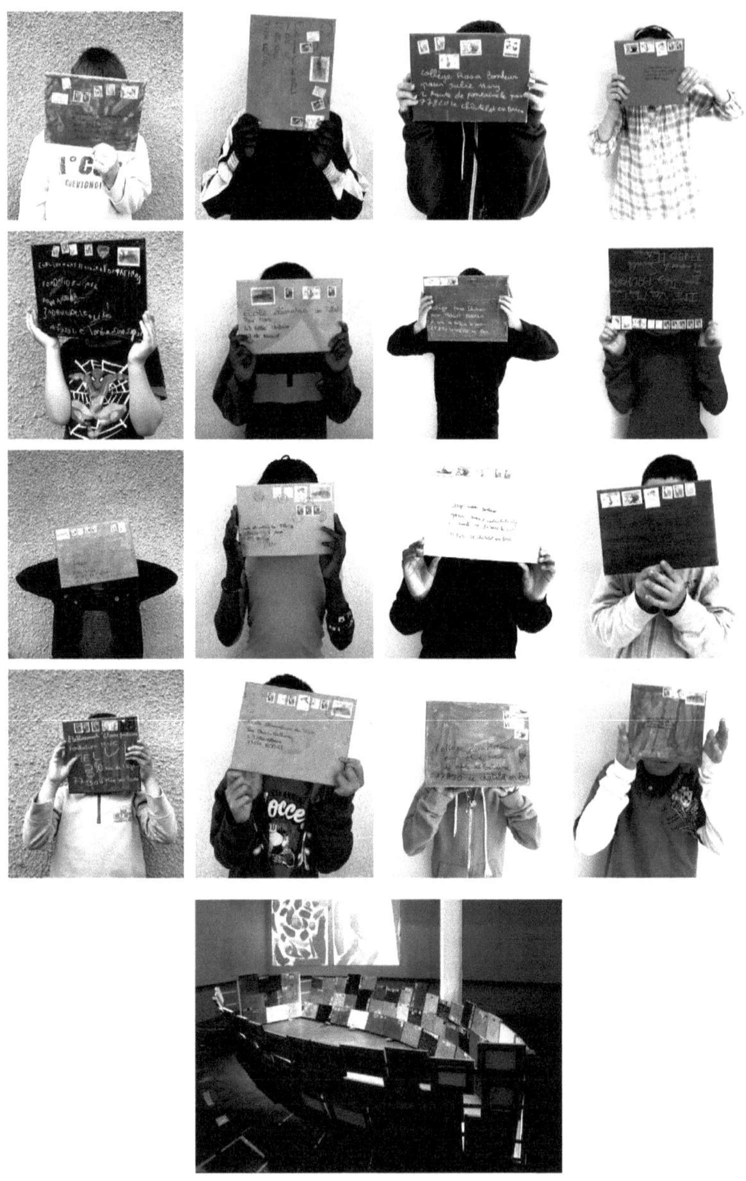

L'ÉCOLE DE MALLARMÉ
RAOUL MAREK

MUSÉE DÉPARTEMENTAL STÉPHANE MALLARMÉ
Vulaines-sur-Seine Département Seine-et-Marne

École de Mallarmé – *Raoul Marek, (2010). (Photo © Raoul Marek)*
*Édition limitée à 30 exemplaires signés et numérotés, 60 cm x 90 cm. Impression jet d'encre sur papier*

tableau personnel, une fois peint, est envoyé par la poste à l'intention d'un des enfants d'une autre école. L'expéditeur y appose un timbre, écrit l'adresse du destinataire. Chaque enfant envoie son propre tableau monochrome à un autre et, en même temps reçoit en échange celui d'un autre enfant qu'il ne connaît pas encore. Cela est basé sur une expérience première de la vie sociale: « donner et recevoir ». Il se crée ainsi un réseau invitant chaque participant à la découverte de l'autre dans son individualité et sa spécificité culturelle. Le tableau devient un message avec sa matière et sa couleur. L'étape ultime de ce travail est la présentation d'une exposition avec la documentation artistique du projet, fruit de ces échanges. Dans cette exposition, le tableau monochrome de chaque enfant devient un module. Avec tous ces modules je crée une installation, une sculpture *in situ*. Les enfants se rencontrent au musée, le lieu d'exposition, où ils sont présents à travers différents médias: vidéo, photo, sculpture.

Un vernissage est organisé pour les enfants et leurs parents et des rencontres sont mises en place pour favoriser les liens. Le lieu de l'exposition devient alors le lieu d'échange entre l'œuvre, les enfants, les parents et le public. L'œuvre constitue, pour les quelque cent enfants, les parents et les écoles qui y ont participé, une expérience du processus de la création, mettant en jeu des éléments tels que couleur, tableau, peinture, et des éléments du monde social (échange, communication, donner et recevoir). La perception de l'œuvre sous la forme d'une exposition se laissera découvrir ainsi comme un réseau d'impressions avec tous les sens.

Un autre projet se développe à l'heure actuelle. C'est un projet de sculpture « net-work », qui touche les questions de la perception dans un monde en réseau. Cela est plus individuel parce que le monde et l'idée du réseau commencent avec la perception de son propre monde par chacun.

P T: La perception est par ailleurs une donnée importante de votre travail. Vous l'entendez dans une dimension très large, comme la mise en jeu de tous les sens. Depuis 1985 vous réalisez des installations synesthésiques. Vous utilisez le terme « synesthésie », une expression de la médecine, dans un sens artistique pour désigner la mise en jeu et le croisement des sens. Kandinsky réalisait déjà des œuvres synesthésiques, visuelles et sonores mais dans vos œuvres synesthésiques, la perception est plus large. Elle peut intégrer le goût, l'odorat ou le son, comme par exemple dans *La salle du monde*. Vous m'avez parlé du « réseau perso » qui vous a influencé pour ces travaux synesthésiques. Est-ce là la source de votre travail et de « l'idée de la mise en réseau » ?

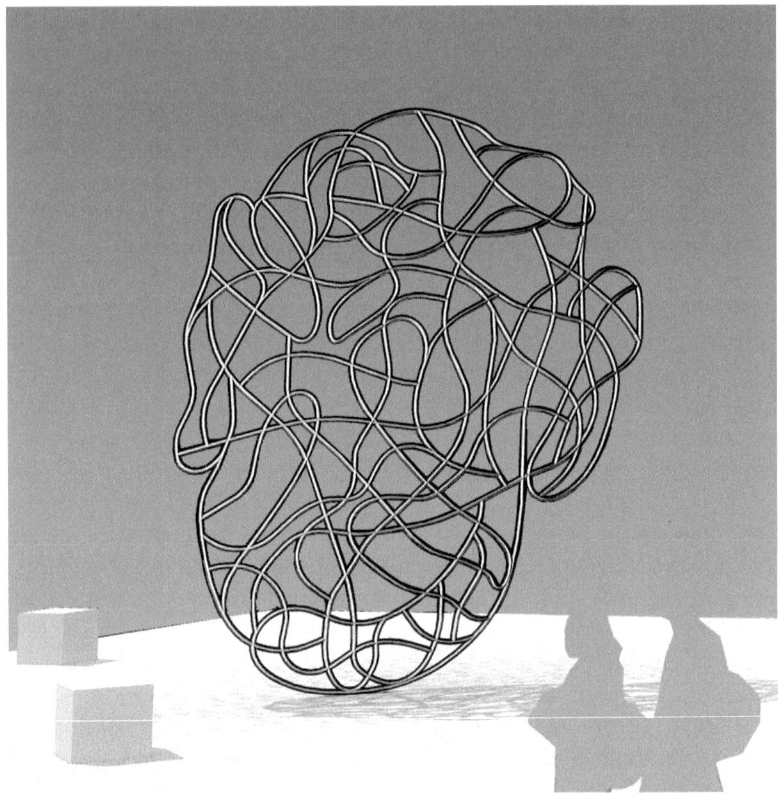

net-work.011 – *Raoul Marek, (2011). (Photo © Raoul Marek)*
*Tuyaux métalliques (diamètre 6 cm). Couleur changeante selon la position du spectateur et la lumière.*

R M: J'appréhende l'être humain comme une existence sensorielle avec des niveaux différents de conscience et de réflexion. Le touché, le goût, la vue, l'odeur, le son, l'imagination et la fantaisie font partie de mon « réseau perso », subjectif, avec des jonctions hasardeuses et imprévues entre elles. Ainsi font-ils partie de mon travail et de ma perception en réseau. À ce sujet, je travaille dans la formation et l'enseignement artistique avec toute sorte de publics. Dans mes séminaires intitulés « La communication en réseau. Le parfum des yeux », j'ai pris conscience que la perception en réseau signifie une relation avec tous les sens. Tout cela a une actualité dans un monde où la pensée en réseau se présente comme une nécessité du moment. Là, on rejoint vraiment la « mondialisation ». J'ai remarqué que l'expérience de cette forme de perception est très nouvelle pour les participants à mes séminaires.

Il faut l'apprendre et la développer. Les étudiants ont grandi avec toutes ces potentialités et sont nourris d'une surabondance d'images. C'est quelque chose qui domine tous les autres sens aujourd'hui. Mais eux n'en ont pas conscience. L'expérience de mes séminaires montre chez les participants un élargissement de leur perception, une découverte d'eux-mêmes et une créativité émouvante et étonnante. Ce travail d'éducation et de formation nourrit aussi mon travail artistique. Par exemple pour la conception d'un nouveau projet d'exposition intitulée « Le parfum des yeux ».

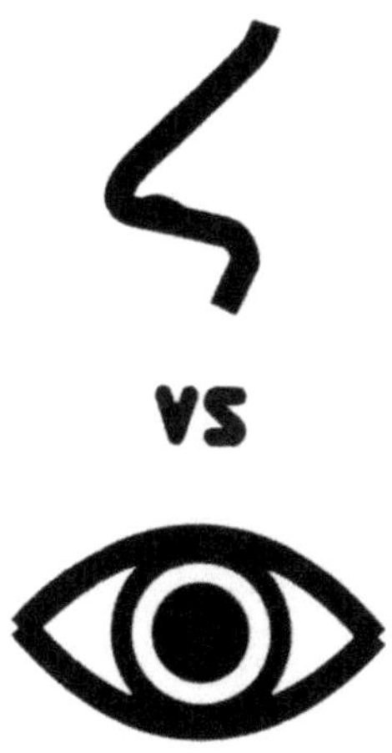


Le parfum des yeux

La communicaton en réseau et la création

*(Photo © Raoul Marek)*

P T: Dans ce contexte vous m'avez parlé de l'époque actuelle comme d'un esthétisme mondialisé, une première dans l'histoire...

R M: Ce sont mes impressions depuis quelques années. Par la quantité d'images que nous offrent les médias, la facilité d'utilisation des images numériques et leur envahissement de l'espace public, notre perception visuelle s'est considérablement élargie. Les images sont disponibles et diffusées en permanence et partout sur Internet. Cela pénètre complètement notre vie quotidienne. Une autre observation: récemment il m'a été raconté par la mère d'une étudiante espagnole que, sur quinze étudiantes ayant autour de vingt-quatre ans, qui ont terminé leurs études en Espagne, douze d'entre elles souhaitaient comme cadeau de « fin d'étude » une opération esthétique de leur poitrine. D'où, ce constat : aujourd'hui de plus en plus, les individus, quel que soit leur âge ou leur niveau social, cherchent à s'identifier au moyen de signes ou de produits qui marquent leur apparence physique, un objet de consommation ou une « marque » comme, l'« iphone », Adidas ou Louis Vuitton, par exemple.

Il y a même une pression de la société dans ce sens. Le succès du tatouage humain en est aussi un symptôme manifeste. Cet « esthétisme » est un phénomène social qui se répand dans toutes les cultures de la mondialisation. Je constate que les valeurs sociales et culturelles liées à l'apparence prennent de plus en plus d'importance et, en ce début du vingt-et-unième siècle, on connaît pour la première fois dans l'histoire une époque qu'on pourrait dire d'« esthétisme universel des apparences ». C'est ça que je stigmatise comme « l'époque de l'esthétisme ». Est-ce le futur, qui se dessine, d'une culture de la mondialisation ? Ce n'est pas cela pour moi une culture mondialisée. Elle repose à mon sens sur la variété des cultures et la qualité des échanges.

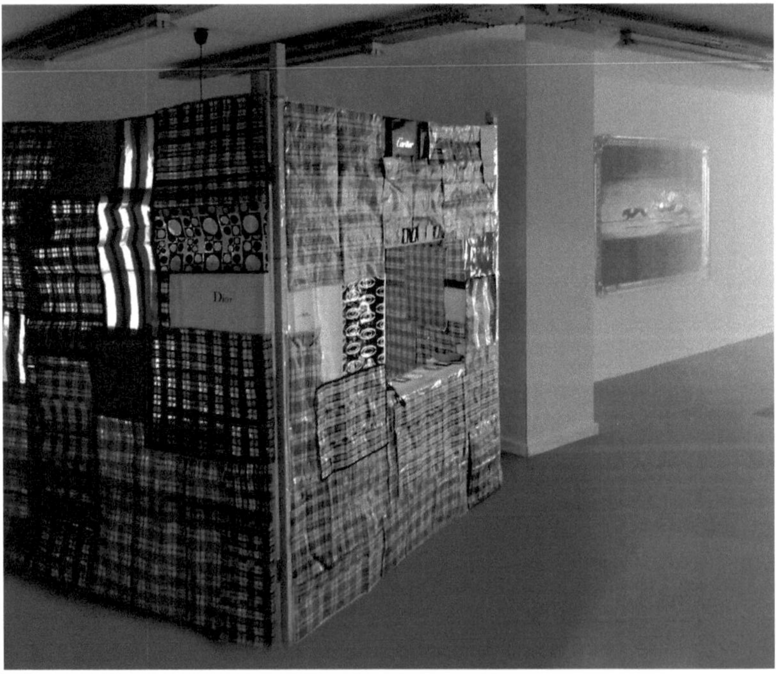

Vivre ou mourir – *Raoul Marek, (2010/11). (Photo © Raoul Marek) galerieofmarseille, Marseille.*

> L'installation de Raoul Marek pour la « galerieofmarseille » propose un regard subjectif sur des questions existentielles liées à l'état psychologique actuel de notre société contemporaine. Vivre ou mourir, comme un enjeu au moins aussi fort que gagner ou perdre... L'installation se compose de trois projections vidéo inédites qui mettent volontairement l'espace entre parenthèses pour créer un lieu à la lisière de la fiction et de la réalité. Dans le lieu, il y a aussi une structure provisoire bricolée avec des bouts de ficelle et des matériaux de sacs de transport. Cette sculpture « cabane » est encore habillée ici et là de sacs portant le blason de marques prestigieuses (Dior, Hermès...), symboles de rêves matérialistes, incarnant le profil du gagnant. La cabane est aussi le guichet pour prendre les paris, on y achète la possibilité de faire partie des gagnants. Le soir du vernissage et pendant deux autres soirées, l'installation prend vie par une performance de Raoul Marek à laquelle participe le public : les paris sont ouverts sur les courses de chiens. Raoul Marek propose ici un dispositif anti-métaphorique et provocant : gagner ou perdre serait devenu une situation sociale et mondiale, aussi intense que celle de vivre ou mourir.
>
> *Extrait du communiqué de presse, 2010 (galerieofmarseille)*

P T : Il me semble en effet que vous thématisez cet « esthétisme » dans votre travail. Je pense à vos œuvres photographiques, par exemple au cycle sur la Chine, les *China Diamants* qui font partie de la « Luxuscollection». Ces œuvres avec leur composition en hauteur m'apparaissent au premier regard très « belles », comme si seule la surface comptait. Mais avec l'impression kaléidoscopique qu'elles me donnent, je ressens plus que « la belle photo ». Je pense à Marcel Proust et à Claude Lévi-Strauss qui ont pris le kaléidoscope comme une figure symbolique du mouvement et du changement...

R M : C'est intéressant parce que, à la base, ces photomontages sont faits d'images de grandes surfaces de consommation, de *shopping malls*, avec leur esthétisme de la séduction, qui sont gigantesques, telles que je n'en avais jamais vues avant mon premier voyage en Chine en 1996 et jamais ailleurs. La philosophie et le bouleversement de notre monde qui se dégagent de ces « temples » ne me laissent plus tranquille et ont beaucoup inspiré mon travail. Pendant mon processus de travail, je suis arrivé ainsi à la création d'un nouveau lieu fictif, à une image photographique avec la même esthétique mondialisée, avec l'idée du miroir qui trompe et avec une sacralisation par la symétrie. Je ne peux pas en dire plus sur cette idée de « kaléidoscope ». Il faut y penser, c'est une chose que je médite, comme la mondialisation de l'art et son rapport à l'argent, mais il faut penser surtout que c'est l'homme qui tourne le kaléidoscope...

Raoul Marek
Artiste, Paris/Berlin

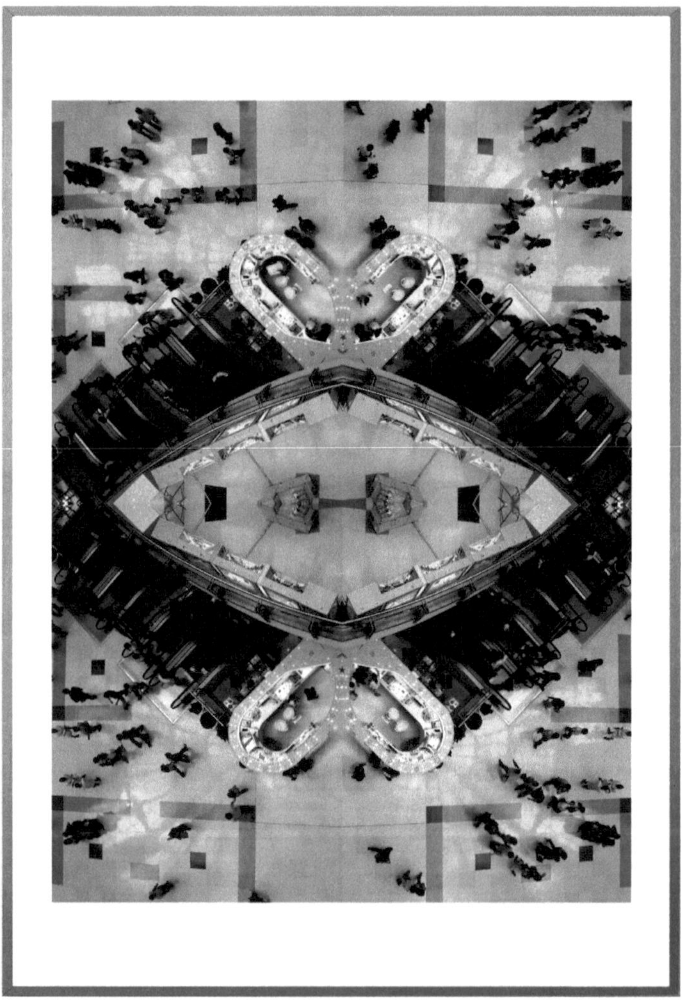

China Diamant #3 – *Raoul Marek, (2008/09). (Photo © Raoul Marek)*
*Photomontage, signé et numéroté, 70 cm x 100 cm. Impression jet d'encre sur papier.*
*«Luxuscollection Paris, Berlin»*

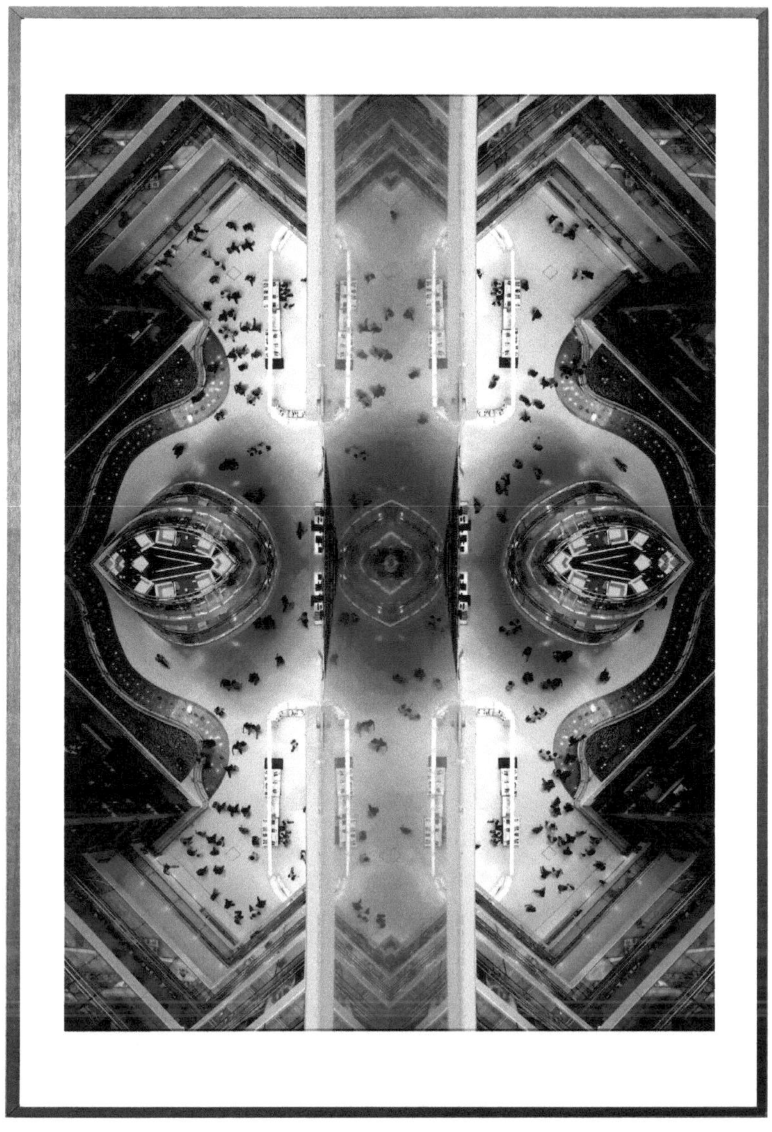

China Diamant #5 – *Raoul Marek, (2008/09). (Photo © Raoul Marek)*
*Photomontage, signé et numéroté, 70 cm x 100 cm. Impression jet d'encre sur papier.*
*Le cycle comprend huit « China Diamants ». «Luxuscollection Paris, Berlin»*

# La Chine et l'art contemporain

## L'arrivée de l'Empire du Milieu dans le monde et sur le marché de l'art

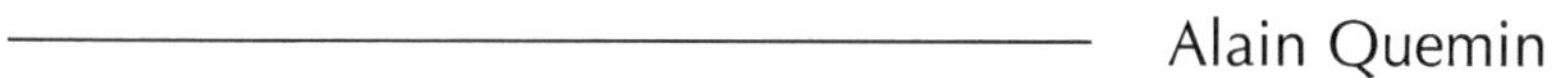

Alain Quemin

S'il convient de retenir deux éléments ayant marqué la seconde moitié des années 2000 dans le monde et sur le marché de l'art contemporain, c'est, outre la formidable envolée des prix des œuvres de 2004 à 2008 avec l'emballement du marché, la percée remarquable tant de la Chine comme place de vente que des artistes chinois sur le marché international des enchères durant cette période. Alors qu'elle était quasi-absente de la scène internationale de l'art contemporain, la Chine s'est hissée en quelques années à un niveau de visibilité sans précédent et elle a connu des succès tels que les regards se sont massivement tournés vers cette place de marché et vers cette scène émergentes. Pourtant, une fois finie la période de forte envolée générale des cotes qui avait tout particulièrement affecté le marché chinois et ses artistes, il est possible de dresser un bilan désormais nuancé de ce phénomène. Il convient pour cela d'objectiver le plus possible les phénomènes étudiés pour dépasser le simple discours sensationnaliste qui a rapidement entouré les artistes chinois et qui marque fortement les représentations sociales, telles qu'elles apparaissent notamment dans la presse spécialisée en art. Nous verrons que, si le marché a connu un formidable développement, indéniable, en Chine, il convient tout d'abord de nuancer très fortement cette affirmation en distinguant secteur des ventes aux enchères et ventes en galeries. Par ailleurs, en termes de reconnaissance esthétique par le monde de l'art, si les « artistes chinois » ont bénéficié d'un intérêt certain de par leur appartenance ou leur origine nationale constituant un quasi-label, à part Ai Weiwei plus récemment (surtout à partir de 2009) aucun artiste de cet espace n'a véritablement été consacré par le réseau international des grands musées et centres d'art contemporain. C'est donc sur la base de ce constat nuancé que nous pourrons ensuite reconsidérer les théories sur la globalisation culturelle et, tout particulièrement, discuter l'appartenance – ou non – de la Chine à une semi-périphérie du monde de l'art.

## Les artistes chinois sur le marché de l'art

Comme l'ont remarquablement fait apparaître les travaux de Raymonde Moulin, la valeur de l'art se construit à l'articulation du marché et du musée (Moulin, 1992) : pour qu'un artiste contemporain s'inscrive durablement dans l'histoire de l'art, il faut qu'il bénéficie à la fois d'une cote importante sur le marché et d'une reconnaissance institutionnelle notable par les musées et les centres d'art.

Si l'on considère le marché de l'art tout d'abord, celui-ci se compose de deux types de transactions, ventes aux enchères, d'une part, et ventes en galeries, d'autre part.

*Les ventes aux enchères :*

Traditionnellement, les ventes aux enchères sont les mieux connues des transactions d'œuvres d'art, puisqu'elles sont publiques. Tant les volumes que les prix réalisés sont donc connus et il existe aujourd'hui dans le monde d'importantes bases de données qui recensent la totalité des transactions ayant lieu dans ce cadre et qui permettent de chiffrer précisément le poids de chaque place de marché.

En intégrant l'Organisation mondiale du commerce en décembre 2001, la Chine a autorisé l'arrivée de sociétés de vente aux enchères étrangères, dont Christie's, Sotheby's et Bonham's qui ont ouvert une antenne à Hongkong. La formidable impulsion ainsi créée, relayée par le dynamisme de maisons de ventes chinoises[1] et par la puissance financière de Hongkong et de Shanghai, ont imposé, en 2007 et jusqu'en 2009, la Chine comme troisième place de marché de l'art mondiale derrière les États-Unis et le Royaume-Uni, la France lui cédant ce rang qu'elle détenait pourtant de longue date. Selon les données de la société Artprice, en 2010, la Chine s'est même hissée à la première place mondiale en devançant les États-Unis[2]. L'explosion de la Chine est particulièrement éclatante dans le secteur de l'art contemporain, puisque, de juillet 2008 à juin 2009, si la Grande-Bretagne occupait confortablement la première place du classement mondial[3] (avec 261 millions d'euros), loin devant les États-Unis (123 millions d'euros), la Chine (95 millions d'euros) s'approchait dangereusement de ce pays et distançait allégrement son suiveur immédiat, la France (18 millions d'euros seulement). En à peine quelques années, la Chine est devenue un géant comme place de marché pour les ventes aux enchères d'art contemporain. Notons également que, pour la première fois, entre juillet 2008 et juin 2009, le volume d'affaires réalisé en salles des ventes par l'art contemporain dans la zone Asie est devenu supérieur à celui des États-Unis (130 M€ contre 123 M€) ! (source de toutes ces données : Artprice, 2009 [a]).

L'explosion des ventes aux enchères en Chine a accompagné celle des artistes chinois sur ce même marché. Ceux-ci ont, en effet, connu une percée phénoménale dans les salles de ventes à partir de 2004, grâce, notamment, au soutien de nombreux spéculateurs et fonds d'investissements se pressant sur de jeunes signatures inconnues. La spéculation sur les signatures chinoises et les performances époustouflantes ainsi réalisées ont d'ailleurs largement contribué à gonfler la part de l'art contemporain sur le marché mondial et se sont traduites par un indice de prix en progression de 500 % entre 2004 et 2008 ! L'offre gonflait en réponse à une demande pressante, portant les artistes contemporains chinois au niveau des Américains, Anglais ou Allemands les plus cotés. Alors qu'en 2002, figurait un seul artiste chinois parmi les 100 artistes contemporains (entendus ici comme étant nés après 1945) ayant réalisé le produit le plus élevé en ventes aux enchères, leur nombre s'élevait à... 34 en 2009 (contre 20 artistes américains seulement !).

Outre les artistes contemporains chinois, des artistes thaïlandais, indonésiens, indiens ou coréens rivalisaient désormais avec les grandes signatures de l'art occidental, les artistes asiatiques paraissant alors en passe de dominer le marché de l'art contemporain mondial : 44 d'entre eux se disputaient ainsi les places du Top 100, contre 27 Européens (Artprice, 2009 [b]).

Au plus fort de la période spéculative, les artistes chinois ont réalisé, en 2008, un véritable raz de marée en termes d'entrée sur le marché des enchères. Ainsi, la liste des 50 artistes ayant été vendus pour la première fois aux enchères et ayant suscité le résultat le plus élevé comprenait-elle pas moins de... 23 artistes chinois, dont 5 apparaissaient dans les 10 premières places du classement (Jindong You, Jiaming Wang, Ding Shang, Shangqing Jiang et Hongfei Xu), loin devant les artistes américains (6), britanniques, russes, japonais et coréens (3 chacun) (source des données : Artprice, 2009 [a]). Notons toutefois qu'au cours de l'année 2010, 4 artistes chinois se sont hissés parmi les 10 plus forts produits de ventes aux enchères annuels, contre un seul en 2009 (source : Artprice, *Tendances du marché de l'art 2010*).

Les 10 artistes ayant réalisé le produit de ventes le plus élevé en 2008-2009 étaient 3 Américains (Jean-Michel Basquiat [2nd], Richard Prince [3ème], Jeff Koons [4ème]), 3 Britanniques (Damien Hirst [1er], Peter Doig [5ème] et Anish Kapoor [9ème]), mais aussi 3 Chinois (Fanzhi Zeng [6ème], Xiaogang Zhang [7ème] et Yiefei Chen [10ème]) et

1 Japonais (Takashi Murakami [8ème]). Il convient toutefois de moduler quelque peu la présentation précédente en signalant qu'en 2008-2009, les 10 enchères les plus élevées en art contemporain ont certes été réalisées par un artiste chinois (Yifei Chen, en 7ème position de montant), mais aussi par 3 Américains (Jean-Michel Basquiat [pour deux œuvres], Richard Prince [avec deux œuvres] et John Currin), ainsi que par un Britannique (Damien Hirst [avec trois œuvres, dont les deux plus chères]), les deux pays précédents conservant de ce point de vue leur position de poids lourds du marché des enchères (source: Artprice, 2009 [a]).

Artprice a établi un « Top 15 » des artistes contemporains par produit des ventes afin d'analyser les bouleversements de la dernière décennie. Depuis 2003, quatre indétrônables se disputent les meilleures places du palmarès: les trois Américains Jean-Michel Basquiat, Jeff Koons et Richard Prince, ainsi que le Britannique Damien Hirst. Ce classement a opéré une mutation en 2006 avec l'arrivée en force des premiers artistes chinois Minjun Yue, Yifei Chen et Zhang Xiaogang. D'emblée, la présence des Chinois fut écrasante et Zhang Xiaogang cumulait 24,9 M$ sur l'année, détrônant Jean-Michel Basquiat sur la première marche du Top 15 ! (Artprice, 2009 [b]).

Comme celle des grands artistes occidentaux, la cote des artistes chinois les plus en vue (parmi lesquels Zhang Xiaogang, Minjun Yue ou Guoqiang Cai) a été très affectée par la crise qui touche le marché de l'art contemporain depuis 2008. Les produits de ventes aux enchères des artistes contemporains les plus chers ont fondu en 2009, le marché retrouvant peu ou prou les niveaux de prix de 2004, enregistrés avant la bulle spéculative. Au premier semestre 2008, le prix moyen des œuvres contemporaines vendues en Chine affichait 65 500 $. À l'issue du premier semestre 2009, il était tombé à 26 800 $ (Artprice, 2009 [b]). Malgré ce recul, la vente de la collection « historique » Ullens d'art contemporain chinois organisée par Sotheby's à Hong Kong le 3 avril 2011 a vu s'accumuler les records.

Si l'on considère le développement des ventes aux enchères en l'espace de quelques années en Chine ou les performances fulgurantes des artistes contemporains chinois, le constat est saisissant et pourrait donner à penser que la Chine est parvenue à rejoindre, en un temps record, le groupe très fermé des pays les plus importants sur la scène et sur le marché international de l'art que sont tout d'abord les États-Unis, puis leur suiveur immédiat, l'Allemagne, qui devance généralement elle-même le Royaume-Uni, assez loin devant la France, l'Italie et la Suisse (Quemin, 2002 [a] et 2006 [a] et [b]).

## Les galeries et les foires

C'est pourtant essentiellement le secteur des ventes aux enchères qui traduit le triomphe chinois et qui pèse ainsi sur les résultats globaux du marché. Dans le rapport d'Arts Economics commandé par l'importante foire TEFAF, le Royaume-Uni s'est trouvé rétrogradé à la troisième position pour la première fois en 2010, derrière les États-Unis comme à l'accoutumée, mais aussi, désormais, la Chine qui détiendrait dorénavant 23 % des parts du marché de l'art, poursuivant ainsi son ascension dans le classement après avoir dépassé la France en 2007. Toutefois, si l'on considère désormais l'autre versant du marché, celui des galeries et des foires d'art contemporain, la réalité apparaît assez différente et offre une autre vision de celle fournie par les ventes aux enchères. Signalons tout d'abord qu'à la plus importante foire d'art contemporain dans le monde, celle de Bâle, en Suisse, qui rassemblait en 2009 plus de 300 galeries internationales, ne figuraient que 8 galeries chinoises, contre 36 de Suisse, 32 du Royaume-Uni, 31 de France, mais surtout 62 d'Allemagne et même 83 des États-Unis. Par ailleurs, la moitié des galeries apparaissant comme chinoises constituaient, en fait, des antennes de galeries occidentales, étant donc doublement répertoriées dans les classements par pays : la galerie PaceWildenstein (devenue depuis galerie Pace) est américaine, la galerie Continua italienne, la galerie Meile est suisse et la galerie PKM sud-coréenne. Outre ces galeries d'origine étrangère qui sont toutes installées à Beijing, on trouve 4 galeries chinoises : les galeries Boers-Li et Long March, elles aussi de Beijing, ainsi que Shanghart à Shanghai, et Vitamin à Guangzhou (Canton). Les galeries chinoises sont à la fois peu nombreuses, souvent d'origine étrangère et, malgré l'étendue de la Chine et le nombre élevé de très grandes métropoles, elles sont très concentrées à Beijing.

Il est possible de compléter l'analyse précédente sur la foire de Bâle par celle de données inédites produites à notre intention par Artprice, premier producteur mondial de données relatives au marché de l'art, sur les principales foires d'art contemporain dans le monde et sur les galeries qui y participent[4]. Ces nouvelles données sont d'autant plus originales et importantes qu'il s'agissait d'inclure dans la population étudiée des galeries qui ont toutes accès, de façon plus ou moins significative mais jamais négligeable, au marché international à travers des foires de renommée elle-même variable mais allant toujours au-delà des frontières du pays d'organisation. Aujourd'hui, à une époque où la validation internationale constitue une condition de définition de l'art contemporain (Moulin et Quemin, 1993 ; Moulin, 2003), on peut donc dire que la totalité des galeries qui proposent du « vrai » art contemporain sont ainsi prises en compte.

Ce sont pas moins de 41 foires qui ont été retenues dans notre population en procédant de la façon suivante (Quemin, 2010). Grâce à un travail de veille très attentif, Artprice a tout d'abord recensé la totalité des foires (une soixantaine) se revendiquant en art « contemporain » qui se sont tenues dans le monde au cours de l'année 2008 et possédant un minimum de visibilité internationale. Au sein de cet ensemble, il nous est alors revenu de définir les critères permettant de sélectionner les manifestations internationales ensuite retenues dans notre population. Après réflexion, nous avons décidé de ne prendre en considération que les foires caractérisées par une présence d'exposants étrangers significative et dont la nationalité des exposants est suffisamment diversifiée[5], ce qui renvoie bien à la dimension internationale attendue de ces manifestations dans le monde de l'art contemporain. Une vingtaine de manifestations ont donc été écartées, car elles ne remplissaient pas les conditions de définition venant d'être présentées. La règle consistant à ne retenir que les manifestations satisfaisant le double critère précédent s'est appliquée de façon systématique aux foires qui accueillent le plus grand nombre d'exposants, toutes situées dans le monde occidental et même dans les pays les plus importants de la scène internationale de l'art. En revanche, concernant les foires, de taille souvent plus restreinte, situées dans les pays plus périphériques (Heilbron, 1999 et 2001 ; Quemin, 2002 [b], 2006 [a] et 2013), nous avons été moins stricts dans l'application de la règle, afin d'inclure dans notre population un ensemble de galeries le plus diversifié possible en termes d'origine géographique. Les quelques cas qui pourraient donc apparaître discutables d'inclusion, ou non, dans notre population ne concernent jamais les foires rassemblant de très nombreux exposants et elles pèsent au final peu dans notre population qui, en contrepartie, gagne donc en diversité.

La Chine est l'organisatrice de trois foires qui possèdent un certain rayonnement international, mais le fait qu'elles soient de taille assez restreinte témoigne bien de ce qu'elles ne sont que secondaires, car il existe généralement un lien entre nombre d'exposants et importance de la foire. SH Contemporary, avec 100 exposants, CIGE 2008, avec 83 d'entre eux, et la Shanghai Art Fair, avec 52 d'entre eux, n'arrivent qu'en 16$^{\text{ème}}$, 24$^{\text{ème}}$ et 32$^{\text{ème}}$ positions, loin derrière Art Basel en Suisse qui se classe en première position avec ses 304 exposants ou Art Basel Miami Beach, aux États-Unis, qui la suit immédiatement avec 248 exposants.

Si elles prétendent toutes participer au monde de l'art *international* afin de défendre leur label *contemporain*, les foires sont en réalité internationales (entendu ici au sens de mondiales – car, dans le monde de l'art contemporain, « international » est en effet le plus souvent synonyme de « mondial ») ou même extra-nationales à des degrés très divers. Une manifestation qui rassemble différents pays voisins ou appartenant à un même espace géographique, continental par exemple, est souvent qualifiée de « régionale », quand bien même elle est objectivement internationale. La composition par nationalité des galeries exposantes est en général un bon indicateur de la « qualité » d'une foire qui, dans l'idéal, doit accorder une place assez limitée aux exposants nationaux (sauf si la foire est organisée dans un pays au marché important, dont les galeries sont donc très légitimes), et ce contre la tendance spontanée qui consiste à accorder un avantage aux galeries du pays organisateur ; il convient, par ailleurs, d'accueillir des nationalités diversifiées et, tout particulièrement, d'attirer les plus grandes galeries des pays leaders sur le marché (tout spécialement États-Unis, Allemagne, Royaume-Uni, Suisse et, dans une moindre mesure, France et Italie) (Quemin, 2006 [a]).

À l'heure de la supposée globalisation et de la soi-disant disparition des frontières (Quemin, 2002 [b] et 2006 [a]), les foires internationales d'art contemporain se sont certes multipliées, mais elles se concentrent toujours de façon écrasante dans le monde occidental et, plus précisément, dans un nombre très restreint de pays au sein de cet espace, et d'autant plus qu'elles sont d'importance[6]. Les États-Unis se taillent la part du lion et arrivent loin en tête avec 24 % des foires internationales (dont les célèbres Art Basel Miami Beach, Armory Show de New York et foire de Chicago). Puis arrivent à égalité, avec 7 % des événements, la Suisse, qui abrite notamment la prestigieuse foire Art Basel, l'Italie avec ses trois foires de Turin, Milan et Bologne, mais aussi, désormais, la Chine qui, en quelques années, s'est hissée parmi les pays importants du marché de l'art[7]. Viennent ensuite l'Allemagne, poids lourd du marché et de la scène de l'art contemporain (foires de Cologne et de Berlin) (Quemin, 2002 [a] et 2006 [a]), la France (FIAC), les Pays-Bas, mais aussi deux pays périphériques[8] (Heilbron, 1999 et 2001 ; Quemin, 2002 [b] et 2006 [a]), l'Australie et les Emirats arabes unis, le premier bénéficiant d'un relatif isolement par rapport aux grandes places internationales de l'art, le second d'une politique active récente en faveur de l'art comme de son marché. Enfin, 12 autres pays n'apparaissent qu'avec une seule foire, parmi lesquels le Royaume-Uni (avec la Frieze Art Fair), pays pourtant important, tant pour la scène artistique internationale que pour le marché (Quemin, 2002 [a]). Les autres pays figurant sont la Belgique, l'Autriche, l'Espagne, le Portugal, la Russie, le Canada, le Mexique, l'Argentine, le Japon, Taïwan et Singapour.

Alors que le monde compte près de 200 États, celui des foires d'art contemporain suffisamment internationales pour que l'on puisse considérer que s'y vend de l'art réellement contemporain se répartit entre 21 pays seulement. Bien que le monde des foires internationales se soit aujourd'hui davantage étendu sur la surface de la terre, il ignore encore certaines régions, et même des continents tout entiers comme l'Afrique, et il ne touche que marginalement la plupart des régions du globe, à l'exception des États-Unis dont le poids est capital (avec 10 manifestations), de quelques pays d'Europe occidentale (l'Union européenne concentre 17 manifestations entre 10 États différents au poids inégal) et, désormais, de la Chine.

Qu'en est-il maintenant des pays d'appartenance des galeries qui participent au monde des foires internationales d'art contemporain ? La concentration par pays des galeries participant aux foires internationales d'art contemporain vient redoubler la concentration précédente entre un nombre restreint de pays et la part très inégale des pays représentés. Une fois encore, en termes de galeries ayant accès aux foires internationales d'art contemporain, les États-Unis occupent une confortable première position (20,0 % des galeries), devançant nettement leur premier suiveur, qui constitue leur habituel challenger (Quemin, 2002 [a] et 2006 [a]), l'Allemagne (11,3 %) qui arrive en tête d'un pôle très européen. L'Italie apparaît juste après, avec 9,4 % des galeries, mais elle bénéficie, pour sa part, d'une surreprésentation liée à la très forte part des galeries italiennes dans les foires de ce pays pourtant semi-périphérique. Vient ensuite la France (6,4 %), talonnée par l'Australie avec 6,2 % des galeries, ce dernier pays contrôlant sans doute bien son marché national. Il en va de même du Japon (4,9 %). L'Espagne (4,3 %) devance de peu le Royaume-Uni (4,1 %), pays pourtant très important pour les ventes aux enchères d'art contemporain. Viennent ensuite les Pays-Bas[9] (3,8 %), le Canada (3,1 %), puis la Suisse qui, si elle n'atteint qu'une part de 2,8 %, possède des galeries extrêmement dynamiques, dont certaines comptent parmi les plus importantes au monde.

Si les galeries qui participent aux foires internationales d'art contemporain se rencontrent dans 64 pays différents, soit dans seulement un tiers environ des États de la planète, leur répartition sur la surface du globe est, par ailleurs, là encore, très inégale. Elles se concentrent surtout dans le monde occidental et, plus précisément, dans un très petit nombre de pays au sein de celui-ci (à eux seuls, États-Unis, Allemagne, Royaume-Uni, Italie, France et Espagne concentrent pas moins de 55,5 % des galeries, dont 20 % pour les seuls États-Unis et 35,5 % pour les 5 principaux pays de l'Union européenne[10]), l'Australie (6,2 %) et le Japon (4,9 % des galeries) profitant, quant à eux, de leur éloignement des grandes places de l'art contemporain et des principales galeries internationales pour contrôler en grande partie leur marché national. La formidable percée des artistes chinois en l'espace de quelques années dans le secteur des ventes aux enchères d'art contemporain ne se retrouve pas au niveau des galeries chinoises qui ne pèsent que 2,6 % lors des foires internationales. Toutefois, même si ce résultat reste modeste, les galeries chinoises se distinguent déjà nettement d'autres pays émergents comme le Brésil (1,0 % des galeries), l'Inde ou la Fédération de Russie (0,7 % chacun) (Quemin, 2010 et 2013). Ceux qui sont parfois tentés de rapprocher la situation de l'art contemporain en Inde et de son marché avec celle de la Chine nous semblent, au vu des données précédentes, tirer des conclusions hâtives.

Notons qu'en dehors des pays précédemment mentionnés, très peu pèsent pour plus de 1 % en termes de participation de leurs galeries aux foires internationales d'art contemporain. Une fois de plus, apparaissent surtout des pays occidentaux et même européens (3,8 % pour le Canada, 2,8 % pour la Suisse, 2,1 % pour la Belgique et 2,0 % pour l'Autriche, 1,5 % pour le Portugal). Les pays non occidentaux sont moins nombreux et pèsent moins lourds : Taïwan (1,9 %), Corée du Sud (1,7 %), Argentine (1,7 %) et Singapour (1,1 %). Un grand pays comme le Brésil ne représente que 1 % des participations de galeries aux foires internationales d'art contemporain. Enfin, 44 pays pèsent chacun moins de 1 %, la présence de beaucoup de ces États étant même quasi-anecdotique avec des pourcentages quasi nuls qui font apparaître une très faible insertion de leurs galeries dans le monde international de l'art.

## Une trajectoire exemplaire d'artiste chinois international : Zhang Huan

Zhang Huan est l'un des artistes chinois les plus célèbres, vendu par l'une des plus importantes galeries dans le monde, située au cœur même du marché international, dans le quartier de Chelsea, à New York (Halle et Tiso, 2005), la galerie PaceWildenstein devenue en 2010 galerie Pace.

La galerie PaceWildenstein, l'une des plus reconnues de la scène artistique internationale[11], défendait en 2010 56 artistes, dont une part importante (17, soit près du tiers) étaient alors décédés et pleinement consacrés (parmi eux figuraient Pablo Picasso, Jean Dubuffet, Sol LeWitt, Mark Rothko, Robert Rauschenberg...). Le groupe des artistes décédés se composait de 12 Américains, 2 Français (dont un

« Franco-espagnol » si l'on souhaite tenir compte de la nationalité d'origine de Picasso), 1 Britannique, 1 Allemand et 1 Chilien, et donc d'aucun Chinois. La composition par nationalité des 39 artistes vivants, dont beaucoup figuraient, une fois encore, parmi les artistes les plus consacrés (John Chamberlain, David Hockney, Donald Judd, Claes Oldenburg, Bridget Riley, Julian Schnabel, Antoni Tapies notamment) était la suivante : 27 artistes étaient américains, 4 étaient britanniques, 2 allemands, 1 était irlandais, 1 espagnol, 1 israélien, 1 coréen et... 2 étaient chinois. Même s'il convient d'être très prudent étant donné la faiblesse des effectifs, on peut signaler que l'âge moyen des artistes américains était d'un peu plus de 66 ans, et celui des Britanniques s'élevait encore à 59,5 ans, quand celui des (deux) artistes chinois était de 48 ans[12] seulement. Les artistes chinois appartenaient donc clairement à la jeune génération représentée par la galerie, et leur poids au sein de ses jeunes artistes était beaucoup plus important.

Zhang Huan[13] est né en 1965 dans une petite ville de la province de Henan, juste avant la Révolution culturelle, et à l'âge d'un an, il est parti vivre chez ses grands-parents, dans un village du Comté de Tangyin. À 14 ans, il a commencé sa formation artistique dans un style marqué par le réalisme socialiste. Puis, à partir de 1984, il a poursuivi ses études au département d'art de l'université de Henan où il a étudié la peinture chinoise à l'encre, le dessin, la peinture à l'huile et l'histoire de l'art. Une fois ces études achevées, Zhang Huan est devenu enseignant en art et en histoire de l'art occidental pendant trois années avant d'étudier la peinture à l'huile à l'École des Beaux-arts de Beijing de 1991 à 1993. On voit donc que les jeunes années de Zhang Huan se caractérisent à la fois par une solide formation aux techniques traditionnelles des Beaux-arts et par une forte ouverture sur l'art occidental, deux ressources qu'il a ensuite su fortement utiliser... ou laisser de côté au besoin, ce qui a pu doublement favoriser sa reconnaissance internationale ultérieure. C'est à cette époque que Zhang Huan a commencé à pratiquer la performance, forme d'expression au fort retentissement lorsqu'elle suscite le scandale. La première performance publique de Zhang Huan, qui consistait en une critique de la politique de l'enfant unique, a d'ailleurs entraîné la fermeture de l'exposition à laquelle l'artiste participait. À cette même époque, Zhang Huan s'est installé avec d'autres jeunes artistes chinois dans un quartier alors désigné comme l'« East Village de Beijing », appellation rappelant celle d'un quartier de New York longtemps réputé pour ses avant-gardes artistiques et sa vie bohème. C'est dans cet environnement que Zhang Huan a développé les performances qui allaient attirer l'attention du monde de l'art international et lui valoir la reconnaissance de celui-ci, comme sa célèbre « 12 Square Meters » durant laquelle l'artiste resta assis pendant une heure, le corps enduit de miel et d'huile de poisson, dans des latrines publiques infestées de mouches, ou « To Add One Meter to an Anonymous Mountain » dans laquelle neuf personnes étaient allongées les unes sur les autres pour élever la hauteur d'une montagne d'un mètre. Abondamment photographiées, ces performances ont rapidement été connues à l'étranger et ont rencontré un vif succès critique, accédant même au statut d'icônes.

Un an plus tard, Zhang Huan a été invité à se produire pour la première fois hors de Chine, au China Art Festival de Munich. Même si le festival fut finalement annulé pour des raisons politiques, Zhang Huan a réussi à se rendre à Munich et, de là, à rejoindre Paris pour voir des chefs-d'œuvre de Millet, Van Gogh et Courbet pour la première fois. Ce n'est toutefois ni à Munich ni à Paris que Zhang Huan a ensuite choisi de s'établir malgré ce premier double contact avec le monde occidental.

À l'automne 1998, Zhang Huan a été présenté pour la première fois au très prestigieux centre d'art contemporain PS1 à New York, dans le cadre de l'exposition « Inside Out: New Chinese Art ». C'est donc encore une fois en tant qu'artiste chinois qu'il parvenait à accéder à la scène internationale. C'est à cette occasion que Zhang Huan s'est installé à New York, au cœur même du marché et du système de consécration internationale. Au cours des huit années suivantes, Zhang Huan a créé 13 performances, a été montré dans plus de 60 expositions de groupes et dans le cadre de 5 expositions personnelles à travers tous les États-Unis, le pays le plus important de la scène internationale de l'art devenant sa cible essentielle. Une fois sa notoriété assurée et la mode des artistes chinois battant son plein, Zhang Huan est retourné vivre en Chine en 2006, s'installant dans un district au Sud de Shanghai, ville chinoise la plus ouverte à l'international et la plus vibrante, où il a installé son studio et il s'est alors tourné vers une pratique artistique plus orientée vers la production matérielle. Une fois sa reconnaissance assurée par les institutions grâce à ses performances au fort impact visuel, il devenait avisé de valoriser la reconnaissance ainsi obtenue par la production d'œuvres plus facilement absorbables par le marché et de produire en Chine. À la fois parce que les acheteurs devenaient alors très demandeurs de « véritables » artistes chinois vivant en Chine – et non plus de simples artistes d'origine chinoise mais expatriés –, mais aussi en raison du coût de la main-d'œuvre, Zhang Huan employant dans son atelier pas moins d'une centaine d'assistants mettant leur virtuosité au service de la production d'une œuvre aussi prolifique que souvent monumentale. Les œuvres de Zhang Huan figurent aujourd'hui dans une quarantaine de grandes collections publiques dans le monde entier, dont celles du MoMA à New York, du MoCA à Los Angeles, du San Francisco Museum of Modern Art, du MacBa à Barcelone ou encore du Centre Georges Pompidou à Paris qui contribuent toutes à certifier la valeur de son art (Moulin, 1992 ; Moulin et Quemin, 1993).

## La consécration institutionnelle :

La consécration institutionnelle passe à la fois par les accrochages permanents dans les collections des grands musées et lors des expositions organisées tant par ceux-ci que par les centres d'art contemporain, mais aussi, par la visibilité offerte au travail des artistes lors des grandes manifestations que constituent les biennales d'art contemporain.

## Les biennales

Outre les grandes foires internationales, qui sont des manifestations marchandes, d'une durée de quelques jours et qui se tiennent annuellement, le calendrier du monde de l'art est rythmé par la tenue des biennales internationales d'art contemporain (Piguet, 2000), grandes manifestations qui se tiennent généralement, comme leur nom l'indique, tous les deux ans, pour une durée de quelques mois et dont la finalité est d'exposer le travail récent des artistes les plus dignes d'intérêt. Si les deux plus importantes biennales au monde, celles de Venise créée en 1895 et la Dokumenta de Kassel qui remonte à 1955, sont situées dans l'espace occidental, comme beaucoup d'autres – de portée déjà moindre – telles que les biennales du Whitney, aux États-Unis, de Lyon, en France, de Berlin, en Allemagne, etc., il existe également, de longue date, de telles manifestations dans des pays non occidentaux, puisque la biennale de Sao Paulo a été créée dès 1951 au Brésil. Toutefois, c'est à partir des années 1980 et sous l'influence de l'idéologie de la globalisation et du métissage (Quemin, 2002 [b]) qu'un nombre considérable de nouvelles biennales sont apparues à la surface du globe dans des zones jusqu'alors beaucoup moins ouvertes à l'art contemporain : citons ainsi les biennales de Sydney en Australie (créée en 1973), La Havane à Cuba (1984), Istanbul en Turquie (1987), Dakar au Sénégal (1992), Johannesburg en Afrique du Sud (1995), Kwangju en Corée du Sud (1995), Taïpei à Taïwan (1996), mais aussi Shanghai en Chine, cette dernière étant créée en 1996. Parmi les biennales périphériques les plus en vue aujourd'hui, celles d'Asie sont les plus récentes et celle de Shanghai fait figure de benjamine.

Qu'en est-il de la participation des artistes chinois aux grandes biennales d'art contemporain dans le monde[14] ?

| **Biennale**[15] | **Nombre d'artistes chinois par manifestation** | % |
|---|---|---|
| Venise | 63 | 5,46 |
| Documenta | 12 | 2,11 |
| Sao Paulo | 20 | 5,13 |
| Istanbul | 22 | 3,58 |
| Sydney | 17 | 2,46 |
| Gwangju | 33 | 5,80 |
| Shanghai | 174 | 48,20 |

Malgré l'engouement que connaît le marché des ventes aux enchères pour les artistes chinois, leur présence dans les deux principales biennales d'art contemporain dans le monde, celle de Venise (5,46 %) et la Dokumenta de Kassel (2,11 %) reste modérée. Par comparaison, les artistes américains, qui sont les plus présents, représentent pas moins de 16,9 % des artistes à Venise et 15,8 % à Kassel, les Italiens 12,0 % à Venise (où ils bénéficient d'une « prime », puisqu'ils appartiennent au pays d'organisation) et 3,5 % à Kassel, les Allemands, 8,7 % à Venise et 15,1 % à Kassel, les Britanniques 6,3 % à Venise et 4,9 % à Kassel, les Français 4,9 % à Venise et 5,1 % à Kassel.

Concernant désormais les biennales qui se tiennent hors du monde occidental, la place des artistes chinois reste toujours modérée en dehors de la manifestation qui est organisée par leur propre pays, au sein de laquelle leur présence est écrasante (avec 48,2 %, celle des artistes américains n'étant, quant à elle, que de 3,9 % !).

Même si la tendance est généralement à l'augmentation de la présence chinoise lors des grandes manifestations artistiques internationales que constituent les biennales, nul raz de marée ne s'est produit et il s'agit d'une augmentation progressive qui ne menace pas les positions des nations les plus établies de la scène internationale de l'art que constituent les États-Unis et l'Allemagne, mais davantage celles de la semi-périphérie que représentent l'Italie, le Royaume-Uni et la France (Quemin, 2002 [a]).

## Le Kunstkompass

Il existe un indicateur, certes imparfait[16] mais synthétique, qui entend rendre compte de la reconnaissance des 100 artistes contemporains vivants les plus en vue intitulé le Kunstkompass. Édité presque chaque année, de 1970 à 1997, par le magazine économique allemand *Capital,* il est désormais repris par son concurrent *Manager Magazine*. Si ce palmarès, qui résulte de la sommation de points obtenus lors de grandes expositions individuelles, collectives, ou par l'obtention d'articles dans de grandes revues d'art contemporain, est établi en évaluant et en quantifiant la visibilité d'artistes considérés individuellement, il est possible d'ajouter les scores pour tous les créateurs d'un même pays. Cela permet à la fois d'étudier, à un moment donné du temps, un classement des différents pays, lequel est dépendant des pondérations effectuées par les auteurs et comprend donc certains biais difficilement réductibles, mais aussi d'analyser comment évolue la part des divers pays au fil du temps. Les mêmes biais se reproduisant année après année, le Kunstkompass constitue un bon indicateur pour étudier l'évolution des parts des diverses nations représentées. Par ailleurs, à un moment donné du temps, la part des différents pays, sans être parfaitement inattaquable, n'en est pas fantaisiste pour autant et peut être considérée comme une approximation satisfaisante. En effet, à faire preuve d'un trop grand arbitraire, les auteurs du Kunst Kompass se disqualifieraient, comme ils discréditeraient leur indicateur aux yeux des acteurs du monde de l'art.

Signalons simplement que, jusqu'en 2008, pas un seul artiste chinois ne figurait dans le Kunstkompass[17]. Pourtant, cette année-là, le palmarès accueillait les créateurs de 22 pays, dans des proportions très inégales toutefois, puisque les artistes des États-Unis et de l'Allemagne concentraient à eux seuls plus de 60 % du poids de l'indicateur ! On le voit, même si, du fait de leur arrivée, à la fois brusque et massive, sur le marché des enchères, et si du fait même de leur « exotisme » (Quemin, 2002 [b]), les artistes chinois ont fortement marqué les esprits, le travail d'objectivation sociologique amène à nuancer considérablement l'affirmation de leur entrée en force sur la scène internationale de l'art. Aujourd'hui encore, ce sont les artistes du centre, qui reste contrôlé par les pays occidentaux, et tout particulièrement les artistes des États-Unis et de l'Allemagne, qui continuent à occuper les positions les plus en vue de la scène internationale de l'art.

## La Chine dans un marché et un monde de l'art contemporain organisés entre centre, semi-périphérie et périphérie

La Chine constitue un cas remarquable qui, une fois replacé dans le contexte plus large des échanges artistiques internationaux, permet de reconsidérer les théories de la globalisation culturelle. Malgré la prégnance des discours sur celle-ci, le métissage et la disparition des frontières dans le monde de l'art contemporain (Quemin, 2002 [b]), il existe clairement un ensemble de positions très hiérarchisées et le monde de l'art contemporain international obéit largement à un modèle de duopole constitué, d'une part, des États-Unis[18] et, d'autre part, de l'Europe, ou plus précisément de quelques pays d'Europe seulement, Allemagne, Royaume-Uni, France et Italie, Suisse parfois (Quemin, 2002 [a] et 2006 [a]), de poids très inégal, l'Allemagne constituant le cœur de ce second pôle. Comme le formule parfaitement Johan Heilbron :

> Cette concentration de la production comme de la distribution implique l'existence de zones périphériques et semi-périphériques. Mais le centre du système est lui-même éclaté. Étant donné que le système culturel mondial compte un nombre limité de centres concurrents, la mondialisation culturelle se manifeste d'abord comme un processus de concentration polycentrique. [...] on compte plusieurs centres pour chaque forme culturelle [...]. (Heilbron, 2001, p. 146)

Les cinq ou six pays précédents, dont deux constituent clairement le centre et les autres relèvent déjà d'une semi-périphérie, sont tous occidentaux et figurent parmi les nations les plus riches.

À l'opposé de ce centre occidental se trouve une « périphérie artistique » composée des États qui n'appartiennent ni au centre ni à la semi-périphérie occidentale. Pour autant, ces pays ne sont eux-mêmes pas tous non-occidentaux. Certes, la quasi-totalité des pays en développement ou émergents se trouvent dans ce groupe, mais y figurent également des pays riches tels que le Japon, le Canada ou l'Espagne. Et, fait nouveau, le cas de la Chine analysé ici montre que, désormais, un pays émergent a pu en partie rejoindre la semi-périphérie artistique jusque-là uniquement composée de pays occidentaux, mais bien davantage si l'on considère le pôle marchand – et principalement le marché des ventes aux enchères – que le pôle institutionnel. Pourtant, même si elle se révèle spectaculaire sur le segment des enchères, la percée de la Chine ne vient pas fondamentalement remettre en cause la domination de quelques pays occidentaux sur le marché et le monde de l'art contemporains, en dépit des discours sur la globalisation, le relativisme culturel et le métissage qui inondent le monde de l'art depuis les années 1990 (Quemin, 2002 [a] et [b] et 2006 [a]).

Il importe donc de reconsidérer le phénomène de globalisation culturelle (Appadurai, 1996 et 2000, Bartelson, 2000, Ohmae, 1990, Sassen, 1992, 1999 et 2000), et de rompre avec les discours, souvent hâtifs sur ce thème. Il est frappant de constater que les approches sur la globalisation en général, et sur la globalisation culturelle en particulier, manquent bien souvent cruellement de données empiriques pour étayer le propos et qu'elles s'en tiennent pour beaucoup à des considérations purement théoriques. Si le thème de la globalisation est devenu d'importance au cours des années 1990 et s'il a même occupé une position centrale en sociologie à partir de la seconde moitié des années 1990 (Therborn, 2000), la faible prise en compte de données empiriques durant toute cette phase est frappante : il suffit de se reporter au numéro de juin 2000 de la revue *International Sociology* consacré au thème de la globalisation (*International Sociology*, 2000), ou à un ouvrage traitant de la globalisation culturelle (King, 2000), thème qui a, jusqu'à présent, occupé une place centrale dans les travaux sur la globalisation (Therborn, 2000) pour constater que, dans chacun des cas, les données empiriques sont quasiment absentes, les auteurs s'en tenant presque exclusivement à des considérations abstraites.

L'analyse développée ci-dessus à partir du cas de la Chine et en comparant les positions de ce pays avec celles des autres nations les plus importantes sur le marché et sur la scène internationale de l'art montre bien comment les unités nationales continuent à jouer un rôle très important et que le marché de l'art international reste fortement territorialisé et « national ». Cela nous conduit à l'une des conceptions de la globalisation (Bartelson, 2000) identifiée par Scholte, selon laquelle, malgré l'intensification des échanges, les unités géographiques préexistantes conservent tout leur poids (Scholte, 1997).

Même si les débats sur l'impérialisme et l'échange inégal, en particulier dans la sphère culturelle, ont reposé en grande partie sur des considérations essentiellement théoriques, et même idéologiques, davantage que sur l'analyse de cas concrets, l'exemple du monde et du marché de l'art abordé ici à travers le cas de la Chine tend à confirmer ces théories (Wallerstein, 1991 et 2000; De Swaan, 1995; Bourdieu et Wacquant, 1999) qui soulignent le déséquilibre des échanges internationaux et l'existence d'effets de domination. Toutefois, les échanges culturels transnationaux ne font pas que refléter les contradictions de l'économie monde comme le défend Wallerstein. Il est possible de soutenir qu'existe une certaine autonomie de la sphère culturelle (Bourdieu, 1990; De Swaan, 1995) et des échanges culturels transnationaux en général (Heilbron, 1999 et 2001) comme du marché de l'art en particulier. C'est d'ailleurs dans la poursuite de la tradition des travaux de Pierre Bourdieu que l'on trouve les recherches les plus étayées empiriquement sur l'internationalisation culturelle qui, sur la base de données solides (Heilbron 1999 et 2001 ; Sapiro 2008), soulignent que :

> Les déséquilibres [...] caractérisent la structure même de l'échange. (Heilbron, 2001, p. 146) Au lieu d'un équilibre entre les importations et les exportations, la réalité de l'échange transnational est un processus d'échange inégal. (Heilbron, 1999, p. 439)

et en arrivent eux aussi à distinguer clairement l'existence d'un centre et d'une périphérie. Comme l'écrit Gisèle Sapiro au sujet des traductions d'ouvrages :

> L'analyse de leur évolution (les flux de traduction) depuis les années 1980 montre que s'il y a bien intensification et diversification des échanges culturels par l'intermédiaire du livre, ceux-ci ne sont pas exempts de phénomènes de domination et de luttes d'hégémonie [...]. Ces échanges sont inscrits dans un système de relations asymétriques entre cultures également régis par des enjeux politiques et intellectuels. (Sapiro 2008, pp. 8-9)

Sur la base des éléments empiriques présentés ci-dessus, il nous semble inévitable de prendre nos distances avec les analyses de Sassen et de Bauman qui soulignent l'affaiblissement du facteur territorial national (Sassen, 1996, Bauman, 1998) ainsi qu'avec les affirmations de Lash et Urry (Lash and Urry, 1994) selon lesquelles la situation globale est structurée davantage par des flux que par les entités territoriales, et avec les analyses comme celles de Castells (Castells, 1991) qui insistent également sur les flux davantage que sur les organisations. Il en va de même pour Scholte qui surestime incontestablement le phénomène de déterritorialisation (Scholte, 1996).

Dans le domaine de l'art contemporain, si l'on dépasse les discours simplistes, la dimension nationale, celle des États, constitue aujourd'hui encore un élément déterminant, comme le montrent les données analysées dans cette contribution. L'intensification des échanges transnationaux ne s'est en aucune manière accompagnée d'un effacement des frontières et, s'il existe des évolutions dans la hiérarchie entre pays qui tendent à remettre en cause le pouvoir du centre représenté par le duopole américano-allemand, le cas de la Chine, dont l'ascension a été fulgurante en quelques années, montre bien qu'il ne s'agit que d'un phénomène partiel, qui ne touche encore que très marginalement les institutions, et que le marché n'est pas affecté dans toutes ses dimensions.

## Conclusion

Sans cesse mis en avant dans le monde de l'art, le phénomène de « globalisation », de métissage et de formidable ouverture aux cultures du monde relève en fait largement de l'illusion. Il suffit de laisser le marché et les représentations sociales qui sous-tendent les choix des acteurs dans le monde de l'art jouer librement pour qu'apparaissent des phénomènes de pouvoir et d'échanges inégaux qui nous semblent difficilement contestables. Il existe clairement un centre – composé des États-Unis et de l'Allemagne – et une périphérie qui rassemble la plupart des pays du monde, mais aussi une semi-périphérie dans laquelle figurent quelques pays d'Europe occidentale seulement – Royaume-Uni, France, Italie, Suisse parfois, et depuis quelques années seulement, il devient envisageable de rattacher pour la première fois un pays non occidental, la Chine, à cet espace. Toutefois, le cas chinois, lorsqu'il est analysé avec nuance et de façon approfondie, fait bien apparaître que, malgré le caractère spectaculaire de l'arrivée de la Chine sur le marché des enchères, le passage de la périphérie à la semi-périphérie, en dépit même de la formidable puissance économique de ce pays, est un processus complexe. Même dans un monde de l'art contemporain qui aime croire à la globalisation et à l'abolition du facteur territorial, l'affranchissement de tous les freins qui pèsent sur les pays de la périphérie, aussi puissants économiquement soient-ils, n'est ni simple ni rapide.

Alain Quemin
Professeur de sociologie de l'art
Université Paris 8/Institut d'Études Européennes/Labtop GEMASS (CNRS)
Membre honoraire de l'Institut Universitaire de France

**Notes**

1. Les deux principales sont Poly et Guardian.
2. La Chine représentait ainsi, en 2010, 33 % du montant des enchères mondiales de *fine arts*, les États-Unis 29,9 %, le Royaume-Uni 19,4 %, loin devant le pays suivant, la France, qui pesait 5,1 % seulement du total (source : Artprice, *Tendances du marché de l'art 2010*).
3. Grâce, notamment, à une vacation tout à fait exceptionnelle d'œuvres de Damien Hirst – *Beautiful Inside My Head Forever* –, à Londres chez Sotheby's, les 15 et 16 septembre 2008.
4. Cf. Alain Quemin, « International Contemporary Art Fairs and Galleries : the Impact of National Territories in a "Globalized" Art Market », *European Societies*, 2013 et Quemin, 2008.
5. Seule une connaissance approfondie du marché permet de trancher au cas par cas.
6. On observe un phénomène comparable dans le domaine de l'édition avec les foires internationales du livre (Sapiro, 2008).
7. Soulignons toutefois que les différentes foires chinoises ont en partie été incluses dans la population en suivant la logique qui visait à élargir le plus possible l'univers des acteurs représentés.
8. Eux aussi ont bénéficié de notre volonté d'élargir la population prise en compte.
9. Cf. Femke van Hest, *Territorial Factors in a Globalized Art world? The Visibility of Countries in International Contemporary Art Events*, thèse de doctorat, Erasmus University Rotterdam/École des Hautes Études en Sciences Sociales, Paris (2012).
10. Signalons ici que l'Union européenne dans son ensemble compte pour 43,1 % des galeries participant aux foires internationales d'art contemporain dans le monde. On voit donc que le poids de cet ensemble économique et politique est, là encore, très concentré entre quelques-uns de ses membres seulement.
11. Signalons que, pour sa part, la galerie Gagosian, la plus importante au monde, installée elle aussi à New York, dans le quartier de Chelsea, présente 86 artistes, dont la plupart sont très consacrés, mais que pas un seul d'entre eux n'est chinois.
12. L'âge moyen des (deux) artistes allemands est même de 41,5 ans.
13. Les informations ont été obtenues en 2010 sur la page consacrée à l'artiste sur le site de la galerie PaceWildenstein :
    http://www.pacewildenstein.com/Artists/ViewArtist.aspx?artist=ZhangHuan&type=Artist&guid=7154c53c-eb68-4c69-9ff7-d022adc0cb8f
14. Les chiffres suivants sur les biennales d'art contemporain sont extraits de la thèse de Femke van Hest, *Territorial Factors in a Globalized Art world? The Visibility of Countries in International Contemporary Art Events*, Erasmus University Rotterdam/École des Hautes Études en Sciences Sociales, Paris, 2012. Nous la remercions ici chaleureusement pour nous avoir communiqué ces données.
15. Les éditions concernées sont : pour la biennale de Venise : 1993, 1995, 1997, 1999, 2001, 2003, 2005, 2007 ; pour la Documenta de Kassel : 1992, 1997, 2002, 2007 ; pour la biennale de São Paulo : 1996, 1998, 2002, 2004, 2006 ; pour la biennale d'Istanbul 1995, 1997, 1999, 2001, 2003, 2005, 2007 ; pour la biennale de Sydney : 1992, 1996, 1998, 2000, 2002, 2004, 2006, 2008 ; pour la biennale de Gwangju : 1995, 1997, 2000, 2002, 2004, 2006 ; pour la biennale de Shanghai : 2000, 2002, 2004, 2006. Le pays pris en compte est celui de naissance. Pour ce qui concerne le pays de résidence, se reporter à la thèse de Femke van Hest citée ci-dessus.

16. Pour une présentation critique du Kunstkompass, cf. Quemin, 2002 (a) et Quemin 2006 (a).
17. Ai Weiwei était classé 36ème en 2009 et 89ème en 2012, Cao Fei 65ème en 2009.
18. La centralité des États-Unis dans le domaine des arts et de la culture ressort parfaitement de la recherche sur la presse menée par Susanne Janssen et al. (Janssen et al., 2008). Par ailleurs, ces mêmes auteurs signalent que les quatre pays que l'on trouve sans cesse parmi les cinq premiers cités dans la presse analysée aux Pays-Bas, en France, au Royaume-Uni et en Allemagne sont les États-Unis, le Royaume-Uni, la France et l'Italie, l'Allemagne étant le plus souvent le cinquième pays.

## Bibliographie


Appadurai Arjun, *Modernity at Large: Cultural Dimensions of Globalization*, Minneapolis: University of Minnesota Press, 1996.

Appadurai Arjun (ed.), *Globalization. Public Culture. Society for Transnational Cultural Studies*, Durham NC/London: Duke University Press, 2000.

Artprice, *Le marché de l'art contemporain 2008-2009. Le rapport annuel Artprice*, Saint-Romain-au-Mont d'Or, Artprice, 2009 (a).

Artprice, *Art Market Insight, La Chine et l'art contemporain. Bilan*, octobre 2009 (b).

Bartelson Jens, « Three Concepts of Globalization », *International Sociology*, June, vol. 15-2, p. 180-196, 2000.

Bauman Zigmunt, *Globalization. The Human Consequences*, Cambridge: Polity Press, 1998.

Bellavance Guy (ed.), *Monde et réseaux de l'art: diffusion, migration et cosmopolitisme en art contemporain*, Montréal: Liber, 2000.

Bourdieu Pierre, « Les conditions sociales de la circulation internationale des idées », *Romanische Zeitschrift für Literaturgeschichte*, n°1/2, 1990, p. 1-10.

Bourdieu Pierre and Wacquant Loïc, « On the Cunning of Imperialist Reason », *Theory, Culture and Society*, 16-1, 1999, p. 41-58.

Castells Manuel, *The Informational City. Information Technology, Economic Restructuring and the Urban Regional Process*, Oxford: Blackwell, 1991.

De Swaan Abram, « The Sociological Study of the Transnational Society », Amsterdam School for Social Science Research, papers in progress, n°46, 1995.

Fournier Marcel et Roy-Valex Myrtille, « Art contemporain et internationalisation. Les galeries québécoises et les foires », *Sociologie et Sociétés*, vol. XXXIV, no. 2, automne, 2002, p. 41-62.

Halle David and Tiso Elisabeth, « Lessons from Chelsea: A Study in Contemporary Art », *The International Journal of the Humanities*, Volume 3, Issue 11, 2005, pp.45-66.

Heilbron Johan, « Towards a Sociology of Translation. Book Translations as a Cultural World System », *European Journal of Social Theory*, 2 (4), 1999, p. 429-444.

Heilbron Johan, « Echanges culturels transnationaux et mondialisation: quelques réflexions », *Regards sociologiques*, n°22, 2001, p. 141-154.

*International Sociology*, « Globalizations are Plural », June, vol. 15 (2), 2000.

Janssen Susanne, Kuipers Giselinde, Verboord Marc, « Cultural Globalization and Arts Journalism: The International Orientation of Arts and Culture Coverage in Dutch, French, German and U.S. Newspapers, 1955 to 2005 », *American Sociological Review*, 2008, Vol. 73, October, p. 719-740.

King Anthony D., *Culture, Globalization and the World System. Contemporary Conditions for the Representation of Identity*, Minneapolis: University of Minnesota Press, 2000, p. 91-106.

Lash Scott and Urry John, *Economies of Signs and Space*, London, Sage, 1994.

Moulin Raymonde, *L'artiste, l'institution et le marché*, Paris, Flammarion, 1992.

Moulin Raymonde, *Le marché de l'art. Mondialisation et nouvelles technologies*, Paris, Flammarion, 2003.

Moulin Raymonde et Quemin Alain, « La certification de la valeur de l'art. Experts et expertises », *Annales ESC*, no. 6 spécial « mondes de l'art », Novembre-Décembre, 1993, p. 1421-1445.

Ohmae Kenichi, *The Borderless World*, London: Collins, 1990.

Piguet Philippe, « Foires, biennales et salons internationaux d'art contemporain », *Universalia 2000*, Paris: Encyclopaedia Universalis, 2000, p. 301-303.

Quemin Alain, *L'art contemporain international. Entre les institutions et le marché*, Nîmes, co-édition Jacqueline Chambon / Artprice, 2002 (a).

Quemin Alain, « L'illusion de l'abolition des frontières dans le monde de l'art contemporain international. La place des pays "périphériques" à "l'ère de la globalisation et du métissage" », *Sociologie et Sociétés*, vol. XXXIV, no. 2, automne, 2002 (b), p. 15-40.

Quemin Alain, « The Impact of the Nationality of Artists on the Contemporary Art Market in the Era of "Globalization" », in Jan Bakos (Ed.), *Artwork through the Market. The Past and the Present*, Bratislava, Slovaquie, VEDA, vydavatelstvo Slovenskej Akadémie vied, 2004, p. 275-302.

Quemin Alain, «Globalization and Mixing in the Visual Arts. An Empirical Survey of « High Culture » and Globalization»», *International Sociology*, volume 21, number 4, July 2006 (a), p. 522-550.

Quemin Alain, « The Hierarchy of Countries in the Contemporary Art World and Market. An Empirical Survey of the Globalization of the Visual Arts », *Österreichische Zeitschrift für Geschichtswissenschaft*, 17. Jg, Heft 3 & 4, 2006 (b), Kunstmarkt, p. 35-57.

Quemin Alain, «Montrer une collection internationale d'art contemporain. La place des différents pays sur les cimaises du Centre Pompidou», in *Centre Pompidou. 30 ans d'histoire*, Paris, Editions du centre Georges Pompidou, 2007, p. 527-535.

Quemin Alain, « Foires et galeries d'art contemporain internationales: un état des lieux inédit », in *Le marché de l'art contemporain 2007/2008/Contemporary Art Market*, Artprice, Saint-Romain-au-Mont-d'Or, 2008, p. 81-91.

Publié aussi sur le site: http://imgpublic.artprice.com/pdf/fiac08fr.pdf, p. 79-89.

Publié également en version anglaise sous le titre: Quemin Alain, « International Contemporary Art Fairs and Galleries: an Exclusive Overview » sur le site: http://imgpublic.artprice.com/pdf/fiac08en.pdf, p. 78-88.

Quemin Alain, « Le marché de l'art: une mondialisation en trompe-l'œil », *Questions internationales*, n° 42, Paris, la documentation Française, 2010.

Quemin Alain, « International Contemporary Art Fairs and Galleries: The Impact of National Territories in a "Globalized" Art Market », *European Societies*, 2013.

Sapiro Gisèle (Éd.), *Translatio. Le marché de la traduction à l'heure de la mondialisation*, Paris, CNRS Editions, 2008.

Sassen Saskia, *The Global City. New York, London, Tokyo*, Princeton: Princeton University Press, 1992.

Sassen Saskia, *Losing Control? Sovereignty in an Age of Globalization*, New York: Columbia University Press, 1996.

Sassen Saskia, *Globalization and Its Discontents : Essays on the New Mobility of People and Money*, New York : New Press, 1999.
Sassen Saskia, « Territory and Territoriality in the Global Economy », *International Sociology*, June, vol. 15-2, p. 372-393, 2000.
Schott Thomas, « The World Scientific Community : Globality and Globalisation », *Minerva*, n° 29, p. 440-462, 1991.
Scholte Jan-Aart, « The Geography of Collective Identities in a Globalizing World », *Review of International Political Economy*, 3-4, 1996, p. 565-607.
Scholte Jan-Aart, « Global Capitalism and the State », *International Affairs*, 73-3, 1997, p. 427-452.
Therborn Goran, « From the Universal to the Global », *International Sociology*, June, Vol. 15 (2), 2000, p. 149-150.
Therborn Goran, « Globalizations. Dimensions, Historical Waves, Regional Effects, Normative Governance », *International Sociology*, June, vol. 15 (2), 2000, p. 151-179.
van Hest Femke, *Territorial Factors in a Globalized Art world? The Visibility of Countries in International Contemporary Art Events*, thèse de doctorat, Erasmus University Rotterdam/École des Hautes Études en Sciences Sociales, Paris (2012).
Wallerstein Immanuel, *Geopolitics and Geoculture. Essays on the Changing World System*, Cambridge/ Paris, Cambridge University Press/Éditions de la Maison des Sciences de l'Homme, 1991.
Wallerstein Immanuel, « The National and the Universal : Can There Be Such a Thing as World Culture ? », King Anthony D. (ed.), *Culture, Globalization and the World System. Contemporary Conditions for the Representation of Identity*, Minneapolis : University of Minnesota Press, 2000, p. 91-105.

# Du patrimoine national au marché mondial en sautant la case Europe

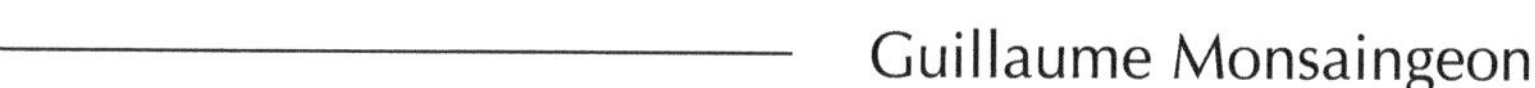

Guillaume Monsaingeon

Quatremère de Quincy prit parti en 1796 contre les prédations napoléoniennes qui constituaient à ses yeux moins un conservatoire ou museum qu'un mouroir d'œuvres d'art. Pour lui, l'Europe dépassait les nations, constituant une communauté artistique qu'il fallait « maintenir, favoriser et augmenter ». Qu'en est-il deux siècles plus tard, après cinquante ans d'institutions européennes ? Alors que les bibliothèques nationales européennes se rapprochent, que le cinéma s'organise, les grandes institutions muséales partent en ordre dispersé à l'assaut des marchés d'Asie et du Moyen-Orient.

Qu'en est-il de l'Europe des musées et du patrimoine, en ces temps de demandes de restitutions et de labellisation-vente-conseil en matière de musées européens à travers le monde ? Faut-il se contenter du silence d'une Europe coincée entre le local, ce qui reste du national et l'internationalisation croissante du patrimoine ?

## Matrice nationale et dimension européenne

Le concept de patrimoine, à l'histoire complexe mais abondamment étudiée[1], s'est construit par élargissement depuis une acception étroitement juridique et familiale (transmission par le « pater ») jusqu'à une extension actuelle presque indéfinie. Beaucoup a été dit sur les dangers d'un concept qui s'étendrait à tous les domaines, serait tour à tour matériel ou immatériel, naturel ou culturel (« artefactuel » ?), confinant à des modes d'être et des regards presque imperceptibles.

On s'attachera ici moins à la nature des biens concernés qu'aux porteurs ou sujets réunis par le sentiment réel ou illusoire de partager un même patrimoine. Au-delà de l'individu sujet de droit, puis de la famille et de la communauté, le local s'est fait national et désormais mondial voire universel – Unesco oblige[2].

La place des monarchies dans la construction européenne a conduit à souligner l'importance des regalia et, plus largement, d'un domaine royal inaliénable dont la transmission continue était source de légitimation. La Révolution Française a entériné cette conception d'un patrimoine devenu national, c'est-à-dire appartenant à l'ensemble de la nation, et la constituant même par ce sentiment de partage et d'appartenance commune. En France, l'institution de la charge d'inspecteur général des monuments historiques en 1830 s'est fondée sur la notion de patrimoine national (appelé « antiquités nationales »): le rapport adressé par le ministre de l'intérieur Guizot au roi souligne la continuité historique de ces biens artistiques, leur enracinement dans un territoire varié mais homogène, et la nécessité d'une protection issue du pouvoir central.

La notion de patrimoine telle que nous la connaissons est donc indissociable d'une histoire nationale, quand bien même l'extension récente évoquée plus haut s'est faite sous les coups de boutoir mémoriels de communautés souvent unies par un déni de la nation: mémoires locales, ouvrières, minorités linguistiques, etc.

Pour autant, cette dimension nationale est dès l'origine articulée avec d'autres forces à l'œuvre. Exemple parmi d'autres, le Grand Tour entendu comme processus éducatif à la fois supranational et surtout liée à une dynamique de classe. Le voyage des jeunes européens à travers le continent, sorte de roman de formation par le patrimoine était indissociable d'un sentiment d'appartenance à cette République des Lettres réunissant culture et conscience sociale, communauté et distinction. La géographie du voyage coïncidait avec la prise de conscience d'une matrice commune: la découverte de Pompéi et Herculanum au milieu du XVIII^e^ siècle a incontestablement renforcé ce sentiment européen.

Quatremère de Quincy ne disait pas autre chose en 1796 dans ses *Lettres à Miranda*[3], lorsqu'il affirmait que

> les arts et les sciences forment depuis longtemps en Europe une république, dont les membres, liés entre eux par l'amour et la recherche du beau et du vrai qui sont leur pacte social, tendent beaucoup moins à s'isoler de leurs patries respectives qu'à en rapprocher les intérêts sous le point de vue si précieux d'une fraternité universelle.

Par une « heureuse révolution », dit-il, arts et sciences ne sont plus « la propriété exclusive d'une nation » et appartiennent désormais à toute l'Europe. Contre toute visée partielle ou partiale, il faut donc considérer « l'intérêt que les parties ont à la conservation du tout » en matière de déplacement d'œuvres d'art.

Courageusement opposé aux prédations napoléoniennes, Quatremère souligne que les « transfèrements » sont funestes à l'Europe mais également au pays qui en serait bénéficiaire. Les écoles nationales et régionales ne prennent tout leur sens que dans la cohérence de Rome, « sorte de mappemonde en relief où l'on peut voir en abrégé l'Égypte et l'Asie, la Grèce et l'Empire Romain, le monde ancien et moderne. »

À l'opposé de ces thèses europhiles, on comprend qu'Alexandre Lenoir, fondateur du futur musée des Monuments français, signe la pétition contre Quatremère: son œuvre se nourrit de l'arrachement et de la multiplication, sa conception patrimoniale reste étroitement nationale et liée à des œuvres conçues comme des « atomes de sens », unités coupées les unes des autres et dégagées de toute continuité contextuelle. Quand Quatremère conduisait à célébrer l'Europe, Lenoir s'y opposait. C'est pourtant ce dernier qui s'imposa logiquement, et marqua un XIX$^{e}$ siècle plus nationaliste qu'européen.

## Naissance d'institutions culturelles européennes

Un siècle plus tard, il faut attendre la fin de la seconde guerre mondiale, qui s'achève sur un champ de ruines, pour voir renaître l'idée d'une construction européenne. Dès 1948, Denis de Rougemont appelle à un « plan Marshall pour la culture », affirmant que « ce qui reste à l'Europe depuis 1939, c'est la culture, c'est une mesure de l'homme[4] ». Cette visée généreuse (candide?) et large conduit par exemple à inclure droits de l'homme et questions sociales dans le champ de la commission « culture » du congrès de La Haye en 1948... Mais le Centre européen de la culture créé en 1950 restera un club modeste. En 1949, le Conseil de l'Europe est fondé, chargé de « réaliser une union plus étroite entre ses membres afin de sauvegarder et de promouvoir les idéaux et les principes qui sont leur patrimoine commun ». La coopération qui s'ensuit reste très limitée, jusqu'à l'adoption d'une convention culturelle européenne fin 1954, centrée autour du concept de « patrimoine culturel commun de l'Europe ». Si le terme « patrimoine » est à prendre ici au sens large, il ne faut pas oublier l'enjeu immédiat que constituait la reconstruction dans l'immédiat après-guerre, y compris dans sa dimension artistique et historique: d'où l'importance dans ces années 1945-1955 de la tutelle du bâti, mais aussi de tout ce qui pouvait « restaurer, protéger, conserver et transmettre la tradition[5] ».

La création du ministère de la Culture français en 1959 se fit assez loin de cette construction européenne. Dans le triptyque fondateur conserver/diffuser/créer, seuls les deux premiers objectifs nous concernent ici : le ministère avait pour objectif de « rendre accessibles des œuvres capitales de l'humanité et d'abord de la France », mais aussi d'« assurer la plus vaste audience à notre patrimoine culturel ». Rien d'étonnant à ce que le projet de Malraux soit doté d'une forte dimension nationale tout en restant traversé par un universalisme cher à l'auteur du « musée imaginaire ».

Les secousses de mai 68 auront un impact direct sur la construction d'une Europe de la culture. Forts d'un constat de « crise de la civilisation », les gouvernements concernés soulignèrent l'importance des « politiques d'action culturelle » afin de jouer un rôle déterminant dans la maîtrise du futur. Dans cette culture perçue comme un levier susceptible de « transformer la croissance quantitative en amélioration qualitative du niveau de vie[6] », le patrimoine et les biens culturels passent en douceur au second plan. Face à une culture ainsi transformée et chargée d'une lourde responsabilité, la crise énergétique de 1973 eut tôt fait de redéfinir les priorités...

Anne-Marie Autissier a analysé les différentes phases de cette construction européenne laborieuse et contradictoire[7]. Elle a en particulier souligné, après cette phase généreuse visant une large démocratisation, le basculement sur un impératif de professionnalisation et de développement des industries de la culture. Ce lien entre économie et culture permettait d'inscrire les activités culturelles dans le périmètre des fonds structurels et des dispositifs financiers européens. Mobilité des personnes ayant des emplois culturels, élaboration de statistiques, conceptualisation des « gisements culturels » : désormais, la culture est considérée en tant que catalyseur de la créativité pour la croissance, l'emploi, l'innovation et la compétitivité. Le patrimoine devient « gisement culturel », qu'une litanie de rapports s'attelleraient à « valoriser[8] »...

## Patrimoine européen, sentiment d'appartenance et moyens d'action culturelle

La culture ne représentait guère que 0,12 % du budget de l'Union européenne en 2008. Les études en matière de « sentiment européen » montrent pourtant l'ampleur du chemin à parcourir : interrogés en 2001 dans le cadre de l'Europe des 15[9], 45 % des citoyens européens consultés se déclaraient « exclusivement nationaux », le reste se partageant entre « seulement européens », « européens puis nationaux », « nationaux puis européens ». L'indicateur retenu consiste à mesurer la différence entre le taux de ceux qui se déclarent « exclusivement nationaux » et le total de tous les autres (qui acceptent donc une part variable d'appartenance européenne) : si le Luxembourg ou l'Italie font apparaître un solde positif de 49 et 45 points (soit pour les Luxembourgeois: 49 points d'écart positif entre 72 % d'européens et 23 % d'« exclusivement nationaux »), de nombreux pays se caractérisent par un solde négatif : – 37 pour une Grande-Bretagne en effet très insulaire, – 23 en Suède, – 22 en Pologne... Une étude plus récente, menée dans le cadre de l'Europe à 25, montre une baisse encourageante du sentiment exclusivement national[10].

Un sondage plus fin a interrogé les européens sur leur conception d'un patrimoine européen[11]. Français (58 %) et Allemands (54 %) ramènent majoritairement le patrimoine culturel européen à une simple juxtaposition de cultures différentes – conséquence, sans doute, d'un choix fondateur en matière de construction européenne, en vertu duquel l'Europe doit se faire par les États nationaux et non contre eux. À l'inverse, l'idée d'un patrimoine culturel européen conçu comme « patrimoine véritablement commun » est majoritaire dans des pays aussi divers que l'Italie (48 %) ou la Finlande (50 %). Au total, les Européens considèrent majoritairement leur patrimoine national comme intégré, au moins partiellement, au sein du patrimoine culturel européen : plus de huit Européens sur dix ont le sentiment que leur patrimoine culturel fait aujourd'hui partie du patrimoine européen (83 %), tandis que seulement 15 % soutiennent l'opinion inverse.

Parmi les tenants de cette intégration, 55 % affirment que leur patrimoine n'est encore que partiellement un élément constitutif du patrimoine européen, tandis que 28 % considèrent que cette intégration au patrimoine européen est complète. Quatremère de Quincy serait satisfait de constater que 85 % des Italiens estiment aujourd'hui que leur patrimoine relève du patrimoine européen et que plus d'un Italien sur deux considère que cette intégration est complète (52 %) : quelle plus belle confirmation de sa thèse d'une Italie conçue comme musée de l'Europe ? Reste à savoir pourquoi, si le patrimoine italien est bien perçu comme indissociablement européen, le patrimoine répandu à travers l'Europe par une histoire commune (éventuellement en partie romaine) ne l'est encore que si partiellement – et parfois pas du tout, comme dans le cas de la Hongrie, où prédomine le sentiment d'un danger européen conduisant à une perte d'identité propre.

Pour lutter contre ces dures réalités budgétaires et mentales, il existe quelques projets à dimension fédératrice. Réaction des bibliothèques européennes contre le projet *Google Search Books,* Europeana (anciennement nommé « Bibliothèque numérique européenne ») entend fédérer les ressources numériques des bibliothèques, des archives et des collections audiovisuelles européennes, à la marge celles des musées. Ce projet valorise auprès du grand public, au sein d'un espace multilingue, la riche diversité du patrimoine culturel et scientifique européen. Pourtant, des restrictions budgétaires, des difficultés informatiques et une grande hétérogénéité dans la provenance de fonds juxtaposés en limitent sensiblement la portée.

Le cinéma connaît en revanche des dispositifs efficaces, comme le programme Media, ou encore Eurimages qui distribue 25 millions d'euros par an en soutien à la coproduction, mais aussi pour les salles, les distributeurs et les copies : outils désormais indispensables, qui ont contribué à perpétuer le dynamisme de la production européenne. Nous sommes bien là dans l'idée d'une politique culturelle centrée sur la création et les industries culturelles plus que sur un patrimoine.

D'autres dispositifs font parler d'eux, et conduisent parfois à d'incontestables réussites. Marseille, capitale culturelle européenne en 2013, est bien placée pour reconnaître les mérites de cet instrument en place depuis 1985, qui conduit parfois à de bons résultats plus structurels qu'événementiels (c'est le cas par exemple de Liverpool en 2008). On connaît moins les « grands itinéraires » (Saint Jacques, route des Celtes, etc.) ou les classes européennes destinées à sensibiliser les scolaires.

La question des musées et du patrimoine bâti est plus délicate. En 2007 a été créé un « label du patrimoine européen », qui a depuis reconnu 60 sites à travers 18 États européens. Bientôt élargi à l'Europe des 27, c'est là pourtant un instrument très marginal, pour ne pas dire anecdotique, qui se démarque assez mal de la labellisation Unesco (qui reconnaît à sa manière des biens culturels européens ou transfrontaliers[12]).

On aurait pu espérer la création d'un « réseau des musées de l'Europe » coordonné par le Conseil européen des musées d'Histoire. Dans une déclaration aux accents « quatremériens » (« Les musées de l'Europe forment ensemble le grand musée de l'Europe »), quelques institutions ont en effet déclaré leur bonne volonté. Mais comment lier la maison Jean Monnet et le musée d'ethnographie de Neuchâtel, Saint-Quentin en Yvelines et l'Amsterdams Historisch Museum ? Des musées encore en jachère (Mucem à Marseille, Confluences à Lyon, Musée de l'Europe à Bruxelles) et des réalités assises de longue date (Deutsches Historisches Museum) ? Pareil réseau improbable et sans grande conséquence reste peu susceptible d'incarner une dimension européenne, en l'absence de musées de Beaux-Arts et d'archéologie : la construction d'une Europe du patrimoine ne passe pas nécessairement par les musées dont la thématique porte explicitement sur l'Europe...

En réalité, les musées européens se trouvent d'abord soumis, comme ailleurs, à une logique touristique. Le flux de leurs visiteurs n'est que marginalement fonction de leurs propres politiques : même les chiffres (assez peu fiables, au demeurant) du musée du Louvre sont avant tout liés à une conjoncture générale faite de taux de change, de craintes d'attentats, voire de météo. La très grande mobilité des visiteurs, qui bénéficie incontestablement au secteur culturel, constitue donc une variable indépendante. À cela s'ajoutent les particularités propres à chaque musée, caractérisé par une structure propre de public : 71 % des visiteurs du musée Chagall de Nice sont étrangers, contre 58 % au Louvre, 54 au musée de l'Armée et 46 % à Fontainebleau[13]. Si certains musées sont avant tout visités localement (les museums d'histoire naturelle, mais aussi le musée des Arts Décoratifs de Paris), d'autres musées ont une résonance « supra-locale » sans être pour autant visités par le public européen ou étranger : ainsi le musée du château de Blois (84 % de visiteurs nationaux originaires d'un autre département), ou le musée national de la préhistoire aux Eyzies (69 %[14]).

Placés dans un univers devenu très concurrentiel, les musées font face à l'industrie du divertissement, symbolisée par un parc comme Euro Disney (15 millions de visiteurs par an) et par des expositions itinérantes conçues comme des machines de guerre : *Body Worlds*, show voyeuriste de corps plastinés à alibi culturalo-scientifique monté par Gunther von Hagens a drainé plus de 26 millions de visiteurs à travers le monde depuis 1996 !

Les musées européens les plus importants, parfois autonomes selon les traditions nationales ou qui le sont devenus récemment (en France par le biais des établissements publics), se jettent dans cette lutte dans une logique de développement alignée sur les règles du business : une entreprise qui ne se développe pas est une entreprise en déclin.

Ainsi dans ses contrats d'objectif avec l'État, le musée du Louvre se fixait en 2003 pour objectif d'augmenter la « part de marché » du Louvre dans l'ensemble des visiteurs des musées nationaux français : c'était reconnaître que le réseau en quelque sorte « coopératif » des musées nationaux avait laissé place à une lutte sans merci pour la concentration, sur le modèle de la grande distribution. Plus de visiteurs, c'est (au-delà des conséquences financières) plus de surface médiatique, plus d'attractivité pour les mécènes et une position de force accrue face à sa tutelle. Le contrat de performance 2006-2008 du Louvre souligne l'objectif du « développement des nouveaux publics étrangers » (Chine, pays de l'Est...) qui ne peut se mener qu'au détriment des visiteurs nationaux ou par une augmentation de moins en moins contrôlée du nombre de visiteurs (horizon dix millions ?).

L'appétit des musées européens en matière d'implantation dans les pays récemment venus sur la scène artistique et touristique supposerait un discours à part. Force est de constater que, bonnes intentions post-coloniales ou bras armé d'une diplomatie culturelle nouvelle manière, ces stratégies ne se développent pas sur le terrain européen, mais bien en Asie et au Moyen-Orient : l'argent est plus rare en Slovénie ou en Lituanie qu'à Abou Dabi ou Hong-Kong. On entend parfois qu'il n'appartient pas à de grands établissements muséaux de se substituer à des ministères nationaux ou des institutions européennes pour développer via le patrimoine un sentiment d'appartenance européenne. De fait, lorsque cette expansion consiste à ouvrir filiales ou franchises sur le territoire national (Louvre-Lens, Beaubourg-Metz), le financement en est assuré par des collectivités locales trop heureuses d'acheter une griffe efficace et de stimuler le tourisme culturel régional, selon le modèle du Guggenheim de Bilbao. Chacun pour soi, donc, dans cette guerre d'image et de chiffres ?

Dans le domaine patrimonial, aucune institution n'est aujourd'hui en mesure de s'investir dans une politique réellement européenne. La mondialisation s'impose tous azimuts : circulation des œuvres par le biais des achats (foires internationales, ventes aux enchères), des prêts temporaires (« grandes expositions »), ou des demandes de restitution ; circulation des savoir-faire (développement du conseil, partenariats divers, filialisation), des visiteurs, des professionnels (difficultés dans le recrutement des managers des plus grands musées). Mais curieusement, l'Europe muséale reste absente de ce mouvement, faute de volonté, faute d'acteurs légitimes dans une construction encore à mener. Que faire, dès lors ? Baisser les bras ? Inventer d'improbables bureaux à compétence horizontale ? Ou au contraire imaginer des raisonnements permettant à des institutions nationales de développer une dynamique européenne ?

## Récit d'une tentative sans lendemain

L'analyse globale doit ici céder le pas au récit d'une expérience personnelle menée de 1994 à 2004 par la RMN (Réunion des musées nationaux).

Créée en 1895 pour fédérer les musées nationaux français afin de leur permettre d'acquérir des œuvres d'art et de freiner leur fuite à l'étranger (déjà !), la RMN s'est transformée au cours du siècle pour devenir une puissante machinerie « horizontale » regroupant des fonctions et des métiers au service des musées nationaux passés de 4 (Louvre – Luxembourg – Versailles – Saint-Germain) à plus de 30[15]. Devenue EPIC (établissement public à caractère industriel et commercial), elle percevait le droit d'entrée des musées nationaux (instauré tardivement contre la tradition républicaine de gratuité éducative) et, forte de ces ressources, coordonnait la politique d'acquisition de ces musées, politique décidée collégialement par les chefs d'établissement. Outre ces deux fonctions (les acquisitions, fonction fondatrice et légitimante, l'accueil, moyen de la précédente), la RMN organisait depuis 1934 des expositions, le Grand Palais n'étant alors que la partie la plus visible de cette activité, et les musées n'agissant comme organisateurs qu'à l'occasion de simples expositions dossiers impliquant peu de mouvements d'œuvres. La quatrième fonction de la RMN, loin de découler comme on le croit souvent d'une dérive récente, consistait à mener dès la fin du XIX$^{e}$ siècle une activité commerciale – en l'occurrence l'exploitation du magnifique fonds de la chalcographie : par cette modeste activité touristique et érudite, la RMN est devenue en un siècle le premier éditeur d'art français, producteur vidéo, éditeur de produits dérivés.

La croissance des musées français et l'autonomie progressivement accordée aux plus importants (Louvre, Versailles, Orsay, Guimet...) les conduisit vite à remettre en cause le rôle de la RMN. Celle-ci avait déjà évité une marginalisation lors de l'aventure du Grand Louvre, le ministre Biasini parlant à l'époque sans ambages d'une « RMN mère maquerelle ». Désormais vécue comme un outil bureaucratique et improductif prélevant indûment les recettes des musées, la RMN se vit progressivement marginalisée et récusée dans tous ses domaines de compétence. Chaque grand musée se dotait progressivement d'une politique en matière d'édition, d'exposition, d'acquisition d'œuvres et de publics.

Le « modèle RMN » d'un réseau national ne manquait pourtant pas d'atouts. Il permettait d'assurer une sorte de communauté entre les établissements, et d'éviter la naissance d'une concurrence mortifère évoquée plus haut, dont les plus gros auraient été (ont été) les bénéficiaires. En outre la RMN était déjà largement ce que l'on nomme un « opérateur international », même si rien dans son objet social ne pouvait se penser en dehors du cadre strictement national. Elle avait acquis sa place tout à fait prééminente dans l'organisation des expositions temporaires : activité jusqu'alors étonnamment préservée de toute dérive commerciale par le biais d'un fonctionnement reposant avant tout sur l'échange, donc sur le prêt, par opposition au service rémunéré. Seules les institutions dotées de collections relevaient du « club » restreint d'organisateurs d'expositions, puisque l'obtention d'un prêt était tacitement liée à la faculté de prêter un jour en retour. Sur ce point, le modèle mutualiste de la RMN était particulièrement efficace, puisque le prêt d'une œuvre de l'un de « ses » musées permettait d'espérer un emprunt par un autre musée national. Pour autant, malgré tant de proximité entre Italie et France, entre conservateurs et professionnels, les relations italo-françaises en matière d'expositions restaient problématiques, et surtout asymétriques : la France empruntait beaucoup plus qu'elle ne prêtait. La « machinerie » RMN se montrait efficace, capable de programmer longtemps à l'avance, alors que les surintendances italiennes peinaient à s'insérer dans un circuit international de prêteurs-emprunteurs[16].

L'idée s'est donc fait jour en 1994 de donner une dimension européenne à la RMN. Le raisonnement était double : les musées européens se trouvaient alors dans des conditions très variables, parfois particulièrement difficiles, en particulier pour les musées des anciens pays de l'Est. Si les compétences scientifiques des conservateurs étaient au-dessus de tout soupçon, en revanche ces musées péchaient par absence de savoir-faire en matière d'accueil du public et d'organisation des musées. Forte de l'expérience acquise à l'occasion d'Orsay et du Grand Louvre, la RMN avait tout à gagner à devenir un acteur de cette inévitable modernisation italienne : si les visiteurs s'européanisaient, pourquoi pas les institutions ? Inversement, ce que la RMN était en train de perdre en France pouvait être regagné en Europe, dont les mentalités et les pratiques prêtaient moins aux malentendus qu'au Japon ou aux États-Unis.

L'occasion d'une action au moins bilatérale se présenta sous la forme d'un fonctionnaire en poste en Italie – votre serviteur – et surtout d'un climat politique tout à fait nouveau pour les musées italiens. Simultanément au grand printemps de l'opération « Mains propres » (qui conduisit à la disparition de la Démocratie chrétienne, et à une recomposition radicale du panorama politique, d'où sortit Silvio Berlusconi), l'Italie redécouvrait en effet en 1994 les bienfaits de la « société civile ». C'est ainsi que, pour la première fois depuis l'après-guerre, le modeste maroquin de ministre des Biens culturels échut non à un représentant de ces petits partis qui permettaient de boucler une majorité instable, mais à un grand journaliste et patron de presse, Alberto Ronchey, dépourvu d'ambitions politiques. Conscient de sa fragilité, tant dans ses moyens que dans sa longévité, celui-ci choisit les musées comme institution symbole d'un possible renouvellement. Loin de remettre en cause le primat des surintendances, ce découpage territorial issu de la présence napoléonienne, qui conduit de fait à affaiblir des musées considérés comme de simples rouages d'une administration d'abord territorialisée, Ronchey décida de transformer les musées par leurs activités marginales, boutiques, restaurant, services éducatifs. C'était là un choix stratégique fondé sur la visibilité et la médiatisation.

L'occasion était trop belle pour la RMN, qui décida de se porter candidate aux appels d'offres en partenariat avec un éditeur d'art turinois, Umberto Allemandi. Cette association remporta ainsi le premier appel d'offres concernant la concession de services d'éditions et de librairie au sein d'un musée national italien (la Galerie Nationale d'Art Moderne de Rome).

Ce succès cachait en réalité une ambiguïté de fond : s'agissait-il de conquérir un nouveau marché, d'opérer un transfert de savoir-faire ou de participer à une aventure d'abord bilatérale et à terme européenne ? L'activité du « chargé de mission » en Italie, seul salarié de la RMN opérant à l'étranger, consistait de fait à promouvoir un modèle, à mieux faire connaître la RMN, à tisser des liens de confiance avec des conservateurs et directeurs de musées considérés comme de futurs interlocuteurs de haut niveau. Une partie importante de ce travail consistait par exemple à montrer aux responsables de sites ou du ministère les dangers qu'il y aurait à considérer les services éducatifs ou culturels comme une simple activité de « service » susceptible d'une sous-traitance au même titre que le nettoyage ou le gardiennage : que serait un musée ne maîtrisant pas sa politique culturelle, ne connaissant pas les données concernant sa propre fréquentation au prétexte qu'il s'agit de données obtenues par le concessionnaire ? Il s'agissait bien de jeter les bases d'une politique culturelle commune, la partie commerciale de l'activité n'étant qu'un aspect parmi d'autres. La présence d'un fort réseau muséal en Italie, et la conjoncture de leur redéfinition et de leur modernisation constituaient autant d'atouts forts.

Le bricolage et l'euphorie des premières années furent bientôt rattrapés par une crise (française) de la RMN. Largement déficitaire, celle-ci considéra bientôt que l'activité italienne ne relevait pas de son « cœur d'activité » : la légitimité de la RMN passant par les acquisitions pour le compte des musées français, tout ce qui pouvait passer pour parasitaire (c'est-à-dire déficitaire) se trouvait pris dans la tourmente. Un changement rapide de responsables à la tête de la RMN finit de transformer la stratégie italienne en une simple aventure d'un jour. Une activité hautement symbolique de conseil auprès de la surintendance autonome de Pompéi ne parvint pas à légitimer la stratégie européenne de la RMN, désormais réduite à la lecture d'un bilan d'exploitation. Les comptes furent clôturés en 2004, dix ans après leur ouverture.

Il n'est pas question ici de reparcourir dans le détail les mésaventures d'une implantation, mais bien de souligner comment une volonté de développement bilatéral et européen s'est bâtie sur des malentendus. Entre-temps, les musées italiens avaient opté pour un tournant commercial radical. Le thème des « gisements culturels » faisait alors fureur, poussant à une valorisation quantitative à court terme du patrimoine italien ; le cabinet du ministre des biens culturels s'était étoffé d'un conseiller américain issu des services commerciaux du Met ; les entreprises du secteur s'étaient étoffées aux dépens des surintendances encore affaiblies. En quelques années, le modèle italien passa du XIXe siècle au XXIe siècle. Après une longue pratique des non-visiteurs (conception selon laquelle les visiteurs dérangent l'activité scientifique de conservation, le musée idéal étant alors déserté), ils étaient passés aux clients sans s'arrêter sur la case éducation ni culture. Le visiteur est désormais dans une relation immédiate de service entendu comme un mode de consommation lié au plaisir et au contentement.

Épilogue : le 15 septembre 2010, soit 16 ans après le début de l'aventure italienne de la RMN, celle-ci annonça la création d'une joint-venture avec l'éditeur italien Electa, filiale du groupe Mondadori. Baptisée « Electa Rmn », cette société de droit italien contrôlée à parité par ses actionnaires, était constituée « pour répondre aux appels d'offres des musées nationaux italiens dans le domaine des librairies-boutiques et de l'édition ». Dans une institution affectée d'une très forte rotation du personnel d'encadrement depuis dix ans, personne n'avait plus trace de l'histoire antérieure : symptôme d'une Europe sans mémoire, d'une accélération de nos sociétés ? Gageons que ce départ sera le bon, et que la RMN, sortie d'une longue crise qui la mena à deux doigts de la disparition, maltraitée par les grands établissements mais renforcée par sa tutelle du Grand Palais, comprenne la nature de l'enjeu européen qui ne saurait se limiter à des parts de marché ni à la lecture d'un bilan.

Le mot de la fin appartient, une fois de plus, à Quatremère de Quincy dénonçant un double obstacle. Les œuvres d'art ne sont ni des ballots de marchandises, disait-il, ni des reliques saintes. À ses yeux, le commerce et la sacralisation constituaient les obstacles contre lesquels le patrimoine européen devait se construire. Deux siècles plus tard, l'évidence d'une circulation européenne des hommes et des œuvres ne doit pas faire oublier la faiblesse de l'Europe du patrimoine, malmenée entre marchandisation et angélisme, tiédeur nationaliste et appétits mondialisés.

Guillaume Monsaingeon
Philosophe, ancien responsable de la Réunion des Musées Nationaux en Italie

## Notes

1. Pour en rester au champ français : Jean-Pierre Babelon et André Chastel, *La notion de patrimoine*, Levi, Paris, 1994 ; Françoise Choay, *L'Allégorie du patrimoine*, Seuil, Paris, 1992 ; Dominique Poulot, *Une histoire du patrimoine en Occident, du monument aux valeurs*, PUF, Paris, 2006 ; Jean Cuisenier, *L'héritage de nos pères*, La Martinière, Paris, 2006.
2. À terme, il n'est pas impensable de considérer un patrimoine commun encore plus large, qu'il soit biologique (unissant notre sort à celui des plantes et des animaux), machinique (solidarité de destin avec robots et machines intelligentes), voire étendu à toute forme de communauté extra-humaine susceptible d'habiter l'espace sidéral...
3. Quatremère de Quincy, *Lettres à Miranda*, éditions Macula, p. 88.
4. Cité in Jean-François Chougnet, « La politique culturelle française et l'ambition culturelle européenne : une difficile synchronisation » in *Cinquante ans après. Culture, politique et politiques culturelles*, La Documentation française, 2010. On consultera dans le même ouvrage *La construction de l'Europe suppose-t-elle une politique culturelle commune ? Les politiques culturelles dans le temps et l'espace européens* par Pierre-Michel Menger.
5. Mario d'Angelo, *Culture Europe* n° 24, 1998.
6. Colloque « Prospective du développement culturel », Futuribles, 1973 (actes du colloque organisé à Arc et Senans par le Centre du futur en avril 1972).
7. Anne-Marie Autissier, « Politiques culturelles des États européens : pour une nécessaire refondation », *EspacesTemps.net*, Textuel, 29 mars 2006 http://espacestemps.net. ; *L'Europe de la culture. Histoire(s) et enjeux*, Paris, Babel – Maison des cultures du monde, 2005.
8. Pour mémoire : Jean-Pierre Jouyet et Maurice Lévy sur *L'économie de l'immatériel* (2006), proposition de loi de Jean-François Mancel (2007), rapport Rigaud sur le statut des collections muséales (2008), etc.
9. *Les Européens vus par eux-mêmes*, Luxembourg, Office des publications officielles des communautés européennes, 2011.
10. Flash Eurobaromètre 62, *L'opinion publique européenne*, publié par la Commission européenne, mai 2005.
11. Enquête sur *Les Européens, les patrimoines de l'Europe et le patrimoine européen*, mars 2007, http://www.culture.gouv.fr/culture/actualites/communiq/donnedieu/pateurope07.pdf
12. Statistiques culturelles en Europe, *Culture chiffres*, n° hors-série, 2007, Ministère de la Culture, p. 32.
13. Données tirées de l'analyse la plus complète existante, Lucien Mironer, *Cent musées à la rencontre du public*, France édition, 2001.
14. L'analyse de ces données nous entraînerait à une étude ici hors de propos sur le tourisme culturel entendu comme vecteur d'une identité européenne en devenir. On pourra consulter le mémoire de Christine Matthey, *Construire l'Europe en voyageant, Enjeux du tourisme culturel pour le développement d'une identité européenne*, université de Genève, collection Euryopa, vol. 59-2009, ainsi que : *Survey on the attitudes of Europeans towards tourism*, Flash Eurobaromètre publié par la Commission européenne, automne 2009. http://ec.europa.eu/public_opinion/flash/fl_ 281_ en.pdf
15. Qu'on me permette de renvoyer ici à mon article RMN paru dans le *Dictionnaire des politiques culturelles de la France depuis 1959*, CNRS-Editions/Larousse, Paris, 2001.
16. Il n'est pas interdit de penser qu'un parfum de supériorité nationale flottait encore du côté gallican aux dépens des ultra-montains...

# L'art contemporain ou le fétichisme du lucre

*High and Low Contempory Art*

Marine Crubilé

Au sortir de la guerre, hommes et femmes aspiraient à jouir : jouir de chaque instant d'une vie sauvée; profiter de tous les plaisirs de l'existence. Les hommes du siècle précédent et du début du vingtième siècle étaient animés d'une foi quelque peu naïve dans le progrès[1]. La « Grande guerre », en montrant à quel point la mécanisation du conflit pouvait accroître les pertes humaines et les dégâts matériels, avait ébranlé cette confiance en la science. La Seconde Guerre mondiale l'enterra sous les ruines d'Hiroshima et de Nagasaki, dans les décombres des villes rasées par les tapis de bombes, sous l'horreur des camps d'extermination...

Disparue, la conviction que le progrès des sciences et des techniques permettrait de forger un avenir meilleur pour l'homme, ne restait plus que la possibilité d'une jouissance immédiate des produits de l'industrie humaine. Des cendres d'un monde annihilé par le feu et le sang, sur fond d'espoirs déçus, naquit la société de consommation. Marcel Duchamp avait fait d'objets industriels des sculptures. Andy Warhol choisit de faire des produits de consommation courante des icônes. Les futuristes avaient fait de la vitesse et du mouvement des sujets. Certains créateurs du vingtième siècle finissant, à l'instar d'Andréas Gursky avec ses photographies monumentales, choisirent de faire de la répétition, mode de production indissociable de la consommation de masse, un credo.

D'autres dénoncèrent à leur façon, la déification de l'argent, corollaire de cette évolution sociale. Yves Klein, en 1962, céda des « zones de sensibilité picturale immatérielle[2] » contre de l'or. Orlan[3], en 1977, accorda ses baisers à la foule pour la modique somme de 5 francs. Damien Hirst, aujourd'hui, vend directement ses œuvres sans passer par les galeries et va jusqu'à les racheter lui-même pour faire grimper sa cote. D'autres artistes contribuent à rapprocher un peu plus l'art des produits de consommation courante, par l'utilisation de ces derniers dans leur pratique artistique.

D'autres artistes encore se sont adaptés à l'évolution de la société en optant pour l'exploration de possibilités nouvelles d'actions offertes par la marchandisation de l'art. Takashi Murakami, par exemple, a choisi de travailler avec de grands couturiers, faisant ainsi fi des barrières traditionnelles entre art et produits de luxe. Naît de ces échanges, un engouement pour la superficialité, chérissant l'art du « lisse » et du « superflat[4] ». Art pour tous, accessible à tous grâce à la dérision, au kitsch, à l'audience que lui confèrent de nouveaux médias, le métissage du *high and low art* semble apparaître comme une combinaison gagnante.

L'absurde d'une société de consommation réside notamment dans le fait que les plaisirs éphémères qu'elle procure se paient au prix fort d'une extension continuelle de la consommation, fut-ce au moyen de l'emploi d'« accélérateurs artificiels[5] ». « *I want to be a machine* » s'était écrié Andy Warhol. « *I want to be a cash machine* » pourraient psalmodier aujourd'hui nombre d'artistes. « L'art des affaires est l'étape qui succède à l'art », disait aussi Andy Warhol. À cela, Damien Hirst, en « artiste entrepreneur », répond : « l'art ne doit pas servir à faire de l'argent, c'est l'argent qui doit servir à faire de l'art ». Parfois gestionnaires de véritables firmes artistiques dans lesquelles grouillent des hordes d'assistants, les artistes entrepreneurs[6] usent de stratégies de communication novatrices, font de leur style, voire de leur nom[7], une marque, et de leur travail un spectacle source de produits dérivés[8]. Cela ne les empêche pas pour autant de battre également des records de vente.

En son temps, la création de la scène artistique internationale, en lien avec la passation de pouvoir des conservateurs de musées aux critiques et journalistes d'art pour le commissariat des grandes biennales d'art contemporain[9], fut source d'opportunités pour les artistes prêts à saisir la balle au bond. De même, la mondialisation des marchés ouvre aujourd'hui de nouvelles portes et accroît les possibles, profitant aux artistes qui exposent, de par le monde, à travers la multitude de foires et biennales liées à l'apparition de nouveaux collectionneurs en Chine, en Russie, dans les Émirats, en Inde, en Amérique du Sud, etc. Ceux que l'on nomme les artistes d'affaires s'intègrent et s'impliquent dans ces nouveaux circuits économiques.

Progressivement, et tout particulièrement à partir des années 90, l'argent paraît être devenu, sinon le cœur, du moins l'un des fils directeurs de l'art contemporain. Les artistes en vue se sont adaptés à cette évolution en devenant des entrepreneurs, c'est-à-dire des faiseurs d'argent. Il en découle que, un temps reflet de la société de consommation, l'œuvre d'art tend aujourd'hui à devenir objet de consommation. Faut-il s'en alarmer ?

Ne faut-il pas plutôt y voir une avancée notable dans la voie de la démocratisation culturelle que les institutions peinent depuis tant d'années à essayer d'établir ? Ces artistes entrepreneurs ne sont-ils pas en train de démocratiser l'art, ou tout au moins une forme d'art, ouvrant ainsi une brèche dans le mur du rejet de l'art contemporain que ni l'aide à la diffusion ni l'éducation artistique ne sont jusqu'ici parvenues à ébranler[10] ?

Les collectionneurs, de plus en plus nécessaires à la création artistique du fait du désengagement croissant des institutions, ne s'y trompent pas. S'ils sont souvent, par leur réussite sociale, des hommes d'argent, leurs motivations premières ne sont pas financières. Hommes de passion comme leurs devanciers, secrètement désireux comme tout être humain de transcender la mort, ils s'emploient aussi, pour les plus avertis d'entre eux, à permettre à tous d'accéder à l'art d'aujourd'hui. Leur générosité envers les musées et le souci de nombre d'entre eux d'ouvrir leurs collections au public le montre clairement.

## L'argent : fil d'or de l'art contemporain

Progressivement, l'argent est devenu l'un des fils directeurs de l'art contemporain. Pourquoi ?

– parce que de nombreux artistes contemporains cherchent à élever la banalité au rang d'art, comme les alchimistes cherchaient à transmuer le plomb en or ;

– parce que les acteurs du marché appréhendent les œuvres d'art contemporain en usant de techniques couramment en usage au sein des circuits commerciaux pour le négoce et la commercialisation de produits manufacturés.

### *Le « Grand œuvre » des artistes contemporains*

Société pétrie de contradictions, l'Occident oscille entre un puritanisme, souvent de façade, source de multiples refoulements, et une « volonté de puissance[11] » impitoyable, cause d'une recherche effrénée de plaisirs, moteurs d'une consommation frénétique voire obsessionnelle. Il en découle une peur panique du vide, un goût pour l'*Entertainment*, un usage effréné de la dérision, remparts fragiles à la désespérance d'hommes et de femmes qui ne croient plus en rien : ni Dieu, ni science ! À la surface d'un tel marais, Warhol, pop star, dandy glamour et *business artist*, ne pouvait que briller de mille feux. Sous la surface, valeur esthétique et valeur commerciale s'alimentent réciproquement, parfaite alliance de l'Éros et du Thanatos.

L'art contemporain respire la fraîcheur, le cynisme, la frivolité, dans un univers bigarré, à la lueur des personnages de Takashi Murakami, qui emprunte à la culture manga et tend à la consacrer. Si loin et à la fois si proche des références aux comics de Roy Liechtenstein, l'artiste japonais produit en moyenne entre 30 à 50 œuvres par an. La troublante texture, lisse et sans failles, de ces images et sculptures fait de celles-ci des œuvres nécessitant un travail assidu d'une grande complexité : « Un tableau de grand format exige la présence de six personnes travaillant seize heures par jour pendant trois semaines. Le processus peut nécessiter jusqu'à mille étapes[12] ». Tout aussi complexes sont les procédés techniques en marche dans la réalisation des œuvres de Jeff Koons, qui travaille avec une centaine d'assistants.

Dans des registres très différents, sous l'apparence de la superficialité et des habits de la dérision, les œuvres de ces deux artistes n'en aspirent pas moins à interpeller le public et à questionner les failles de notre société, fut-ce au prix de déranger. Le Saint-Jean-Baptiste de Koons étreint une croix et remplace l'agneau mystique par un cochon et un pingouin, alors que « Flower Matango » (2001-2006) de Murakami, étrange champignon géant couvert de fleurs colorées souriantes, renvoie à sa façon au déchaînement du feu nucléaire de 1945. Les sujets des deux œuvres sont graves, mais les éléments choisis pour les traiter sont légers, voire décalés, et familiers à la plupart des individus. Tout en se montrant aussi audacieux que leurs prédécesseurs, ces deux « artistes entrepreneurs » parent leurs œuvres[13] d'atours les rendant accessibles au plus grand nombre, ce qui passe par la consécration d'un « baptême de la banalité » au travers de l'utilisation « d'images populaires afin que le public ne se sente pas menacé[14] ».

Reflet, semble-t-il, d'un goût pour les sujets d'apparence frivole, l'art contemporain paraît flotter paradoxalement entre inscription dans le présent et irréalité[15]. Cet art aspire, de façon incantatoire, à gommer en apparence, tout en étant conscient de son existence, le fait qu'il faudra au peuple du temps pour venir à lui. Il est tension et scansions, comme le sont les rapports entre, d'une part, les films et les personnages de l'univers fantastique de Walt Disney, et, d'autre part, les créations, voire les créatures, de Takashi Murakami, soit Tongary-Kun, Oval Buddha Silver ou M. Dob, sorte de cousin de Mickey Mouse. Il n'y a également rien d'innocent à ce que Wim Delvoye, qui a les mêmes initiales que Walt Disney, emprunte la calligraphie de celui-ci pour représenter des scènes de dessins animés, qu'il parodie parfois en scènes érotiques, comme dans *Snow White & Cinderella*.

Cet art de l'instant est, par ce miracle de l'immersion dans l'irréel, lavé de toute contrainte physique, comme *cryogénisé*, à la manière d'un corps figé, étincelant. Dans un monde de lumière, de strass, symbolisé par le *Heaven of Delight*[16] de Jan Fabre, il brille tel un lingot d'or lustré par le « M. propre » tatoué sur l'un des cochons de Wim Delvoye. Cochon, propre comme un sou neuf, synonyme d'un art javellisé et étincelant. L'installation biotechnologique, Cloaca, qui reproduit le cycle complet de la digestion des aliments jusqu'à l'excrétion, est, elle aussi, aseptisée, immaculée, transformant par sa commercialisation la merde en or. En mettant ses déjections en boîte, Manzoni stigmatisait d'un trait d'humour la société de consommation. En recréant le cycle de la digestion, Wim Delvoye nous interpelle sur le fonctionnement de cette société et sur sa vacuité. Métaphore d'un monde stérile à usage unique, « *Superflat* » nous offre la vision d'un univers figé, comme le visage d'une femme gorgé d'acide hyaluronique. Si l'œuvre d'art se veut désormais fétiche d'une religion populaire, qu'offre-t-elle à l'adoration de ses fidèles, sinon une marchandise ?

*L'art produit*

L'œuvre d'art est désormais tout à la fois un produit de consommation courante et un bien rare, objet de spéculation financière. L'événement que la presse a parfois, un peu hâtivement, qualifié de crise de 1990-1991, en témoigne. La « crise » se traduisit par une chute moyenne du montant des adjudications en ventes aux enchères publiques dans le monde dépassant les 50 %[17]. Mais à y regarder de plus près, il apparaît qu'il ne s'agissait pas réellement d'une crise, mais de l'éclatement d'une bulle spéculative, tout à fait comparable à ce qui se produisit également ces dernières années sur le marché des nouvelles technologies et sur celui de l'immobilier[18].

En examinant l'événement avec un peu de recul, il est aisé de s'en apercevoir. L'opération démarra par l'arrivée sur le marché, entre 1987 et 1990, d'un afflux d'enchérisseurs, essentiellement japonais et américains, détournés des marchés financiers par les crises pétrolière et boursière. Cette spéculation se concentra, pour ses sommets financiers, sur des œuvres impressionnistes[19], des œuvres de Picasso[20] et des œuvres de quelques artistes contemporains[21].

La bulle ainsi formée éclata lorsque les spéculateurs, en tentant de prendre leurs bénéfices, s'aperçurent du fait que leurs profits étaient, au mieux, équivalents à ceux qu'ils réalisaient ordinairement sur les marchés financiers. Ils liquidèrent alors leurs avoirs, ce qui entraîna des mises en vente massives et la baisse des prix. Cette baisse devient dégringolade lorsque les banques qui avaient apporté leurs avoirs ou leur caution à certains galeristes, retirèrent brutalement leur soutien à ces professionnels, voire exigèrent le remboursement de sommes investies en œuvres, ce qui entraîna de nouvelles ventes massives.

La baisse des prix fut d'autant plus brutale que la hausse avait été entretenue, durant la période d'euphorie du marché, par des pratiques hasardeuses[22]. Il y eut, en matière, des prises de risques inconsidérées, comme l'analysa après coup, par exemple, Philippe Cazeau de la galerie Odermatt-Cazeau[23]. Comparer les prix d'avant 1987 et d'après 1991 permet de s'apercevoir qu'il n'y eut pas, en fait, de « crise », mais bien plutôt une flambée conjoncturelle de certains prix, suivi d'un réajustement après éclatement de cette bulle spéculative[24].

Les artistes contemporains subirent la « crise » de façon inégale. Certains, dont la cote avait été artificiellement créée ou soutenue par des galeries[25], virent leur prix s'effondrer et leur cote divisée par dix[26]. D'autres, au contraire, dont la cote n'avait pas été surévaluée artificiellement[27], se virent considérés comme des valeurs refuges. Leurs prix se maintinrent voir progressèrent.

Dans la foulée de la montée des prix de 1987, un certain nombre de banques avaient constitué des fonds d'investissement en art, tant en France[28] qu'à l'étranger[29], voire des collections d'art contemporain[30]. Des sociétés de conseils en investissements en art s'étaient également créées, tandis que des sociétés, bancaires ou non, pratiquant la gérance de patrimoine avaient développé des départements consacrés à ces activités[31]. Des investisseurs institutionnels de poids s'étaient aussi directement lancés sur le marché de l'art, à l'image de la Caisse de retraite des chemins de fer britanniques[32] (British Rail Pension Fund).

La « crise » a mis un terme à la quasi-totalité de ces aventures. Elle a établi, tout au moins aux yeux de la plupart des hommes de finance, que l'investissement en art, s'il pouvait se révéler extrêmement payant sur le long terme pour un collectionneur guidé par la passion, n'était pas un produit de spéculation, ou étant un produit de spéculation à très haut risque, à réserver à des professionnels du marché de l'art particulièrement avisés. C'est ce qu'avait tenu à préciser Michel David-Weill[33], associé gérant de la Banque Lazard et Président du Conseil Artistique de la Réunion des Musées Nationaux, en déclarant qu'il pensait que les banques ne devaient pas encourager la spéculation sur l'art : « j'ai un réflexe de banquier vieux jeu : il ne faut jamais prêter d'argent pour quelque chose qui n'en rapporte pas. Et les tableaux n'en rapportent pas. Je persiste à croire que l'art et l'argent sont deux choses distinctes[34] ».

Ne pas encourager la spéculation ne voulait pas dire qu'il ne fallait pas continuer à conseiller les personnes désireuses de se faire aider pour l'acquisition d'œuvres d'art, comme le faisaient depuis déjà des années, outre les gérants de patrimoine à proprement parler[35], certains établissements bancaires ayant choisi de développer cette activité de gestion de patrimoine : Banque du Louvre[36], Banque

Paribas[37], Union Française de Gestion[38], Citibank[39], etc. L'idée était seulement de mettre un coup d'arrêt à la floraison de sociétés douteuses, flouant leurs clients par la promesse fallacieuse de gains déraisonnables ou l'omission des risques afférant aux opérations spéculatives[40]. Si l'idée de spéculer sur l'art n'est plus aujourd'hui à l'ordre du jour dans le monde de la finance, le conseil aux collectionneurs garde, pour sa part, tout son intérêt.

C'est dans cette voie du conseil en investissement à moyen et long terme, que tentent aujourd'hui de s'engager les sociétés nouvellement apparues sur ce marché, telles que, par exemple, l'entreprise Médicis[41], qui encourage des particuliers à investir dans l'art contemporain avec une rhétorique plus prudente de recherche, au-delà des seules plus-values, d'avantages fiscaux :

> Le marché de l'art ne s'est jamais aussi bien porté. Avec des possibilités de plus values beaucoup plus intéressantes que dans tout autre secteur et des avantages fiscaux importants, l'acquisition d'œuvres d'art contemporain apparaît comme une excellente diversification patrimoniale : un placement alternatif extrêmement rentable ; un risque minimum si le choix est bien opéré ; des avantages fiscaux réels et significatifs ; une démarche valorisante[42].

Les artistes entrepreneurs[43] se sont adaptés à ce nouvel état des choses en prenant en main leur destin sur le terrain du marché. Dans leur travail, stratégies de communication et de médiation se succèdent, calquées sur les lignes de conduite des entreprises habituées à gérer des projets de A à Z. Approches marketing, diagnostic et fixation d'objectifs, élaboration de plans stratégiques, image de marque, fidélité, parts de marché, sont aujourd'hui des notions familières à ces artistes entrepreneurs, parfois directement issus du secteur de l'économie, comme, par exemple, Robert Filiou (ancien économiste) ou encore Jeff Koons (ancien trader). Pour remplir de tels objectifs, la communication précède l'œuvre, visant à créer une force d'attraction et une plus-value permanente. Les artistes font le merchandising de leurs œuvres futures : un véritable phénomène d'implémentation[44].

Les nouveaux moyens de communication font tomber les frontières et permettent aux collectionneurs d'être informés des ventes à travers le monde. Toutes les informations, sur un artiste, une œuvre, une vente sont accessibles à tous. Les enchérisseurs qui, autrefois, levaient la main ou utilisaient le téléphone pour garder l'anonymat ou pour cause de distance, ont aujourd'hui la possibilité d'enchérir en direct sur certains sites : artfact.com, artcurial.com, auction.fr, artnet.com, drouot.fr, etc.

Considéré par le magazine *L'œil* comme l'une des cinquante plus importantes personnalités du monde de l'art, Christian Boltanski a lancé, le 15 février 2012, un site par abonnement[45] façonné à l'image de son propre « journal intime ». Il publie dix fois par mois une vidéo d'une minute, présentée comme « des cartes postales de sa vie[46] ». « Nouvelle manière de s'adresser au public » à un tarif très attractif dont le but est de toucher le plus grand nombre, soit, 120 euros pour 120 œuvres vidéo. Chaque abonné se voit remettre un certificat d'authenticité au terme d'une année de téléchargement. Pour garder leur cote au sommet, les artistes entrepreneurs multiplient les collaborations et les stratégies, gérant leur notoriété suivant de véritables business-plan.

## L'artiste entrepreneur : un faiseur d'argent

Le travail des artistes, en passe de devenir des artistes entrepreneurs, tend de plus en plus, non pas à se confondre, mais à s'entrecroiser et à s'entremêler avec celui des créateurs de luxe.

*L'émergence des artistes d'affaires*

Ces entrepreneurs créateurs, considérés comme les plus influents[47] du monde de l'art, sont au centre de réseaux d'interconnexion du marché. La consommation s'apparente à une religion et le centre commercial devient son temple. Si, pour les artistes, l'argent est un moyen pour faire des œuvres d'art, ils s'exposent désormais dans ces vitrines commerciales que sont devenues les foires et Biennales, toujours plus nombreuses à travers le monde. Chaque grande ville qui souhaite rivaliser avec ses concurrentes, et asseoir sa suprématie culturelle, fait appel à ces quelques élus, dont la célébrité ne cesse de croître.

L'anglais Damien Hirst, aujourd'hui l'artiste vivant le plus cher au monde, est aussi connu que n'importe quelle rock-star. Son œuvre de 1991 intitulée, *The physical impossibility of death in the mind of someone living*, denrée périssable avec requin embaumé a été achetée en 2004 pour 9,3 millions d'euros par le collectionneur Steve Cohen. Considérée à l'époque comme l'œuvre d'art contemporain la plus chère au monde, elle a été surclassée en 2007 par une autre de ses œuvres, *Lullaby Spring*, armoire à pharmacie contenant 6136 pilules peintes à la main, adjugée 14,2 millions d'euros chez Sotheby's. En 2008, il a décidé d'orchestrer lui-même la vente de ses propres œuvres (environ 220 œuvres récentes) chez Sotheby's. Quant à son œuvre *For the love of God*[48] soit l'œuvre d'art la plus onéreuse jamais produite, pour près de 20 millions de dollars, il a révélé lors d'une interview[49] que la galerie White Cube en possédait 10 %, des investisseurs, un tiers et lui le reste.

Les photographies d'Andreas Gursky, par exemple, un des plus célèbres photographes européens contemporains, font écho aux boîtes de soupe Campbell d'Andy Warhol. Ses photographies monumentales saturées de couleurs font référence à la mondialisation, à la surconsommation, à l'industrie, à l'objet de consommation de masse. Elles se retrouvent parmi les plus chères au monde. Le temps lui-même n'échappe pas aux questionnements de ces artistes innovants, comme en témoignent, par exemple, les *Times Capsules*[50] réalisées par Warhol de 1974 à sa mort en 1987.

Ces artistes d'affaires, aux motivations variables, ne sont pas nécessairement avides de profits. Pour reprendre la morale kantienne, la création est un acte libre et relève de l'agir sans condition. L'artiste souhaite tout d'abord créer une œuvre d'art, mais il peut également agir à l'image de l'entrepreneur qui souhaite faire progresser son entreprise. Gagner de l'argent pour investir dans des projets, expérimenter et valoriser la prise de risque. Le processus créatif se dévoile dans l'action, la motivation, l'attraction du risque et de la réussite, poussant le public à acheter. La charge de travail s'intensifie, la concurrence s'accroît, les artistes font appel à des hordes d'assistants, *business to business*. « J'ai commencé comme artiste commercial et je veux finir comme artiste d'affaires[51]. »

*Artistes et créateurs de luxe : le mélange des genres*

De nombreuses entreprises du secteur du luxe utilisent l'art contemporain pour accroître leur notoriété internationale et affirmer leur identité. Marx, en parlant des marchandises, distinguait entre valeur d'usage et valeur d'échange. Aujourd'hui, ces deux valeurs, pourtant si distinctes, tendent à se confondre, dépassant les espoirs du Père fondateur du Pop art, Warhol. La « main invisible[52] », dans un marché mondial globalisé, ne cesse de faire son œuvre, transformant tout en marchandise, amenant indirectement les artistes à contribuer et à diffuser cette nouvelle culture dominante de l'argent et du fétichisme de la marchandisation. Le caractère non utilitaire de l'œuvre d'art s'apparente de plus en plus à celui du produit de consommation.

Les artistes sont-ils encore susceptibles de créer indépendamment du système économique ? La mutation du visage du marché semble s'allier à l'univers du commerce, du luxe voire du « tout consommable ». Selon le sociologue, Pierre-Michel Menger[53], les artistes sont aujourd'hui considérés comme des cadres modèles (créateurs), et sont parvenus à s'intégrer dans les représentations économiques[54].

Takashi Murakami, par exemple, a créé une entreprise florissante avec une équipe d'assistants qualifiés, à l'image d'une véritable Factory. Née en 2001, la Kaika kiki Co., Ltd., entreprise artistique implantée à Tokyo, New York et à Los Angeles est une pépinière d'artistes dédiée à la production d'expositions, de films d'animation, d'événements comme la foire de Geisai, ou encore à l'édition de catalogues, à la réalisation de produits dérivés, etc.

Outre le financement et la diffusion de jeunes talents, Murakami, a concédé une licence d'exploitation à Louis Vuitton, consacrant ainsi l'alliance entre l'art contemporain, la mode et surtout le luxe. La rétrospective de l'artiste au MoCA de Los Angeles, en 2007, présentait des sacs monogrammés et comportait la création d'une boutique Louis Vuitton. Ainsi incluse dans l'exposition, la boutique devient un élément essentiel de celle-ci, voire un passage des plus attendu pour le visiteur, qui pourra y acheter des produits dérivés à moindre coup. Cette collaboration avec Marc Jacobs a ouvert de nouvelles perspectives de l'art, désormais au service d'Hermès.

Déjà, en 1965, Yves Saint-Laurent avait réalisé la robe Mondrian et rendu également hommage à Picasso et Matisse. Encore plus tôt, Elsa Schiaparelli avait collaboré avec Dali, ou encore Jean Cocteau pour ses créations de pièces avant-gardistes. Ont été dessinés plus récemment, des sacs Longchamp par l'artiste belge Jean-Luc Moerman, ainsi qu'une série de carrés Hermès[55] réalisés par Daniel Buren. Avant leur commercialisation, ces « carrés » ont fait l'objet d'une exposition en 2010 à la Monnaie de Paris en collaboration avec la galerie Kamel Mennour.

De leur côté, les grands couturiers, après avoir souhaité transformer leurs boutiques en « Guggenheim », n'en sont pas restés là et ont investi directement les lieux d'exposition. Le Grand Palais est devenu le lieu d'accueil phare et privilégié des défilés des plus grandes maisons de couture. Le plus fidèle et le plus inspiré par les potentialités du lieu et de sa nef est Carl Lagerfeld. S'y retrouvent également, le créateur belge, Dries Van Noten, qui exploite les sous-sols, mais aussi Hermès, Armani ou Elie Saab.

Aujourd'hui, Yayoi Kusama, surnommée « la princesse aux petits pois », réalise un tour de force et dépasse le *pop-shop*[56] de Keith Haring, avec son *Pop-up Store* en collaboration avec Marc Jacobs, qui transforme les boutiques de luxe Louis Vuitton en lieu d'exposition : un magasin éphémère qui prend la forme d'une installation où tous les produits vendus sont customisés d'après les œuvres « Dots Obsession[57] » de l'artiste.

## Les collectionneurs : des hommes d'argent ?

La recherche des motivations des collectionneurs d'art contemporain pose l'éternelle question de l'ambivalence d'un positionnement qui peut osciller entre recherche d'une posture sociale et passion, l'une n'excluant pas l'autre. Au-delà de ces motivations frappées au sceau de l'éphémère, les collectionneurs d'art contemporain demeurent avant toute chose, non des hommes d'argent, mais des hommes en quête d'éternel à titre personnel, qui, pour les plus avertis d'entre eux, œuvrent en parallèle, dans un souci de la collectivité, en faveur de la démocratie culturelle.

*Posture sociale et/ou passion !*

En 2000, le magazine *Art News*[58] a publié la liste des 200 principaux collectionneurs dans le monde. Ceux-ci étaient très majoritairement américains, mais onze Français figuraient dans la liste, presque tous collectionnant de l'art contemporain. Parmi les dix premiers collectionneurs au monde ne figuraient pratiquement que des Américains, à l'exception notable du Britannique Charles Saatchi et du Français François Pinault. De 2009 à 2011, les mêmes personnalités dominent toujours, mais, seulement sept Français figurent dans le classement.

| Top 10 des collectionneurs (classement alphabétique) | | |
|---|---|---|
| | 2009 | 2011 |
| 1 | Roman Abramovitch | Bernard Arnault |
| 2 | Debra et Leon Black | Debra et Leon Black |
| 3 | Edythe L. et Eli Broad | Edythe L. et Eli Broad |
| 4 | Steven A. Cohen | Halit Cingillioglu |
| 5 | Marie-Josée and Henry R. Kravis | Alexandra et Steven A. Cohen |
| 6 | Jo Carole et Ronald S. Lauder | Laurence Graff |
| 7 | François Pinault | Philipp S. Niarchos |
| 8 | Mitchell Rales | François Pinault |
| 9 | Carlos Slim Helú | Mitchell Rales |
| 10 | Sheikh Saud bin Mohammed bin Ali al-Thani | Sheikh Saud Bin Mohammad bin Ali al-Thani |

Qu'est-ce qui anime le collectionneur? La passion, la spéculation? De l'antiquité à nos jours, l'art fut signe de pouvoir et de richesse. En témoigne par exemple, l'Italie de la Renaissance. Si, l'Italie fut autrefois, le centre de la finance européenne avec notamment la puissante dynastie des Médicis, elle ploie aujourd'hui sous une énorme dette[59] qui pèse même sur les musées. Aujourd'hui, les grands collectionneurs ne sont plus concentrés dans un unique centre voire en Europe. Ils viennent de Russie, des Émirats, d'Asie, d'Amérique du Sud, etc.

Les motivations de ces nouveaux collectionneurs sont des plus variables. Si, les commanditaires ne demandent plus à apparaître dans l'œuvre, à l'image des Médicis, le simple fait d'acheter des œuvres d'art à des prix record suffit à montrer son pouvoir et à acquérir du prestige social. C'est apparemment l'une des motivations de Roman Abramovitch, qui, après s'être offert le club de football de Chelsea, a acheté les plus grands artistes pour complaire à sa fiancée, Dasha Zhukova, qui a ouvert sa propre galerie, *The Garage*[60]. Pour Monsieur, des footballeurs et pour Madame, des artistes !

Les femmes comptent aujourd'hui de plus en plus, sur le marché de l'art, ce qui est une nouveauté dans un milieu autrefois très majoritairement masculin. Sheikha Al Mayassa, fille de l'Émir du Qatar, à moins de trente ans, est devenue directrice de la Qatar Museums Authority (QMA). Dans le même temps, la famille royale Al-Thani du Qatar est devenue le plus grand acheteur d'art du marché. En 2011, elle a acquis, *Les joueurs de cartes* de Paul Cézanne pour la somme record de 188,7 millions d'euros.

Les collectionneurs de premier plan, protecteurs des arts comme l'étaient les Médicis en leur temps ou encore François Ier, peuvent lancer la cote d'un artiste ou faire grimper celle-ci. Dakis Joannou, grand collectionneur grec, ami proche et protecteur de Jeff Koons, par exemple, a fait beaucoup pour la carrière de celui-ci. Il lui a notamment confié la très controversée exposition[61] au NuMu de Manhattan. Mais les collectionneurs, quels qu'ils soient, sont aussi des hommes en quête d'éternité.

*Fétichisme de l'image et recherche d'éternité*

« Car je t'aime, ô éternité[62] » dit Nietzsche dans *Ainsi Parlait Zarathoustra*. Ici, l'œuvre d'art contemporain se révèle comme volonté de puissance. En dehors du masque de la plus-value monétaire, elle est affirmation de soi, devient un fétiche pour le collectionneur passionné. Même le spéculateur peut s'y retrancher. L'adoration de l'image fait du collectionneur le « dernier homme », le protégeant de la mort et lui garantissant un espoir d'éternité. En témoignent notamment les sculptures de transis, qui apparaissent au XIVe siècle, représentant le défunt de manière cadavérique rongé par les vers. L'art funéraire, de l'Occident à l'Extrême-Orient, rend hommage aux puissants. Les tombeaux représentent des gisants, arborant des visages jeunes et apaisés. Dans l'antiquité, une pièce d'or était parfois glissée dans la bouche ou posée sur les yeux du défunt afin de payer le passeur d'âmes. Le tombeau le plus beau, le mieux paré, était censé garantir le passage vers l'au-delà et offrir la vie éternelle. L'or cristalliserait-il les croyances ?

Damien Hirst contribue à élever l'argent au rang de divinité, adoration du Veau d'or qui semblerait presque une parodie narcissique de son travail. Il s'amuse des critiques et de son image de « faiseur d'or », notamment avec son œuvre *The golden Calf*[63], veau blanc plongé dans du formol, orné de cornes et de sabots d'or et d'un disque[64] d'or sur son crâne. L'installation rencontra un fervent succès lors de la vente de ses œuvres chez Sotheby's. Imprégnées par ce thème récurrent, ses œuvres révèlent l'échéance inéluctable de la vie, rappelant que les richesses n'empêcheront pas la mort de faire son œuvre.

Un phénomène de *translatio*, de déplacement, s'opère de la part du collectionneur. Acheter une œuvre d'art n'est pas seulement relation à l'argent, symbole de puissance et de pouvoir. L'acte est placement, mais aussi déplacement. George Didi-Huberman, dans *L'image ouverte*[65], parle de *translatio* pour désigner la dynamique de l'art chrétien. Ici, le *translatio* ne se fait plus sur le mystère de l'incarnation, mais sur la mémoire du collectionneur. L'art contemporain se rapproche de l'art chrétien, car il se veut « insensible au temps[66] ». Collectionner ne serait qu'« un travail de mémoire », un travail sur le temps. Acheter une œuvre serait la manière de payer le passeur d'âme et, peut-être, de faire un pas vers la résurrection.

Le thème de la mort revient régulièrement chez les artistes, pour devenir une obsession chez certains. Maurizio Cattelan, artiste provocant, n'en reste pas moins sensible à celle-ci, d'autres diront « obnubilé » par elle. En témoignent, par exemple *La tentation du silence*, succession de drapés en marbre qui semblent recouvrir des corps de défunts ou encore la *Nona ora*, effigie en cire grandeur nature du Pape écrasé sous une météorite « symbolisant le poids de l'histoire et la défaite des pères[67] ». Voire, *Made in Heaven* de Jeff Koons, séries photographiques de ses ébats érotiques avec son ex-femme, surnommée « *la Cicciolina* ». À l'inverse, Damien Hirst tente de la tenir à distance avec son œuvre *Heaven can wait*. Les vanités de Damien Hirst, ses animaux dans du formol, l'intensité de ces images colorées ne sont, pour leur part, que des manières de figer le temps, de célébrer la puissance de la vie et de la mort inéluctable. Les collections se transforment en reliques, marqueurs de présence. L'œuvre acquise par le collectionneur, à l'image du modèle de la figure chrétienne, s'incarne. Elle est l'hostie du collectionneur: en figure et en présence. Un « *Memento mori* », figure de vérité et de mémoire.

## Conclusion

Attraction, répulsion, l'art contemporain rompt les barrières entre art populaire et beaux-arts. Il apparaît à la portée de tous, ne nécessitant aucune culture artistique. Identifiable immédiatement, il contente le public de toutes les classes sociales et l'encourage à acheter, poussant le luxe à s'entremêler à l'art. De la reproduction, du sac Vuitton, du carré Hermès jusqu'à l'œuvre d'art hors de prix, chacun trouve son bonheur. Cette métamorphose, pousse l'art à devenir affaire de valeur, d'où la revendication de certains artistes en vue de l'obtention d'un « droit de monstration », qui devrait selon eux leur être versé chaque fois que leur œuvre est exposée.

L'exposition des œuvres d'art contemporain d'une collection privée dans les grands musées publics leur confère une plus-value certaine. Cela ne va pas sans poser problème lorsqu'il y a un lien entre conservateur et propriétaire. Le rôle central dévolu à l'argent dans l'art contemporain est porteur d'autres risques. Il génère, par exemple, une instabilité du négoce de l'art contemporain, le centre de cette activité se déplaçant au gré des mouvements du cœur du monde financier.

Cela n'empêche pas pour autant, aussi bien les artistes confirmés que les collectionneurs avertis, de savoir raison garder, tout en œuvrant à la démocratisation de l'art. L'image gagnante serait celle qui recherche les formes les plus communes de la société mélangeant culture d'élite et culture populaire de masse. *Vision dionysiaque* d'un art démocratisé qui nous amène à chercher la joie de l'existence, derrière laquelle se cache une inhérente douleur, un nihilisme souverain.

Toutes ces couleurs, ces personnages de « fables[68] » ne sauraient effacer la douleur et l'image d'une inéluctable mort. Jeff Koons, qui installe à Versailles dans le salon d'Apollon, son autoportrait, un buste en marbre, aux côtés de son buste de Louis XIV en inox, parvient à faire de Versailles un lieu de culte. Si, sous le règne de Louis XIV, le roi prend la place du Christ, aujourd'hui c'est bien l'artiste qui prend celle du roi. Suivis des collectionneurs qui souhaitent eux aussi, montrer à quel point ils sont avertis et lumineux. L'art se veut avant tout vivant, *Heaven can wait*!

Marine Crubilé
Université Michel de Montaigne, Bordeaux 3

**Notes**

1. L'électricité, par exemple, fut l'une des principales attractions de l'exposition universelle de 1900. « La fée électricité... elle triomphe à l'Exposition; elle naît du ciel comme les vrais rois. Le public rit des mots « Danger de mort », écrits sur les pylônes. Il sait qu'elle guérit tout, l'électricité, même les « névroses » à la mode. Elle est le progrès, la poésie des humbles et des riches; elle prodigue l'illumination; elle est le grand Signal, elle écrase, aussitôt née, l'acétylène. La nuit, des phares balaient le champ de Mars, le château d'eau ruisselle de couleurs cyclamen. L'électricité, on l'accumule, on la condense, on la transforme, on la met en bouteilles, on la tend en fils, on l'enroule en bobines, puis on la décharge sous l'eau, sur les fontaines, on l'émancipe sur les toits, on la déchaîne dans les arbres; c'est le fléau, c'est la religion de 1900 », Morand P., *1900*, Paris, les éditions de France, 1931, pages 63 et 64.
2. Yves Klein, *Cession d'une zone de sensibilité picturale immatérielle à Dino Buzzati*, photographie, Paris, archives Klein, 1962.
3. Orlan, *Le baiser de l'artiste*, Paris, 1977.
4. En 2001 Murakami intitule une de ses expositions « *superflat* » (super-plat).
5. Terme utilisé par Jean Baudrillard, qui désigne un ensemble de stratégies qui permettent d'augmenter la demande.
6. Richard Prince, Chen Yifei, John Currin, etc.
7. Par exemple, Ben (Ben Vautier).
8. Le Pop-Shop de Keith Haring, par exemple.
9. Venise, São Paulo, *Dokumenta*, etc.
10. Moins d'un français sur trois a déjà visité un musée d'art contemporain, proportion qui n'a pas varié de façon significative au cours des trente dernières années. Selon Olivier Donnat: « L'élévation du niveau scolaire moyen, et notamment le quasi-doublement de la proportion de bacheliers entre 1973 et 1988, n'a eu aucun effet "mécanique" sur les sorties et visites culturelles classiques. À ce titre, ce constat vient rappeler l'efficacité des barrières matérielles et surtout symboliques qui limitent l'accès à celles-ci, ainsi que la force des mécanismes sociaux et économiques que doit affronter toute politique culturelle... L'intérêt croissant que les français portent à l'héritage du passé et qui se manifeste à divers signes, ne s'est pas traduit par un élargissement significatif du public de ces visites. En tout cas, cet élargissement, s'il existe, n'est pas à la mesure de l'explosion décrite par certains médias dont le discours exagérément optimiste ne prend en compte ni le fait que les pratiquants ont augmenté la fréquence de leurs visites ni la place croissante qu'avec l'essor du tourisme international, les étrangers occupent dans ce public »; Les pratiques culturelles des Français, enquête 1973/1989, Olivier Donnat et Denis Cogneau, Département des études et de la prospective,

Ministère de la culture et de la communication, La Découverte, La Documentation Française, 1990, pages 101 à 108.

11. Au sens de Nietzsche.
12. Beaux Arts édition, « Murakami Versailles », 2010.
13. C'est-à-dire leurs messages, le postulat étant que ces œuvres sont porteuses de sens, au sens de transmission d'un message d'un être à d'autres.
14. Lydie Pearl, *Corps, Sexe et Art, Dimension symbolique*, Paris, L'Harmattan, 2001, p. 173.
15. Cela n'est pas sans rappeler la recherche de l'instant présent, au sens d'instantanéité, que développèrent en leur temps les impressionnistes à la suite de leur découverte de l'art japonais et notamment de l'école de l'Ukiyo-e, soit littéralement la « peinture du monde flottant ».
16. Décoration du plafond du salon des Glaces du Palais Royal de Bruxelles avec des milliers de scarabées.
17. Passant, par exemple, pour les seules maisons de vente Christie's et Sotheby's, tous objets confondus, d'environ 30 000 millions de francs en 1989 à environ 12 000 millions de francs en 1991, soit au plus fort de la crise.
18. Cabrol P., Les biens culturels en droit civil français, thèse de doctorat de droit privé soutenue à l'Université Montesquieu Bordeaux IV, 1999.
19. Durant cette période, huit toiles de Vincent van Gogh dépassèrent ainsi le seuil des 10 millions de dollars en vente aux enchères publiques. Il s'agit du "portrait du Docteur Gachet" (85 millions de dollars le 15 mai 1990 chez Christie's), des "iris" (53,9 millions de dollars en novembre 1987 chez Sotheby's), des "tournesols" (39,9 millions de dollars en mars 1987 chez Christie's), du "vieil if" (20,35 millions de dollars en novembre 1989 chez Christie's), du "pont de Trinquetaille" (20,24 millions de dollars en juin 1987 chez Christie's), du "portrait d'Adeline Ravoux" (13,75 millions de dollars en mai 1988 chez Christie's), des "livres jaunes" (12 226 500 dollars en juin 1988 chez Christie's) et de "carrière près de Saint-Rémy" (11,55 millions de dollars en novembre 1989 chez Sotheby's). Le maximum de la vague fut atteint lorsque Christie's et Sotheby's adjugèrent, les 15 et 16 mai 1990, à un même enchérisseur, pour 431,6 millions de francs, "le moulin de la Galette" de Renoir, et, pour 458 millions de francs, le "portrait du docteur Gachet" de Vincent van Gogh, records mondiaux en matière de prix de vente d'un tableau aux enchères publiques.
20. En mai 1989, "Yo Picasso", un autoportrait de 1901, fut adjugé chez Sotheby's pour 280,6 millions de francs (309 207 000 francs avec les frais), prix record pour une œuvre du vingtième siècle. Le 30 novembre 1989, "les noces de Pierrette", 1905, du même Pablo Picasso, atteignirent à Paris 300 millions de francs (314 900 000 francs avec les frais), nouveau et éphémère record mondial. "Au lapin agile", 1905, quant à lui, fut adjugé à 254 416 000 francs frais compris (François Duret-Robert, "Marchands d'art et faiseurs d'or", éditions Belfond, 1991, p. 10). Enfin, en ce qui concerne les œuvres plus tardives de l'artiste, un record fut établi à New York chez Sotheby's en novembre 1989 lorsque "Le Miroir", un portrait en buste de Marie-Thérèse Walter endormie devant un miroir, exécuté en 1932, atteignit l'enchère de 26,4 millions de dollars (environ 161 millions de francs français).
21. Après la vente, en novembre 1988, d'une œuvre de Jasper Johns, "Faux départ", pour 102 millions de francs, le nouveau record pour une œuvre d'un artiste vivant s'établit, en novembre 1989, à 20,68 millions de dollars (136 millions de francs) avec l'achat d'« Interchange » de Willem de Kooning par le marchand japonais Shigeki Kamayama; François Duret-Robert, *Marchands d'art et faiseurs d'or,* Paris, éditions Belfond, 1991, p. 143.
22. Dans les années 1990, les médias révélèrent que Sotheby's avait choisi d'avancer à l'acquéreur de la toile de Vincent van Gogh "Les Iris", le mil-

liardaire australien Alan Bond, la moitié des 53,9 millions de dollars déboursés pour l'acquisition du tableau à New York le 11 novembre 1987, soit à l'époque le plus haut prix jamais atteint par un tableau lors d'une vente aux enchères publiques. Des revers de fortune empêchant l'acquéreur de rembourser les sommes prêtées, le tableau fut alors revendu à l'amiable au musée Getty de Malibu, pour une somme au montant non révélé, mais qui pourrait tourner autour de 40 millions de dollars. De la même façon, le public apprit que Sotheby's avait également consenti un prêt important à Monsieur Shigeki Kamayana, antiquaire japonais de la Mountain Tortoise Gallery de Tokyo, acheteur d'*Interchange* de Willem de Kooning et de la toile de Pablo Picasso, *Le miroir*, celui-ci se trouvant dans l'incapacité de régler comptant ces deux achats.

23. « Ça a démarré exactement après le mini-krach boursier, quand les enchères des Iris de Van Gogh ont été gonflées artificiellement à New York. Une rumeur s'est répandue selon laquelle l'art devenait le placement le plus rentable. Attirés par de juteux profits, des spéculateurs ont embrayé au quart de tour. Pour les marchands, vendre vite et mieux en vente publique apparaissait soudain comme une aubaine. Résultat: 80 % des tableaux venaient de galeries. Dès lors, les dés étaient pipés et on a hélas confondu prix de réserve et estimation ».

24. Les résultats de la vente des stocks de l'antiquaire Alain Lesieutre, dont nous emprunterons ici l'exemple à Monsieur François Duret-Robert, offrent une bonne illustration de ces propos. Cette vente constitue en effet un excellent exemple des effets de la baisse des prix de 1991. Monsieur Alain Lesieutre, qui s'était lancé dans le commerce des tableaux modernes aux alentours de 1986-1987, dans l'euphorie des premières hausses spectaculaires, est le type même de ces professionnels portés par la vague de l'envolée des prix jusqu'aux plus hauts sommets financiers, puis engloutis par le reflux. Soutenu financièrement de prime abord par la Banque Commerciale Privé, puis finalement, la "crise" venant, sommé de rembourser à celle-ci une somme de trente millions de francs qu'elle lui avait prêtée, Monsieur Alain Lesieutre ne put s'acquitter de cet engagement. Son stock fut alors saisi et vendu aux enchères publiques par Maître Briest. Contrairement à certaines prévisions alarmistes et malgré l'absence délibérée de certains professionnels, cette vente judiciaire a connu un franc succès avec un produit global de 41 385 000 francs, couvrant très largement la somme nécessaire au dédommagement du créancier. Les estimations, à la baisse, avaient été établies par l'expert Marc Blondeau, en collaboration avec Maître Briest et Monsieur Philippe Segalot. Une toile très connue de Dubuffet, "La Galipette" (huile sur toile, 89 x 116 cm), retiendra plus particulièrement notre attention. Cette œuvre, réalisée en 1961 par l'artiste à l'occasion de son retour brutal vers la couleur, période généralement très appréciée des collectionneurs, est considérée par de nombreux amateurs du maître comme l'une des plus réussies du cycle "Paris Circus". Acquise en 1990 par Monsieur Alain Lesieutre chez Sotheby's pour 23 786 000 francs sur une estimation de 9 à 12 millions de francs, « La Galipette » était ici modestement évaluée à 8 millions de francs. Elle n'a pourtant atteint que 6 183 000 francs, sans les frais, ce qui constitue une baisse plus que sévère par rapport à l'adjudication de 1990 ! Ceci étant, cette baisse mérite d'être réévaluée, comme le propose Monsieur François Duret-Robert, par la prise en considération du prix que la toile avait obtenu lors d'une précédente adjudication, en 1980: 629 000 francs. Curieuse "baisse" que celle qui voit en treize ans multiplier par 10 le prix d'un tableau; François Duret-Robert, « Dubuffet sur la sellette », *Con. Arts*, n° 491, janvier 1993, p. 108.

25. En achetant elle-même discrètement les œuvres passées en vente publique au prix de leur choix, ce qui permet de fixer une cote – celle-ci étant calculée sur les adjudications en ventes aux enchères – et de demander un prix équivalent en galerie et ultérieurement en salle de ventes.
26. Par exemple, Robert Combas
27. L'œuvre intitulée L'art est encore en vente libre, d'Arnaud Labelle-Rojoux, tourne en dérision l'artificialité des cotes; Arnaud Labelle-Rojoux, Profitez-en, l'art est en vente libre, 2005 acryliques sur papier, 80 x 60 cm, Collection particulière, France, courtesy Galerie Loevenbruck, Paris. 2012.
28. Dans le cas français, l'exemple le plus emblématique est sans doute celui d'une opération lancée par une filiale du Crédit Lyonnais, Finacort, qui constituait alors l'une des principales firmes de courtage financier en Europe, avec plus de 500 millions de francs de chiffre d'affaires en 1989. À l'instigation de son directeur général, Michel Roche, et en association, discrète, avec trois des plus grands experts français du moment (Bruno de Bayser pour les dessins anciens, Marc Blondeau pour les tableaux modernes et Éric Turquin pour les tableaux anciens), Finacort avait créé en juin 1989 Finacort Art. Par l'intermédiaire d'une S.A.R.L., Apollon, les trois experts détenaient 42 % du capital de Finacort Art. Les 58 % restant se répartissaient entre des membres de Finacort dans la proportion suivante: 7 % à Michel Roche, 17 % à une autre filiale du groupe, Altus Finance, et 34 % à Finacort elle-même. Selon Michel Roche, Finacort Art avait pour vocation de s'adresser aux clients traditionnels de Finacort: banques, compagnies d'assurance et autres investisseurs institutionnels. Finacort Art leur offrait tous les services liés à l'acquisition d'œuvres d'art ou à la constitution de collection. Elle intervenait dans le domaine du conseil et de l'expertise et assurait la recherche, l'achat, la restauration, l'assurance, le gardiennage des œuvres et leur prêt éventuel à des musées. Concrètement, les experts effectuaient tout le travail de recherche, de prospection et de négociation. Les œuvres choisies étaient achetées après avis favorable de chacun des trois experts et d'un représentant de Finacort, réunis en comité stratégique. Si le montant de l'achat dépassait environ dix pour cent de l'enveloppe globale allouée par le client pour la constitution d'une collection, soit, en moyenne, de 100 à 400 millions de francs, ce dernier était consulté. Les dirigeants de Finacort Art, extrêmement prudents, ne garantissaient pas officiellement de plus-values à leurs clients. Michel Roche s'était exprimé sur ce point en ces termes: « nous ne sommes pas des marchands d'illusion. La seule chose que nous promettons est d'acheter le top dans les meilleures des conditions et d'offrir un service de très grande qualité ». Finacort Art, prise dans la tourmente de la « crise » du marché de l'art, puis dans le naufrage du Crédit Lyonnais, a disparu corps et biens aussi discrètement qu'elle était apparue.
29. Lorsqu'est survenue, la « crise » du marché de l'art, la Banque de l'Union Occidentale a renoncé au projet de fonds d'investissement en art qu'elle avait élaboré dans la période d'euphorie des prix. Aux États-Unis, la Chase Manhattan Bank a également renoncé à son projet de créer un fond d'achats d'œuvres d'art de 300 millions de dollars, projet pourtant annoncé pendant presque deux ans à grands renforts de publicité, etc.
30. La BNP avait créé début 1990 une filiale BNP Arts chargée de constituer pour 100 millions de francs une collection de tableaux anciens et modernes. Une fois cette tâche achevée par la médiation de Finacort Art, la collection aurait dû être proposée par parts de 250 000 francs aux clients de la banque, sous forme de copropriété. Le projet prévoyait qu'elle serait dispersée en vente publique une dizaine d'années après sa constitution, les gains éventuels étant alors partagés entre les porteurs de parts. Ce projet a été abandonné. Depuis 1982, la BNP s'était également engagée dans le secteur du

mécénat, en constituant pour son propre compte une collection de tableaux abstraits contemporains (Blais, Combas, Boisrond, Rousse...). Cette collection, dirigée par Denys Condé avait été présentée en mai 1991 à l'École Nationale Supérieure des beaux-arts (A, *Les Aventures de l'Art*, n° 7, juin 1991). Dans l'esprit de ses concepteurs, elle avait pour vocation d'être également exposée par parties et par roulement dans les agences de la banque. L'idée était à la fois de séduire une clientèle de jeunes cadres, recherchée par la banque, censés être amateurs d'art contemporain, tout en conférant aux salariés de l'entreprise un sentiment de fierté propre à accroître leur productivité. Composée en partie d'œuvres d'artistes aux cotes très lourdement impactées par la « crise » du marché de l'art, la collection ne pouvait plus guère, après 1991, être présentée comme reflétant une réussite en matière d'investissements bancaires. Elle a alors été discrètement confiée au musée d'art contemporain de Saint-Étienne, en vue de son exposition au public dans l'attente de jours meilleurs pour le marché de l'art contemporain.

31. En Suisse, par exemple, la J. Henry Schroder Bank A. G., avait créée, dans les années 90, un nouveau service le conseil en art dirigé par Madame Markevitch. Celle-ci se chargeait de l'évaluation des œuvres d'art, les achetait, les vendait et conseillait les amateurs; *Connaissance des Arts*, n° 469, mars 1991.
32. Malgré quelques succès spectaculaires, le bilan global de l'opération d'investissements mené par cet acteur marquant en taille ne s'est pas avéré positif. Si les 400 millions de francs investis par la caisse dans le domaine de l'art, soit moins de 1 % du total de ses investissements durant la même période, l'avaient été entièrement dans la peinture impressionniste, nul doute que l'on eut crié au génie. Les vingt-cinq tableaux en question ont en effet décuplé leur prix d'achat, passant de 3 à 4 millions de livres à 34,9 millions de livres, soit une plus-value de 20,1 % par an. Donnant toutefois raison à ceux qui doutaient de l'intérêt purement spéculatif de telles opérations, le bilan général de l'opération s'est avéré nettement plus modeste avec un rendement de l'ordre de 15 % par an, soit environ 7 % si l'on tient compte de la dépréciation monétaire. Au cours de la même période l'indice des valeurs mobilières (Financial Time Allshare Index) avait progressé de près de 16 % par an (François Duret-Robert, *Marchands d'art et faiseurs d'or*, Paris, Éditions Belfond, 1991, page 256), soit un pourcentage supérieur.
33. À l'occasion d'un débat organisé par le journal Le Figaro, au mois d'octobre 1992, pour la sortie du livre de Maurice Rheims, *Apollon à Wall Street*.
34. *Connaissance des Arts*, n° 491, janvier 1993, page 113.
35. On peut citer l'exemple de Favreau et Cie, créatrice d'une société d'investissement en livres anciens dénommée Vieux livres en Europe. Celle-ci a pu s'enorgueillir de posséder, entre autres raretés, la plus belle collection de grands illustrés du dix-huitième siècle en mains privés.
36. La Banque du Louvre possède un département art qui conseille les particuliers sur les investissements en matière d'œuvres d'art; *A, les Aventures de l'Art*, n° 7, juin 1991.
37. En 1975, la banque Paribas avait mis en place, au sein de son département gestion privée, un service chargé de conseiller et de guider les clients désireux d'acquérir des œuvres d'art. Ce Service proposait également de réunir des ensembles de dessins et de tableaux pour le compte de certains clients, qui lui donnaient carte blanche pour ce faire, après avoir convenu en commun du montant des sommes qu'ils entendaient consacrer à l'opération. Il ne s'agissait toutefois pas de spéculation à proprement parler dans la mesure où ces opérations visaient à réaliser des collections stylistiquement homogènes pour les conserver au minimum pendant cinq ans.

38. Depuis octobre 1976, l'Union Française de Gestion (UFG), filiale de la Banque Française de l'Agriculture et du Crédit Mutuel, dispose d'un département valeurs refuges qui a pour rôle essentiel de conseiller l'acquisition d'œuvres d'art à ses clients. Depuis sa fondation, ce département a vendu à plusieurs centaines clients plus d'un millier d'œuvres ayant, pour la plupart d'entre elles, vus le jour entre 1840 et 1970, ce pour des prix de vente qui s'échelonnent entre 100000 et 1 000 000 de francs. Les œuvres sélectionnées par le responsable du département et ses experts chez des marchands ou des particuliers sont présentés aux clients de la banque. Après accord du client, l'œuvre est achetée par la banque qui la lui revend aussitôt en prélevant au passage une commission de 9,5 % destinée à couvrir, en sus du bénéfice, les frais de transport, d'assurance et de délivrance du certificat d'authenticité.
39. La Citibank, société américaine, possède un département private bank qui s'occupe de gestion de patrimoine à l'échelle internationale pour le compte des particuliers. Depuis 1980, ce département compte une dizaine de spécialistes des questions artistiques qui conseillent les clients de la banque désireux d'acquérir des œuvres d'art ou même agissent pour le compte de ceux-ci. La private bank propose également à ses clients des prêts sur nantissement de leurs œuvres d'art; *Connaissance des Arts*, n° 469, mars 1991.
40. Dans les années 1970, on a vu apparaître dans des domaines spécialisés, tels que la vente des pierres précieuses ou le négoce de l'art contemporain, des sociétés dites d'investissement "garantissant" à leurs clients des profits alléchants. Dans les dix années suivantes, ces sociétés se sont multipliées et ont étendu le champ de leurs activités, tout spécialement dans le domaine de la peinture contemporaine. Les rajustements du marché ont depuis lors entraîné la faillite de ces officines dépourvues de couverture financière. On a pu lire, par exemple, dans *Le Monde* du 23 mars 1976 un article de Jacqueline Grapin consacré aux mésaventures de la société "Art International Investor", société française domiciliée rue de Passy à Paris, soutenue par un laboratoire pharmaceutique américain. Cette société, qui se vantait de n'employer que des spécialistes de l'économie et de l'analyse financière et surtout pas d'anciens élèves des Beaux-arts ou de l'École du Louvre, proposait à ses clients de leur vendre, avec possibilité de rachat, des tableaux modernes. La publicité de la firme était axée sur la promesse d'obtention de plus-values plus qu'alléchantes contrepartie de risques quasi inexistants: « Les statistiques et les performances actuelles nous prouvent que la peinture moderne est le seul placement qui n'ait jamais subi de baisse et qui a permis sur ces cinq dernières années de réaliser des plus-values de 25 à 30 % l'an ». Malheureusement pour les investisseurs qui avaient fait confiance à cette société, les fluctuations du marché infirmèrent cette pseudo démonstration. Faute de pouvoir rembourser les acquéreurs, désireux, devant la baisse des prix, de faire jouer à leur profit la clause de rachat des œuvres, la société fut mise en liquidation le 16 décembre 1976; François Duret-Robert, *Marchands d'art et faiseurs d'or*, Paris, Éditions Belfond, 1991, pages 254 et 255.
41. www.medicis-art.fr
42. Tiré du site www.medicis-art.fr, publié par Thierry Pouillaude dans Acquisition, Conseil, Investissement le 5 sept 2009. « Chaque année des œuvres contemporaines s'échangent sur le marché de l'art avec des plus-values qui dépassent de loin les plus belles opérations immobilières et dans un laps de temps souvent très court. Au-delà de cette tendance générale très porteuse, le marché de l'art contemporain est encore un domaine, où, si l'on est bien orienté, il est possible de faire de très importantes plus values. »

43. Comme les galeristes. Par exemple, déjà, le marchand de Warhol, qui était également celui de Basquiat offrait un dessin de ce dernier à qui achetait un Warhol.
44. Nelson Goodman, « L'implémentation dans les arts », *L'Art en théorie et en action*, Éditions de l'Éclat, 1996 (Trad. J.-P. Cometti et R. Pouivet).
45. http://www.christian-boltanski.com/fre/2/presentation-oeuvre
46. Christian Boltanski fait la promotion de *Storage Memory* sur artnet: http://www.artnet.fr/magazine/portraits/KEHAYOFF/boltanski-presente-une-oeuvre-art-video-en-ligne.asp
47. *Le Journal des Arts* n° 341 du 18 février 2011, propose un classement des 100 personnalités les plus influentes du monde de l'art au niveau international.
48. L'œuvre représente un crâne du XVIIIe siècle auquel on a rajouté une dentition humaine, agrémenté de 8600 diamants de petite taille et d'un diamant plus important, incrusté dans le front, soit 1 106,18 carats.
49. Interview réalisée par Euronews à Kiev où il participait au « Future Generation Art Prize » de la Fondation Pinchuk. http://www.youtube.com/watch?v=pZQQlbf3Gb0
50 Après avoir emmagasiné tout ce qui lui tombe sous la main: objets, lettres, coupures de presse, il les dispose dans des boîtes en carton brut qu'il referme aussitôt remplies.
51. Andy Warhol
52. Terme usité par Adam Smith (1723-1790), philosophe et économiste écossais.
53. Pierre-Michel Menger, *Le portrait de l'artiste en travailleur. Métamorphose du capitalisme*, Paris, Éd. Seuil, « La république des idées », 2002.
54. « Gagner de l'argent est un art, travailler est un art et faire de bonnes affaires est le plus bel art qui soit. » disait déjà Warhol.
55. L'artiste français a conçu 365 pièces uniques, à partir de 22 images.
56. En 1986, Keith Haring ouvre son *Pop Shop*: boutique dans laquelle il vend en direct ses œuvres ou autres produits dérivés.
57. *Beaux Arts magasine*, n° 339, septembre 2012.
58. *Art News*, Summer 2000, p. 163-182
59. Le directeur du musée d'art contemporain Casoria près de Naples a fait brûler des œuvres d'art avec l'accord de leurs créateurs, pour protester contre les coupes budgétaires visant l'établissement.
60. *The Garage*, Ulitsa Obraztsova, 19A, Moscou.
61. Exposition intitulée, « Fruit Skin/The Dakis Joannou », au New Museum of Contempoy Art de Manhattan en mars 2010.
62. Nietzsche, *Ainsi Parlait Zarathoustra III*, « Les sept sceaux », *Œuvres*, tome II, Paris, R. Laffont, 1993, p. 467.
63. L'œuvre, *The Golden Calf* de Damien Hirst atteint le prix record de sa vente intitulée Beautiful inside my Head Forever chez Sotheby's à Londres, le 15 septembre 2008 soit 11 606 720 euros.
64. Référence à la déesse égyptienne Hathor
65. Georges Didi-Huberman, *L'image ouverte*, Paris, Gallimard, « Le temps des images », 2007.
66. *Ibid.*, p. 214.
67. *Le Journal des Arts* n° 323, Du 16 au 29 avril 2010, p. 35.
68. Nietzsche F., *Le crépuscule des Idoles*, Paris, Éd. Flammarion, 2005.

# L'artiste, poule de luxe

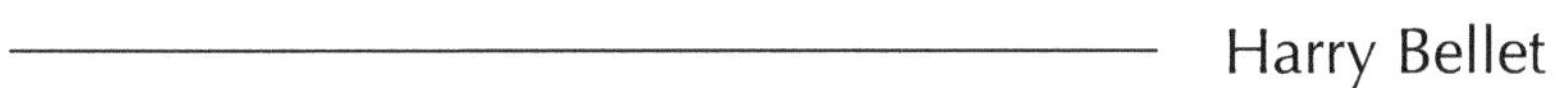

Harry Bellet

Au moment où je préparais le choix de photos que je vais vous montrer, je lisais un article de mon excellent confrère Laurent Wolf du *Temps*, très joli journal de Genève, qui faisait une analyse de l'exposition au Louvre sur la peinture à Venise, exposition amusante dans la mesure où elle est orientée sur une concurrence entre trois peintres (Tintoret, Titien, Véronèse), quatre même, je pense, et pas des moindres et c'est vrai que si l'on veut prendre un peu de recul on peut se rendre compte que les artistes de tout temps, pas tous les artistes, mais les artistes de tout temps ont eu à composer avec des puissances d'argent. Et je voudrais rappeler cette phrase que j'aime beaucoup de Van Gogh à son frère Théo : « Le nœud de l'affaire, vois-tu, c'est que le devenir de mon travail dépend de la vente de mes œuvres ».

Donc, je suis parti d'un principe simple, c'est que nous avons d'un côté les artistes, à un bout de la chaîne, et, à l'autre bout, les collectionneurs, qu'ils soient privés ou publics. Et nous, entre les deux, nous ne sommes que des intermédiaires. Des intermédiaires plus ou moins utiles selon les époques, mais seulement des intermédiaires.

La question que je me posais quand même en réfléchissant à la proposition de Monsieur Bret que je remercie, c'est : pourquoi des gens normalement constitués, qui ont normalement ou plutôt anormalement fait fortune et dont on peut donc supposer que ce sont des gens plus lucides, plus rusés ou plus intelligents que les autres, pourquoi passent-ils leur temps, et un temps qui devient rarissime puisqu'on a vu dans une des présentations précédentes que le pic de la consommation en matière d'art contemporain se situe entre 64 et 74 ans, donc à un âge où on a plutôt autre chose à faire, pourquoi donc des gens à peu près normalement constitués se lancent-ils dans l'aventure de collectionner de l'art contemporain ?

J'ai eu, je crois, un commencement de réponse il y a quelques années. C'était en 2001. En 2001, lors de la Biennale de Venise. Vous savez que la Biennale de Venise s'étend sur plusieurs mois mais la partie chaude, si j'ose dire, c'est la première semaine, pendant laquelle tout le monde, tous les professionnels ou tous les professionnels de la profession, viennent se bousculer devant les œuvres qu'ils n'ont pas le temps de voir. Il y a alors une journée, pendant laquelle la Biennale est fermée avant sa réouverture, qui est destinée à sécuriser les lieux. C'est le vendredi.

Donc, le vendredi de la première semaine de juin 2001, un artiste italien, Maurizio Cattelan, a affrété un avion, un charter, à l'aéroport de Venise, et y a fait monter 150 des plus gros collectionneurs et directeurs de musées de la planète. Il était très, très, tôt le matin. Il devait être 7 heures. Donc, vous imaginez... les fêtes vénitiennes... Les gens étaient plus ou moins chiffonnés... Il amène ces gens dans l'avion et il les débarque à Palerme, en Sicile, pour voir ça[1] : ce que vous remarquez, au premier plan, c'est un grillage. Il n'est pas là pour faire joli. Ça ne fait pas partie de l'œuvre. Il est là pour protéger les abords de cette colline qui se trouve au-dessus de Palerme et qui se trouve aussi être la plus grande décharge publique de Sicile. Et je peux vous dire qu'au mois de juin, on le sent bien !

Vu de devant, ça donne cette autre image[2] : vous avez la ville de Palerme en dessous, cette fameuse décharge publique, un petit chemin d'accès et, sur le faîte de la colline, Maurizio Cattelan avait reconstitué les lettres du mot HOLLYWOOD, en en réduisant la taille d'un dixième, parce que la version originale est protégée par un copyright et il ne pouvait donc pas les restituer à l'identique.

Mais l'œuvre, ce n'était pas vraiment ça de mon point de vue. L'œuvre c'était les 150 personnes qu'il avait invitées au petit matin dans la plus grande décharge publique de Sicile et qui arrivaient par autocar à cet endroit-là. Les autocars se sont arrêtés parce qu'ils ne pouvaient pas prendre le virage et les gens sont descendus. Ce qu'on ne voit pas sur la photo c'est que, au détour du chemin, vous aviez trois tables avec un petit coup à boire et puis des serveurs avec des galons dorés et des vestes blanches. J'ai eu le bonheur d'assister à ça. (On a quand même une vie fantastique quand on est journaliste !). Et j'ai donc pu constater à quel point ces gens étaient tout d'un coup ravis, mais ravis comme des gosses ! Ils arrivaient là. Ils découvraient les lettres HOLLYWOOD. On leur mettait un petit coup à boire et ils se mettaient à péter les plombs. J'ai vu Madame Rubell, 65 ans à l'époque, qui est une grande collectionneuse avec son époux, Don et Mera Rubell. On les connaît. On les voit tout le temps dans les foires. Ils sont fantastiques. Ce sont des gens qui ont fait fortune à Miami en construisant des hôtels. Je peux imaginer que c'est très ennuyeux de construire des hôtels, parce que les seuls moments où ils se détendent vraiment c'est quand ils viennent dépenser l'argent de leurs hôtels dans ce genre de truc. Et ils étaient ébahis, ravis, heureux, et je me suis dit : « Une des raisons pour lesquelles les gens collectionnent, c'est qu'ils ont une vie très triste ». Et donc, les artistes contemporains, ça les détend. D'où l'idée de ce sujet « L'artiste contemporain comme poule de luxe », parce qu'un certain nombre d'entre eux ont parfaitement compris les enjeux de ces méga-collectionneurs qui s'ennuient et se comportent… « Poule de luxe », le terme est un peu violent. J'aurais pu dire bouffon, avec tout le respect que je dois aux bouffons, ceux qu'on appelait les fous du roi, qui étaient souvent plus sages que ses ministres.

Maurizio Cattelan notamment a une façon de travailler qui s'apparente à ça dans la mesure où une grande partie de ses travaux se fait en référence à l'histoire de ce milieu, à l'histoire de ce monde de l'art. C'est pour ça que je pense que ces artistes qui travaillent dans ce registre-là sont parmi les bons analystes du marché. Non pas à travers des données économétriques ou sociologiques, encore que…, mais à travers leurs œuvres.

Sur une autre image[3] on peut voir la même chose vue d'en bas, donc vue de Palerme. Alors là, on ne voit que les lettres HOLLYWOOD, on ne voit pas les invités. On n'a pas l'odeur de la décharge non plus. On a juste la réflexion que m'a faite le chauffeur du taxi à qui je demandais ce qu'il pensait de ça. Et il me dit : « Ah, c'est pour un film. Il y a Sylvester Stallone qui est en ville et on a fait ça pour lui rendre hommage ». L'information était exacte – Sylvester Stallone était vraiment en ville – mais le rapport avec l'œuvre de Cattelan, non. Mais j'étais content de voir que la population s'était emparée du sujet et l'on avait ainsi une version un peu différente de celle que pouvaient en avoir Don et Mera Rubell.

Parmi les artistes qui ont compris cette espèce de folie qui peut saisir les collectionneurs devant des œuvres un peu surprenantes, il y en a un que j'aime bien, d'abord parce qu'il est britannique et ensuite parce qu'il est parfaitement cynique. C'est Damien Hirst. Damien Hirst fait ce genre de chose[4]. L'œuvre originale est soclée, ce qui pour ceux qui ont assisté à la conférence de Nathalie Heinich, hier, en fait selon elle une œuvre non pas d'art *contemporain*, mais d'art *moderne* ! Ça s'appelle le *Veau d'or*. C'est un veau, un vrai d'ailleurs, pour ce qu'il en reste, auquel on a rajouté les éléments permettant de le rattacher à ce vieux mythe de l'adoration du Veau d'or qu'on trouve dans l'Ancien Testament. C'est une œuvre qui a été présentée il y a un an dans une vente publique qu'il organisait avec la maison de vente Sotheby's. Cela est déjà un fait intéressant à analyser parce qu'il est très rare que les artistes vendent directement leurs œuvres au public sans passer par le biais d'une galerie. Damien Hirst ne manque pourtant pas de galeries. On trouve parmi elles Jay Jopling qui est la plus puissante galerie de Londres et Larry Gagosian qui est la plus puissante de New York, sinon du monde. Il a donc décidé de passer outre les accords qu'il avait avec ses galeristes pour vendre une année et demie de production complète dans la maison de vente de Londres. La vente s'est ouverte le jour même de la faillite de Lehman Brothers, c'est-à-dire au moment où la crise commençait à devenir vraiment visible. Elle était déjà sérieuse mais elle éclatait alors complètement. Il a tout vendu ! « *Sold out* », comme ils disent. Les Anglais appellent ça une vente en gants blancs, c'est-à-dire que, quand la vente se termine, le dernier lot est adjugé avec des gants blancs. Le commissaire-priseur met des gants pour montrer que tout a été vendu. C'est d'ailleurs une tradition qu'on aime beaucoup. Et... qu'est-ce que c'est de vendre un Veau d'or à des collectionneurs qui sont précisément dans la situation des Hébreux dans le désert ? En l'occurrence Moïse n'est pas descendu pour mettre de l'ordre là-dedans mais Damien Hirst l'a fait. C'est-à-dire que, après la vente où il avait tout vendu – je crois que le montant total avoisinait les 140 millions d'euros, ce qui n'est pas bénin pour deux jours de vacation et un an et demi de boulot – après avoir tout vendu donc, il a fait quelques déclarations amusantes à la presse, du genre : « Oui, il y avait cinq ou six œuvres pas mal ».

C'est-à-dire que pour vous autres qui, je l'espère, les avez achetées – d'ailleurs il n'a pas dit lesquelles – tout va bien. Mais ceux qui ont acheté les autres pièces peuvent légitimement se sentir floués. Le même Damien Hirst, cette année, au moment de Frieze avait d'ailleurs aussi annoncé qu'il arrêtait les *dot paintings*, les peintures de petits pois que vous avez pu apercevoir derrière le Veau d'or, et qu'il arrêtait aussi de faire les papillons. Je dis faire les papillons, c'est-à-dire faire faire les papillons. Il a en effet à peu près 110 employés qui travaillent pour lui. Les artistes sont comme ça maintenant, c'est des petites PME mais, au fond, Rodin ne fonctionnait pas autrement. Donc, on ne peut pas leur en vouloir, sauf que, comme il avait annoncé qu'il arrêtait les *dot paintings* et les *bird flies*, les papillons, il a aussi licencié les employés qui faisaient les *dot paintings* et les papillons, mais il lui restait quand même un peu de personnel. Eh bien, malgré ça, il a décidé pour sa dernière exposition, qui a lieu actuellement à Londres, à la Wallace Collection, de faire les tableaux lui-même. Alors on a des interviews absolument magnifiques de Damien Hirst...

Voilà aussi un tableau[5] *moderne* parce qu'il est encadré. Ce n'est donc pas un tableau *contemporain* ! Malheureusement, ou heureusement, la qualité de la photo ne permet pas de juger de la qualité de la peinture. Il faut me croire sur parole. J'ai jamais vu quelque chose d'aussi mal peint. C'est tellement mal peint qu'il a dû le faire exprès. Vous voyez ce que je veux dire : *Je suis un peu dans la même logique que le Veau d'or. Je vends des trucs à des gens qui sont assez cons pour me les acheter, et là, je leur dis en plus que je les ai mal peints.* Trois millions de livres ! Il a tout vendu ! Il a tout vendu et c'était aussi dans un contexte tout à fait différent du contexte habituel des galeries d'art contemporain puisque c'était présenté dans un musée, un musée classique, un musée privé, comme beaucoup de musées dans le monde anglo-saxon : la Wallace Collection. Si vous voulez une idée de ce que l'on trouve d'aussi mal peint à la Wallace Collection, prenez les *Hasards heureux de l'escarpolette,* de Fragonard. C'est peut-être un tableau *contemporain* parce qu'il n'a pas de cadre, mais c'est sans doute parce que la photo est mauvaise. Je triche... la photo est coupée. Je l'ai vu en vrai, il a un cadre. Par contre il est exposé dans une salle adjacente aux deux salles où était installé Damien Hirst mais aussi, il est accroché sur un mur tendu de soie, comme on le faisait au XVIIIe ou au XIXe siècles. De la soie tissée à Lyon. Damien Hirst a donc fait tendre à ses frais les murs des deux salles qui lui étaient dévolues d'une soie commandée à la fabrique lyonnaise qui avait fourni l'étoffe de soie d'origine. À ses frais et l'exposition lui a coûté 250 000 livres. Ce n'est pas le musée qui a payé. Dans ces cas-là les Anglais sont beaucoup plus pragmatiques que nous : « Vous voulez exposer dans mon musée ? Pas de problème ! ». La logique de Damien Hirst est superbe dans ce cadre-là parce que voilà : « Je vais à contre-pied de tout le monde. Je n'expose pas dans ma galerie, pas tout de suite, parce que j'ai déjà vendu tout ce qui était important à vendre ». Il faut que je vous explique que, trois ou quatre mois auparavant, les premiers tableaux de cette série-là avaient été montrés prioritairement chez un collectionneur privé, un Russe, un Ukrainien, qui s'appelle Pinchuk, qui en avait acheté l'essentiel. Donc l'opération était déjà amortie puisque le *taste maker*, si on peut dire, le faiseur de goût, qui est supposé être un grand collectionneur, avait lancé le premier signal : « Vous voulez y aller ? C'est bon, j'en ai acheté plein ». Même si, pour l'instant, – c'est horrible à dire – les Russes n'en sont pas encore arrivés au point où l'achat massif par un oligarque déclenche des achats chez ses petits camarades.

Ça, c'était le premier étage de la fusée. Le deuxième stade donc, c'était la Wallace Collection et le troisième c'est l'expo qui a dû ouvrir, je pense, la semaine dernière – je n'ai pas eu le temps d'y aller, et pas trop envie non plus – chez Jay Jopling, son marchand habituel à Londres. C'est une chose, ça, que l'on doit prendre en compte, Cher Alain Quemin, quand on fait ce genre d'étude, c'est que les œuvres les plus désirables ou celles dont on veut laisser croire qu'elles sont plus désirables, sont rarement montrées dans les foires, rarement montrées dans les ventes publiques. Elles sont généralement gardées de côté pour un tout petit groupe de clients potentiellement intéressés. C'est-à-dire que l'on a un tas d'artistes que l'on ne voit jamais dans les foires. Tout simplement. Tout simplement parce que « c'est trop beau pour une foire », comme j'ai entendu dire un jour !

À côté de la Wallace Collection – parce qu'il n'y a pas de raison, les segments du marché sont tous bons à prendre... Le segment médian n'intéresse plus personne. La classe moyenne est un peu en déconfiture. Les gens qui ont beaucoup d'argent ont toujours beaucoup d'argent. Pour eux, il y a la Wallace Collection. Et puis il y a les gens qui n'ont pas encore beaucoup d'argent. Mais il n'y a pas de raison qu'ils soient privés d'un Damien Hirst. À côté de la Wallace Collection donc, à trente mètres, il a ouvert une boutique qui s'appelle « Autres critères », « *Other criteria* », et dans laquelle il vend les produits dérivés. On peut donc y trouver un Damien Hirst pour 3 500 livres. Par rapport aux trois millions qu'on réclame par ailleurs, c'est quand même une affaire !

Ça, c'est quand l'artiste est son propre manager, même s'il a été lancé par des gens qui lui ont appris le métier, comme Charles Saatchi qui est quand même un des plus grands publicitaires de cette planète. Damien Hirst n'a absolument plus besoin d'eux aujourd'hui. Mais il y a des gens comme Cattelan dont je vous parlais tout à l'heure qui ont encore besoin d'une infrastructure. Alors voici une des deux versions d'une de ses œuvres, la *Nona Ora*, la *Neuvième heure*, c'est-à-dire l'heure précise de la mort du Christ[6]. On pourrait considérer cela d'un point de vue iconographique presque classique. Il y a assez peu de gens que cela intéresse l'aspect iconographique de ce truc. Ce qui les a intéressés surtout, c'est quand Cattelan l'a présentée en 1999 pour la première fois. C'était à la Royal Academy of Art, qui avait décidé de montrer une exposition qui s'appelait « Apocalypse ». De l'aveu de Norman Rosenthal, son secrétaire général à l'époque, il voulait retrouver le succès de scandale – je ne parle pas de succès d'estime, mais « de scandale », c'est vraiment ce qu'il avait dit – de l'exposition de Saatchi « Sensation », deux ans auparavant. Donc, parmi les œuvres exposées, il y avait celle-ci. Elle représente Jean-Paul II écrasé par une météorite qui a traversé le plafond au-dessus et il y a des morceaux de verre tout autour. C'est normalement comme ça qu'on doit la présenter, mais vous allez voir que ce n'est pas toujours le cas. Ce fut une exposition scandaleuse… ratée : les Britanniques sont anglicans, le pape c'est vraiment pas leur truc. Un deuxième exemplaire[7] appartient à François Pinault maintenant. C'est la même version mais installée dans la collection Pinault, telle qu'elle a été montrée à Dinard. La moquette est toujours rouge, les chaussures sont toujours noires mais on n'a pas percé le plafond et il n'y a pas de débris de verre autour. Ce n'est pas bien ! Ce n'est pas respectueux de l'artiste ! Cette deuxième est encore la même œuvre mais avec une légère différence. C'est une œuvre dont il existe donc deux versions. On reconnaît la seconde au fait que les mocassins sont marrons. La météorite n'est pas tout à fait au même emplacement non plus. Celle-ci a été présentée à la Kunsthalle de Bâle en 1999. Les Bâlois sont luthériens ou calvinistes, le pape ne les concerne pas davantage et donc le succès de scandale s'éloignait. Ça ne marchait pas. Et puis Harald Szeemann, l'inventeur du métier de curateur d'une certaine façon, a eu une idée amusante. Il devait faire une exposition sur les artistes polonais au musée de Varsovie et à la fin de l'expo il a mis la Nona Ora. Alors là, ça a marché !. On a vu deux députés de la Diète polonaise qui bourraient Jean-Paul II de coups de pied, parce qu'ils n'étaient pas contents de le voir dans cet état, j'imagine. Ça a marché, donc on a mis cette version en vente à New York. Elle appartenait à un banquier français, un banquier qui avait fait sa fortune en Suisse et qui avait rapatrié cette fortune de Suisse en France ! Un fou ! Il la dépensait donc dans des œuvres d'art. Ce qui est déjà beaucoup moins con parce qu'elles ne sont pas imposables et qu'elles n'entrent pas dans le calcul de l'ISF. Il avait donc acheté cette version en 1999 à Emmanuel Perrotin, auquel il était associé financièrement, pour l'équivalent de 80 000 dollars de l'époque.

Après l'histoire de Varsovie, il décide donc de la vendre. Il la vend via Philippe Ségalot qui dirigeait le département d'art contemporain de Christie's. Cattelan fait le travail préparatoire à la vente comme on lui demande de le faire, c'est-à-dire qu'il fait une fausse interview dans le New York Times. Il envoie quelqu'un d'autre à sa place. Maurizio est un type très facétieux. Et tout ça monte, ça monte et l'œuvre qui avait été payée 80 000 dollars en 1999 est vendue 886 000 dollars en 2001. C'est bien hein ? Elle est achetée par deux personnes qui restent anonymes et qui la revendent l'année d'après. Trois millions de dollars ! Les deux anonymes sont deux marchands suisses, Pierre Huber et Marc Blondeau qui se trouve être aussi un des conseillers de François Pinault. On en est là pour l'instant. On ne sait pas qui l'a achetée depuis. Évidemment tout le monde soupçonne Bernard Arnaud. François Pinault, lui, avait acquis son exemplaire pour l'équivalent de 80 000 dollars, qu'il n'a même pas payés puisqu'il a aidé à financer l'opération Hollywood à Palerme.

Mais Maurizio Cattelan ne s'arrête pas là. Quand il joue avec le marché de l'art, il joue aussi avec les marchands d'art. Donc son marchand italien – vous savez que les Italiens parlent avec les mains, surtout quand ils veulent vous vendre un tableau –, son marchand italien, il en a fait ceci (nouvelle diapo : elle montre un homme collé à un mur à 60 cm au-dessus du sol avec des rubans d'adhésif). C'est vrai ! Ce n'est pas une sculpture. C'est son vrai marchand qu'il a scotché au mur. Ainsi il ne pouvait plus rien vendre. C'est Massimo di Carlo. Et son marchand français, Emmanuel Perrotin, qui a une réputation de séducteur, il l'a emprisonné dans un énorme costume rose, avec des oreilles de lapin, un peu comme un animateur de Disneyland, en forme de phallus, et dont seuls émergent le visage d'un trou pratiqué dans le gland et les deux avant-bras. L'œuvre est intitulée *Errotin, le vrai lapin*, avec un contrat très précis, c'est-à-dire qu'Emmanuel Perrotin est resté comme ça cinq semaines dans sa galerie, sans pouvoir recevoir le moindre chèque. Évidemment ce truc est invendable sinon sous forme de photographie. C'est aujourd'hui comme ça qu'on peut se le procurer. Donc voilà Maurizio Cattelan qui commence à comprendre que le monde de l'art en soi, le marché de l'art en soi, c'est un sujet, et il continue de le démontrer avec un collectionneur américain, un des plus grands collectionneurs du monde. Il s'appelle Peter Brant. C'est un Américain qui possède quelques journaux – mais pas le mien – et il a une épouse charmante, mais les Américains étant des gens particulièrement bizarroïdes, c'est ce qu'ils appellent une *trophy woman*, une femme trophée. Une femme trophée, ce n'est pas seulement une jolie femme c'est une femme qui est presque aussi riche que vous et, si possible, beaucoup plus connue. En l'occurrence, Madame Brant c'est l'ex top-modèle Stephanie Seymour. Il voulait offrir une œuvre de Maurizio Cattelan à son épouse et Maurizio lui a dit « oui, pas de problème, je vais te faire un portrait de Stephanie ». Évidemment, il faut qu'elle vienne poser, nue si possible. Bon. Ce que la pauvre s'est bien résolue à faire et Maurizio a donc pu faire ce qu'il voulait. Enfin..., c'est un sculpteur de chez Tussaud, le musée de cire, qui fait ce genre de boulot. Il a fait une sculpture de Madame Seymour en buste[8]. Alors là, je ne sais pas dans quelle catégorie ça rentre parce que c'est soclé, mais pas vraiment. Un buste, généralement, c'est posé sur un socle horizontal. Lui a choisi un socle vertical qui permet de l'accrocher au mur avec les trophées de chasse. Eh bien, figurez-vous qu'il était ravi ! Oui, oui, oui. Ça m'épate aussi. Accessoirement ça existe en trois exemplaires, donc le vôtre, éventuellement, et ceux de deux autres collectionneurs qui ne sont pas les époux de Stephanie Seymour mais les heureux propriétaires de son buste en trophée.

Maurizio Cattelan n'est pas le seul à avoir travaillé sur la manière de marketer ou d'imaginer ça. Il y en a un que j'aime beaucoup. Je l'ai même dans la peau, si j'ose dire. C'est le Belge Wim Delvoye qui tatoue des cochons. L'idée, au départ, c'était de vendre des petits cochons. Vous tatouez des petits cochons – ça a évolué depuis – et, à mesure que le petit cochon grossit votre œuvre prend de la valeur et vous pouviez le vérifier même, quand vous étiez actionnaire. Vous achetiez à Wim Delvoye un petit cochon, vous aviez une webcam sur sa porcherie qui se trouve en Chine, près de Pékin, qui vous permettait de constater l'évolution de votre capital à mesure que le grain – ou je ne sais pas ce qu'on leur donne à « bouffer » – passait. Donc, voici un petit cochon, est-ce que c'est un LVMH, celui-là ? Je ne sais pas. Alors petit cochon peut devenir grand. On le tatoue là... et puis, après, ils vont pâturer tous ensemble pour augmenter votre capital. Mais on fait vraiment attention à eux, parce qu'il ne faut pas abîmer leur peau quand même. C'est précieux. Et quand je vous dis que le travail évoluait... Il a commencé à tatouer Tim, Tim Steiner qui est un musicien de Zurich qui a accepté un contrat assez étrange. Sa copine est directrice des ventes d'une grosse galerie de Zurich qui représente Wim Delvoye. Elle lui a dit : « T'as pas envie de te faire tatouer ? ». Éperdument amoureux, il a répondu oui et donc il s'est retrouvé avec les cochons à se faire tatouer par Wim Delvoye. Enfin, surtout par son tatoueur parce que Delvoye a parfois la main qui tremble. Mais ce n'était pas fini parce qu'une fois tatoué il fallait le vendre. Et c'est ce qui a été fait ! Tim Steiner a été vendu 150 000 euros à un collectionneur allemand. Il ne voulait pas trop que l'on sache qu'il était allemand parce que les tatouages ça rappelle de mauvais souvenirs mais, rassurez-vous, il est encore vivant. Il a été vendu sur pied, si j'ose dire. Le contrat prévoit que le tatouage ira au collectionneur après la mort de Tim, bien sûr. En attendant il a l'obligation d'être présenté dans des événements culturels artistiques, foires et autres. Il s'assied sur un petit tabouret, met son walkman... Il l'a fait pour la première fois le 9 septembre 2008 à la Foire d'art contemporain de Shanghaï. Quand on évoque la notoriété subite que son geste lui vaut, Tim Steiner devient mi-figue, mi-raisin :

> Certes, c'est formidable d'être là, et de savoir qu'on va régulièrement voyager dans le monde entier. Mais, comme je l'ai dit à ma compagne, avoir son nom dans le journal, c'est bien, l'avoir dans

> tous, c'est terrible. Les réactions sont incroyablement agressives. Mais je reste heureux, et je n'ai pas la grosse tête. Comme ils disent à la galerie, tu n'es pas l'œuvre, tu n'es que la toile sur laquelle elle est.

Quant à moi, c'est la première fois que j'interviewais une œuvre d'art. Elles sont parfois plus intéressantes que les artistes qui en sont les auteurs. Et elles ne parlent pas d'argent, elles.

Harry Bellet
Historien et critique d'art, journal « Le Monde »

**Notes**

1. On voit, à travers un grillage et sur un fond de collines arides, l'arrière de structures métalliques dressées difficiles à identifier.
2. On voit le devant de ces structures métalliques qui composent, en grandes lettres blanches se détachant sur le ciel en haut d'une colline, le mot HOLLYWOOD. Un groupe de personnes chemine sur la route qui mène vers le sommet de la colline.
3. On voit, de plus loin, les lettres du mot HOLLYWOOD qui dominent le paysage.
4. L'image montre un imposant aquarium de verre rempli de formol contenant un veau dont la tête est surmontée d'un disque d'or. Il est posé sur un haut socle de marbre orné d'une corniche.
5. Il montre une peinture abstraite.
6. L'image montre le pape Jean-Paul II couché à terre, écrasé aux jambes par une météorite
7. C'est la même œuvre, aux petites différences près indiquées plus loin.
8. La diapositive montre le buste nu d'une femme se tenant les seins, accroché au mur, semblable à une figure de proue de navire.

Ndlr : Ce texte est une retranscription de la communication orale de l'auteur.

# Art, argent, mondialisation

## L'art comme produit d'appel à l'ère du tourisme planétaire

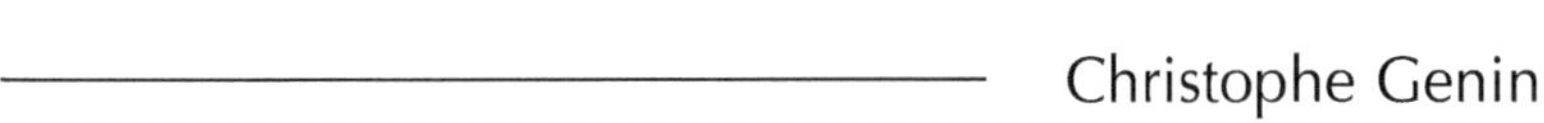

Christophe Genin

*La Déclaration universelle sur la diversité culturelle, proclamée par l'Unesco en 2001, se veut un progrès humain. Prenant acte du processus de mondialisation, elle entend défendre le fait de la diversité culturelle par le choix politique du pluralisme. Ce faisant elle opte pour un libéralisme économique qui pense la créativité des arts et des lettres ou l'égal accès à l'art en termes d'offre créatrice. Cette dernière est elle-même conçue en termes d'industries culturelles compétitives, intégrant des marchés locaux au marché mondial, lui-même animé par un « tourisme réfléchi ».*

*Notre interrogation portera sur la pertinence d'une créativité « durable » au regard du tourisme mondial. L'art peut-il bien être « une marchandise pas comme les autres » quand d'ores et déjà l'industrie touristique planétaire en a fait son produit d'appel ou son bonus dans un* package *touristique ?*

## Premier héritage grec : l'argent comme prostitution de l'art

Une idée admise depuis longtemps, fondée en raison par Platon, Aristote ou Kant, voudrait que l'art fût désintéressé, et donc ne se préoccupât point d'argent. Ou plus exactement l'art libéral, celui qui inclut selon Aristote les lettres, la musique et le dessin[1], se distingue de l'art servile ou mercenaire, celui des métiers utiles. S'est constituée de longue date une séparation au sein du concept d'art, voire une incompatibilité entre deux sens ou deux applications. D'un côté, une culture de l'âme[2] par une édification à la vertu éthique et politique, qui assoit la liberté du citoyen éclairé ; de l'autre, une satisfaction des besoins du corps par un travail forcé. Cette opposition classique entre *paidéia* et *ploûtos*, entre *scholé* et *emporia*[3], entre libéralité et vénalité, a un sens moral, le perfectionnement de soi correspondant à la liberté comme possibilité d'être à soi-même sa propre fin, en regard du mercenariat, moyen d'une fin étrangère à lui-même. Cet autotélisme a une dimension politique : comme la fin préside aux moyens, comme l'âme dirige le corps, de même l'homme libre (*éleuthéros*) commande le serf (*banausos*).

En ce sens les arts éducatifs et libéraux ne sont pas affaire d'argent, puisque l'homme libre qui les exerce n'a pas besoin d'en obtenir. Inversement tout homme qui pratique un art pour gagner de l'argent, fût-ce initialement un art réputé libéral (dessin, musique, sculpture, théâtre), devient *ipso facto* un mercenaire. Ainsi la distinction canonique entre arts libéraux ou mécaniques se double d'une condition *sine qua non* : l'art est libéral si et seulement si sa fin est la « direction de soi[4] ». Une pratique de la peinture qui serait non pas une édification morale, mais un gagne-pain, perdrait immédiatement sa condition noble.

Quand, dans le *Ion,* il examine le statut du rhapsode, et plus généralement de l'artiste, Platon prend soin de noter que l'aède est rétribué et se réjouit de recevoir son argent[5]. L'art exprime le caractère d'une personne, son âme, et une des trois composantes de son âme : soit l'âme vertueuse qui veut apprendre, pour l'ami de la sagesse, soit l'âme courageuse qui agit noblement, pour l'ami de la victoire, soit l'âme désirante qui aime la monnaie (*philochrématon*[6]), pour l'ami du profit.

C'est pourquoi Socrate dénonçait déjà, chez les sophistes, le commerce des arts et savoirs libéraux comme une « prostitution[7] ». Il y va ici d'une séduction selon ses fins. Ainsi Socrate subdivise le commerce des charmes en deux types de compagnonnage : le prostitué (*pornos*), soit l'esclave qui vend ses charmes pour satisfaire autrui, ou l'ami (*philos*), soit le citoyen libre qui élit un jeune pour lui inculquer la vertu[8]. Mais l'instruction des arts et des savoirs peut aussi se subdiviser en didactique qui édifie le jeune gracieusement, ou en sophistique qui monnaye une instruction selon les besoins d'un commanditaire. D'où une analogie entre le commerce des arts et la prostitution. Dès lors, la critique socratique d'un poète comme Simonide porte sur le statut cessible et vénal des œuvres d'art :

> Disons à cet égard que tout ce qui concerne les Muses, que l'on achète ici pour le porter et le revendre là, de ville en ville, comme la peinture, la thaumaturgie et bien d'autres choses qui touchent à l'âme, que l'on transporte et que l'on vend comme objets d'amusement ou bien d'étude ; tout cela donne à celui qui organise ce trafic le titre de négociant, comme s'il faisait commerce d'aliments ou de boissons[9].

Est en jeu ici une dimension métaphysique : l'esprit et ses œuvres ne sauraient se réduire à la matière et à ses usages. Le temps de l'âme est l'éternité et ne saurait donc être confondu avec la périssabilité de la matière. Si l'argent corrompt c'est justement qu'il réduit l'immortalité de l'âme (et donc la transmission de ses œuvres pour édifier les générations futures) à la corruptibilité de la matière. Faire de l'art une marchandise, c'est confondre les biens de consommation nécessaires à la réactivation de la vie, et les œuvres de contemplation nécessaires à l'immobilité de l'âme.

Penser que des œuvres d'art sont devenues des biens consommables, ou que l'art est ravalé au rang d'amusement n'est donc pas neuf. Sur ce point, notre époque est fille de l'Antiquité quand elle prolonge une conception aristocratique de l'art, et tient l'argent pour corrupteur d'un art supposé autonome, autélique. Ainsi le négoce de l'art, fort ancien, vit dans une forme d'hypocrisie, comme celle que relate Pline l'Ancien: l'enseignement de la peinture et de la sculpture, relevant de la culture libérale, était interdit aux esclaves, ce qui n'empêchait pas le peintre Pamphile de monnayer grassement ses cours ni Apelle de spéculer sur la valeur des tableaux de Protogène[10]. Aujourd'hui Koons et Hirst négocient directement leurs œuvres, ce qui leur crée pour partie une mauvaise réputation, l'argent étant encore pris pour la face obscure, voire honteuse, de l'activité artistique.

## Second héritage grec: l'aspiration au délassement

Une autre idée tient à l'opposition entre un art savant, qui serait l'apanage des nantis, et un art populaire qui relèverait du divertissement de la foule.

En fait, par cette opposition entre le sérieux d'une culture libérale et le plaisant d'une culture mercantile nous agglomérons aujourd'hui deux registres distincts de l'éducation grecque: d'un côté l'opposition entre les activités dignes de l'homme libre (*éleuthéros*), de bonne éducation, et les activités utiles de l'homme servile (*anéleuthéros*[11]) et grossier, d'un autre côté des distinctions de finalités entre divers registres de satisfaction.

Aristote distinguait trois satisfactions pouvant ou non être une fin en soi. D'abord la *paidéia*[12] ou l'éducation qui nous fait sortir de l'état d'enfant pour devenir adulte grâce à la culture des arts libéraux. Puis la *paidia* ou le jeu d'enfant, comprenant ces amusements où nous prenons plaisir aux enfantillages. Enfin la *diagogè*, le passe-temps de celui qui mène une vie de loisir. L'amusement comme le loisir relèvent du repos (*anapausis*), ce délassement qui nous soulage d'une peine. Ces trois modalités du plaisir d'être ne sont pas incompatibles. Elles peuvent se cumuler pour l'homme libre.

Notre actuelle « société des loisirs » est une société de *l'entertainment* et de ses dérivés (*infotainment, edutainment*). Même si *entertainment* traduit *diagogé*[13], il est clair que l'antique loisir du citoyen libre, qui contribue à l'exercice de la maîtrise de soi selon Aristote, n'a rien à voir avec le grossier défoulement des travailleurs de force. Ceux qui vivent une vie protégée ou servie peuvent s'adonner sans peine aux efforts de l'art sérieux. Et leur délassement est la suspension de cette contention ou de leur participation à la vie civique. Inversement, ce sont bien au premier chef ceux qui sont livrés à la pénibilité du travail et des afflictions de la vie, les serviteurs en tout genre, qui aspirent au délassement qu'Aristote définit même comme « une sorte de cure de la souffrance causée par les travaux fatigants[14] ». Où donc trouver un repos commun, même s'il est d'abord méditation pour l'homme libre et jeux pour l'homme de peine ? Au premier chef dans la comédie[15], source de rires et de sourires, ou dans les arts du beau. Car même si la contemplation du Beau est le repos du sage[16], après l'effort de la vertu, il n'en demeure pas moins que pour le commun les arts d'agrément – distincts des arts liés aux nécessités de la vie[17] – sont un rapport au beau qui relève de l'ordre des imitations, incluant musique, théâtre, peinture, sculpture[18].

Aristote présente donc une conception de l'art comme délassement, selon deux registres liés à deux types de public : l'homme libre y trouve une éducation à la vertu, l'homme de peine y retrouve un temps de récréation. Ce délassement a donc deux versants : la vertu et le plaisir, la contemplation du beau et le jeu, la mise en œuvre du bien et le soulagement. Ainsi tenir le « grand » art pour un divertissement n'est pas en soi une déchéance de l'art, mais est inhérent à toute activité artistique, gagnée sur le temps du travail. En cela notre moderne *entertainment industry*, l'industrie des distractions (cinéma, danse, musique, théâtre, radio, télévision, cirque, jeux, sports), est la projection, à destination des masses laborieuses et à l'échelle planétaire, d'un soulagement qui ne change rien à leur condition mais qui apaise occasionnellement leur souffrance. L'industrie des distractions a donc intérêt à ce que la souffrance du monde du travail perdure pour pouvoir vendre ses produits lénifiants. Ce qui, évidemment, ne signifie pas qu'Aristote légitimerait l'industrie du divertissement, mais que celle-ci emprunte à l'art édifiant un *best of* divertissant. Par exemple, André Rieu, outre les valses viennoises et autres rumbas, nous gratifie d'un Mozart arrangé... Cette musique *easy-listening* est dénigrée par les mélomanes. Elle reste ambiguë : elle apporte de la joie à un public enchanté, qui croit vraiment que « la vie est belle », pour reprendre un titre, en oubliant ses soucis, retrouvant même parfois une forme d'espérance en la vie, et en même temps elle produit un spectacle *kitsch* fallacieux[19] justement par cette volonté de produire un univers dont tout élément de négativité serait exclu.

## L'art à l'ère de l'industrie

Nous mentionnons cet héritage grec non par passéisme, mais pour avoir un repère d'appréciation de notre époque. Celle-ci apporte bien une innovation : la quantité. Ce qui jadis relevait du petit commerce et de l'artisanat devint, sous l'effet de la mécanisation, un négoce industriel emportant l'art dans l'élan de sa mécanique. Le grand nombre, la masse devinrent l'échelle de la production au XVIII^e^ et surtout au XIX^e^ siècle.

L'enregistrement mécanique des vues, du mouvement, des sons, comme la reproductibilité des œuvres par des systèmes mécaniques ou électroniques ont fait de la photographie, du cinéma, du disque, et de l'imagerie en général[20] des industries culturelles. Ainsi, ce qui semblait une contradiction dans les termes, puisque l'industrie satisfait les besoins du corps par le biais du négoce et que la culture satisfait les besoins de l'âme par l'étude, est devenu un état de fait. Les processus industriels se sont étendus aux biens culturels (imprimés en tout genre, disques d'images et de sons), et le génie industriel a même englobé la culture dans ses méthodes de conception et de production, sous le nom d'ingénierie culturelle.

Prévenons un malentendu. Il ne s'agit pas ici de « l'art industriel » au sens classique : ces ouvrages d'architecture, de mobilier, de bijouterie nés sous le Second Empire du mariage d'une conception artistique et d'une production industrielle, ce qui, en son temps, fut l'objet de résistances[21], parfois au nom de principes esthétiques rétrogrades, y compris de la part d'artistes s'estimant modernes[22].

L'art industriel que nous visons ici est l'effet de deux principes.

D'abord le *matérialisme* qui préside à l'industrialisation du monde, contre le spiritualisme ancien. De même que la matière peut être décomposée et recomposée *ad libitum* grâce à l'alliance de la science et de la technique, de même l'âme, l'esprit, la conscience est manipulable grâce à des vecteurs d'influence massifs. Puis le *consumérisme* : pour que l'investissement industriel soit rentable, il faut que les produits soient vendus, donc achetés, donc désirés. D'où l'équation consumériste : consommer = être heureux. Certes, l'accroissement des objets de consommation correspond à une vie plus commode, moins douloureuse sur bien des points, par rapport à une vie démunie de tout. Comparé à un lavoir, une machine à laver épargne le corps et le temps d'une femme ; comparé aux bras nus, un chariot élévateur épargne le corps et le temps d'un portefaix. L'*aisance* signifie alors aussi bien jouir du bien-être d'un rentier qu'apprécier une vie facile. Toutefois, il n'y a pas de rapport d'implication entre le confort et le bien-être. Toujours est-il que l'industrie devient un *dispositif de vie* : une organisation de l'exploitation de la nature et du travail humain qui induit un ordre social et politique fondé sur la promesse d'une vie plus heureuse ou du moins plus facile. Et pour que la société industrialisée ait la politique de son économie il convient de persuader les foules des bienfaits matériels et moraux d'un tel progrès technique et commercial.

L'industrie doit donc recourir à la *réclame* pour faire l'article, et persuader le chaland que consommer plus c'est vivre mieux. Et comment mieux signifier la qualité de vie accessible et disponible que par une esthétisation du produit ? D'où une confusion entre le beau et l'utile qui se mêlent dans un même statut de *parure* : le beau produit devient le signe extérieur d'une aisance, que ce soit celle d'un pays, d'une classe sociale, ou d'un particulier. Symétriquement le développement de la consommation, d'abord par le textile puis le petit mobilier, suppose de flatter le goût du peuple, y compris dans son aspiration au confort bourgeois ou au prestige aristocratique, dont il ignore les codes mais dont il copie les apparences.

Mis à la portée de tous, cet art cosmétique, fusionné avec l'industrie, se met au niveau du plus grand nombre. Mais un tel art est vite rattrapé par l'effet de *prestige* qu'il produit. Dès lors pour tenir la promesse du pacte social qu'elle propose (travailler pour consommer pour une vie plus facile), l'industrie produit l'art industriel comme un « art de pacotille ». Le *kitsch* devient ainsi, comme contrefaçon de masse des apparences respectables, le signe extérieur de facilité.

D'où une double critique de ce prestige pour pauvres. D'abord une réaction pour défendre l'art noble contre l'argent, puis une dénonciation des conditionnements de masse.

Un des premiers à avoir observé l'absorption de l'art par l'industrialisation, à en avoir mesuré les changements, et à en avoir anticipé les effets, fut Sainte-Beuve. Constatant que les « idées de libéralité et de désintéressement » sont devenues caduques, il fustigeait la « littérature industrielle » écrite « en style de haute banque et avec accompagnement d'espèces sonnantes[23] ». Cette littérature vénale s'étendit à toutes sortes de livrets tels ceux du théâtre ou de l'opéra, au marché du vaudeville comme à celui de l'opérette, au feuilleton journalistique, au roman de gare.

Ce n'est pas l'argent même que dénonçait Sainte-Beuve, mais le libéralisme politique et ses effets en cascade. En effet, la loi Portalis sur la presse du 18 juillet 1828, soutenue par le libéral Martignac, supprima l'autorisation préalable de publication pour les imprimés politiques et littéraires. En contrepartie, elle exigeait un cautionnement des quotidiens ou des périodiques s'élevant à plusieurs milliers de francs, exceptés pour les mensuels ou les revues consacrées aux savoirs et savoir-faire. Par conséquent, pour perdurer les journaux durent trouver des recettes. L'« annonce », soit la publicité, apparut. Insuffisante, elle fut doublée par la « réclame », cette petite note, payée par l'éditeur, placée en bas d'une critique d'un ouvrage, pour en vanter les mérites. Par conséquent, la critique artistique perdit sa probité : il n'était pas question que le critique et la réclame se contredisent sur la même œuvre à la même page. La critique fut neutralisée par un autre élément encore : la loi du nombre. Que vaut la parole d'un homme seul, fût-il le critique le plus averti, quand la *vox populi* a déjà rendu son verdict par le succès commercial ?

En outre, comme le notait déjà Platon[24], la foule aime ce qui lui ressemble, et l'artiste à succès fait ce qui ressemble à la foule. D'où l'idée symétrique qui vient en l'esprit de chacun : être artiste est à sa portée. Cette conception démagogique de l'art, comme expression personnelle accessible à tous, conduisit Sainte-Beuve à affirmer, bien avant Warhol, « tout le monde, au moins une fois dans sa vie [...] sera auteur ». La démagogie incita le journal à héberger des feuilletons qui, par leur récurrence, leur durée et leur accessibilité, fidélisèrent le lectorat populaire. D'où une incidence sur le niveau de langue que Sainte-Beuve qualifia de « style étiré » : dire avec force phrases et périphrases ce qui peut se faire entendre à demi-mot.

Si l'appât du gain a des conséquences nécessaires sur l'art littéraire, en retour l'art du feuilleton a des incidences sur le statut de l'écrivain ou de l'homme de théâtre. Jugé sur la longueur de son succès, dans le temps et en audience, l'auteur en vogue bénéficie de primes. La boucle est donc bouclée : pour en faire entrer de l'argent, l'artiste doit flatter le public, et les recettes permettent donc d'acquérir la signature de vedettes propre à accroître ces recettes. Être *bankable*, comme on dit aujourd'hui.

## L'art à l'échelle de la mondialisation

Que les œuvres d'art soient devenues des objets de consommation n'est donc pas nouveau. La personnalité de Walter Scott est intéressante à cet égard. D'abord poète réputé, mais vendant peu, il devient romancier à succès avec des romans historiques mettant en scène des petites gens face aux grands personnages historiques. Ce succès commercial fit sa fortune. Et le principe de son succès, des intrigues amoureuses sur fond de décor historique et nationaliste, se répandit en Europe comme au États-Unis. Cela inaugura une littérature populaire de second type, non plus celle des colporteurs et des almanachs, mais celle des éditeurs à grand tirage et du livre populaire. Qu'ils soient les critiques ou les émules de Scott, de grands écrivains, comme Balzac, Dumas, Hugo, Poe, Sue, Twain, Zola, mirent leur plume au service d'une écriture adressée au plus grand nombre.

Le roman historique, les séries littéraires, la presse à feuilletons furent rendus possibles au XIXe siècle par le développement de l'alphabétisation, par une imprimerie à capacité de grand tirage, par la mise en place de traductions, et en même temps par le développement d'un sentiment national, en l'occurrence pour l'Écosse, dans lequel chaque nation pouvait se reconnaître.

Le cas d'*Ivanhoé* est intéressant à plusieurs titres.

D'abord il montre un écart de respectabilité dans les différents registres d'écriture de Scott : entre un art digne, la poésie, et une activité rémunératrice, le roman historique. Ce passage des nobles Lettres à la littérature populaire ne fut pas sans scrupules : Scott signait ses œuvres poétiques, mais nombre de ses romans et nouvelles furent publiés anonymement. Il reçut un accueil mitigé de ses pairs. Si Byron l'admirait, Carlyle dénonçait ses romans peu édifiants. Ici encore le jugement éthique surdétermine le jugement esthétique, et l'artiste intériorise cette antique valorisation de la gratuité et la dévaluation du mercenariat. L'anonymat prévient une forme de déshonneur, ou exprime une difficulté à assumer le rapport à l'argent.

Inversement, de nos jours, afin de vendre de l'art populaire en levant le verrou de la culture aristocratique qui le dévalue au nom de l'esprit gracieux, tout le travail actuel du libéralisme économique consiste à apprécier le mélange des genres et les dissonances culturelles. Ainsi la critique de la scission entre culture haute et basse qui, initialement, était produite par la gauche afin de réhabiliter l'âme populaire, devient dialectiquement un argument d'une économie capitaliste qui voit dans cette critique une façon de flatter le chaland propre par là même à désinhiber l'achat de produits populaires.

Ensuite, Scott est directement impliqué dans des affaires d'argent. Devenu riche grâce à la vente de ses romans populaires, il se ruina en rachetant la maison d'édition Ballantyne, mal gérée, et surtout par la construction de sa demeure d'Abbotsford. Miné par des besoins d'argent, il finit par bâcler des romans pour combler ses dettes, inaugurant les œuvres « alimentaires ». Adorno rappelle l'anecdote selon laquelle Beethoven aurait rejeté un roman de Scott, s'exclamant : « il écrit pour de l'argent ![25] » Ici, clairement, l'artiste devient un auteur à gages, auquel cas le besoin économique conditionne le niveau d'exigence esthétique. Tel Sganarelle s'écriant « mes gages! Mes gages! », l'artiste court le cacheton. Cela n'a rien de répréhensible en soi, si ce n'est que la liberté d'invention est ruinée en proportion directe du besoin d'argent.

Ici encore le *marketing* fait des merveilles. L'art de masse répandant les clichés les plus éculés peut être gratifié d'un « second degré » ironisant sur les stéréotypes, comme si les platitudes pouvaient bénéficier d'une profondeur réflexive. C'est par exemple, le cas de séries télévisées. Totalement fabriquées d'après de fines études de marché, représentant des poncifs sociaux et des situations convenues, élaborées selon des schémas sociaux correspondant à des parts de marché identifiées (la femme de quarante ans, célibataire, avec enfant unique, etc.), servant à placer des plages publicitaires, elles sont anoblies, par la baguette magique du *marketing*, en « série culte », voire « cultissime », dont la valeur esthétique repose en fait sur un patient un travail de persuasion.

Enfin, il préfigure la mondialisation d'une œuvre. Celle-ci passe bien évidemment par sa diffusion dans un même monde culturel, de la Russie aux États-Unis. Mais surtout par la constitution d'un nouveau genre, le roman historique, et des variations de médium. Scott continua d'être un modèle d'art pour tous, quel que soit le médium, puisque *Ivanhoé* (1819) passa de la littérature romanesque au théâtre, à l'opéra, au cirque (la scène du tournoi), puis à la bande dessinée[26], au cinéma de cape et d'épée[27], et à la série télévisée[28]. Ici le médium n'est pas consubstantiel à l'œuvre, mais n'en est qu'un moyen de diffusion. Par conséquent, l'objet *Ivanhoé* fait problème: ce roman n'est pas une œuvre, si l'on entend par là le lien strictement nécessaire entre une représentation artistique et son médium, mais un mythe qui, reprenant le thème multiséculaire du chevalier justicier, varie à travers le temps (ici le Moyen Âge), l'espace (ici l'Écosse), et toutes sortes de média (livre, écrans, etc.).

## Le pêle-mêle d'arts et de cultures: l'offre culturelle

Faisons une observation frivole. Quand nous ouvrons à la page « culture » des journaux ou magazines gratuits, distribués dans les trains ou les avions, nous voyons que ce qu'on met sous cette rubrique de « culture » relève de la musique populaire (variétés nationales ou internationales), du cinéma tout public, du hip-hop, des dits *people*, ces vedettes sans œuvre, voire sans charisme, que sont les mannequins, les animateurs de télévision, etc.

Cette rubrique « culture » contient des arts de masse (musique, cinéma, mode, design), ou plus exactement une industrie de masse orientée vers des objets présumés « culturels », non plus l'industrie du disque, du film ou du livre, mais l'industrie de la diffusion plurimédias de contenus destinés majoritairement aux jeunes consommateurs (15-35 ans). Qui est ce « on » qui fournit les contenus de cette rubrique? Tel ou tel journaliste? C'est peu probable: le journaliste est devenu un vecteur de diffusion, non celui qui prend l'initiative de présenter. La preuve en est que ces rubriques suivent des campagnes de promotion qui font que, quel que soit le journal ou le journaliste, le chaland tombe sur la même information réitérée jusqu'à saturation. L'animateur de télévision ou le journaliste est lui-même un support de réclame qui vaut par sa capacité à porter les articles de mode dont il est le mannequin inavoué, à faire l'article de telle œuvre culturelle (disque, livre, film), et par là même à répondre à cette industrie de la diffusion plurimédias qui met en cadence la sortie de biens culturels avec des supports de diffusion et des réseaux de propagande. Aujourd'hui Picasso aurait besoin, outre du marchand Kahnweiler, d'un ami DJ avec lequel il ferait le *buzz* à Ibiza pour une télé-réalité *on line*...

De fait, compte tenu de la mondialisation, les créations artistiques sont intégrées dans le patrimoine culturel. Dès 1982, l'Unesco, par la *Déclaration de Mexico*, englobait l'art dans le patrimoine culturel d'un peuple: ce qui

> s'étend aux œuvres de ses artistes, de ses architectes, de ses musiciens, de ses écrivains, de ses savants, aussi bien qu'aux créations anonymes, surgies de l'âme populaire, à l'ensemble des valeurs qui donnent un sens à la vie. Il comprend les œuvres matérielles et non matérielles qui expriment la créativité de ce peuple: langue, rites, croyances, lieux et monuments historiques, littérature, œuvres d'art, archives et bibliothèques[29].

Face à la mondialisation des échanges, dont les échanges culturels, cette déclaration voulait faire de la culture un élément pour un développement *autre*. D'abord, en instaurant « un nouvel ordre économique international » plus équitable (art. 50). Puis, en pensant le développement comme épanouissement du bien-être de l'humain, pris pour une fin, l'objectif n'étant pas « la production, le gain ou la consommation en soi » (*not production, profit or consumption* per se, [art. 13]), cette fin relevant de la responsabilité des États. Enfin en imposant le parti de la dignité dans l'égalité des individus, des peuples et des États, contre le colonialisme (art. 25 et 47) ou une hégémonie économique et culturelle.

Cette Déclaration, marquée par l'opposition entre blocs de l'Est et de l'Ouest, s'inscrivait donc dans une tradition *humaniste* et éthique de l'art et de la culture : l'accomplissement d'une identité personnelle ou nationale par une créativité détachée du profit. La réalisation d'une telle tâche était attribuée à la responsabilité des politiques culturelles des États, priés de se réorienter vers la culture plutôt que la course aux armements (art. 44). Les industries culturelles (art. 38), suspectées de méconnaître les valeurs de cultures minoritaires, de susciter de faux espoirs de développement et de créer, à l'inverse, la dépendance des uns par la domination des autres, devaient être encadrées par une aide bilatérale entre États, par un développement raisonné, pertinent, et concerté au niveau international (art. 39).

Tout autre est la *Déclaration universelle sur la diversité culturelle*, proclamée en 2001, qui se donne pourtant comme un progrès. Prenant acte du processus de mondialisation et des « forces du marché », elle entend défendre le fait de la diversité culturelle par le choix politique du pluralisme. Ce faisant elle opte pour un libéralisme économique qui pense la créativité des arts et des lettres ou l'égal accès à l'art en termes *d'offre créatrice* (*supply of creative work*, [art. 8]). Cet approvisionnement en travaux créatifs est lui-même conçu en termes d'industries culturelles compétitives (art. 10), intégrant des marchés locaux au marché mondial, lui-même animé par un « tourisme réfléchi ».

Les « forces du marché » (art. 11) ne sont donc plus une menace de domination, mais l'occasion d'un partenariat entre politiques publiques et entreprises privées, un moyen d'intégrer les marchés locaux de la culture dans un marché mondial (art. 17). La mondialisation, qui est une échelle des échanges (la totalité des nations du globe), marque surtout des liens organiques d'interdépendances, les combinaisons systématiques entre les États, de sorte que toute action y est causante et causée.

L'État n'est plus initiateur ou ordonnateur, mais régulateur pour lutter contre « les forces du consumérisme global[30] ». Ainsi la créativité des expressions artistiques, comprise comme une offre créatrice dans un marché ouvert de services culturels, est activée par des industries culturelles « viables et compétitives » (art. 10). Mais à quoi bon tout cela, se demandera-t-on ? Pour le *tourisme*, particulièrement le tourisme des pays en développement. En effet, il a un rôle ambigu. D'un côté il peut être le meilleur ami des populations locales comme source de revenus[31]. D'un autre côté, il peut être leur pire ennemi, les aliénant dans une caricature d'elles-mêmes par la domination du modèle du *resort* et de *l'entertainment*. Les *Zoulou land* et *Masaï land* deviennent des Disneylands : on fait du faux rite, des fausses danses, du faux artisanat pour distraire le touriste.

Dès lors les industries culturelles, gérant le patrimoine culturel local dans un marché global, vont de conserve avec « l'industrie du tourisme », pensée comme « un tourisme réfléchi[32] ». Ici nous arrivons au point d'exténuation de l'art qui, impliqué dans les industries de la création (livre, cinéma, musique, multimédia, artisanat), est en quelque sorte sommé d'être contradictoire, devant à la fois exprimer une identité culturelle, enracinée dans une tradition, et participer à une mobilité de la créativité, faite d'innovation en lien avec un tourisme réfléchi.

L'Unesco exprime l'espoir de voir ces industries de la création subordonnées à un développement durable, manifestant une identité culturelle et non la force du marché d'une puissance hégémonique. Mais la notion même d'identité culturelle est ambivalente. Elle a un sens éthique comme respect d'une dignité singulière. Elle a un aspect économique comme compréhension et maîtrise des us et coutumes locaux afin de lever les verrous traditionnels pouvant encore faire obstruction à l'élargissement d'une action ou d'un marché. La notion d'« ouverture » est équivoque également, exprimant tantôt le respect de l'altérité pour un esprit ouvert, tantôt le laissez faire laissez passer d'un marché ouvert. Ainsi, penser la diversité culturelle mondiale selon une « gestion de la différence » revient manifestement à concevoir la diversité humaine en termes de gestion par une sorte de DRH mondialisé.

En fait cette Déclaration de l'Unesco tente avec honneur, mais en vain, de tempérer un processus de marchandisation des cultures et de divertissement de l'art sérieux, pris dans l'engrenage des industries culturelles au service de l'industrie du tourisme planétaire. Quelle est la pertinence d'une créativité « durable » au regard du tourisme mondial ? À quoi bon dire que l'art est « une marchandise pas comme les autres » (*commodities of a unique kind,* [art. 8]) quand d'ores et déjà l'industrie touristique planétaire en a fait son produit d'appel ou son *bonus* dans un *package* touristique vendu sur Internet en une vingtaine de langues ?

## L'hôtellerie et l'art total.

Ne nous voilons pas la face, et ne jouons pas les vierges effarouchées par les questions d'argent. C'est une pudeur très française de ne pas parler d'argent en matière d'art. Mais l'histoire de l'art *matérialiste* a toujours porté une attention particulière aux comptes des artistes. Pline l'Ancien ne manque jamais de signaler le prix d'une œuvre, ou le salaire d'un artiste célèbre. Léonard tenait précisément ses comptes. Michel-Ange fut très largement rétribué par le Pape pour le *Jugement Dernier*. Être *Kapellmeister* ou *Kammercompositeur* assurait une rémunération conséquente et constante : le prince Léopold d'Anhalt-Köthen offrait quatre cents thalers par an à Bach. Van Gogh ne cessait de parler d'argent avec son frère. Nous connaissons les contrats d'affaires que signait Picasso. Les artistes contemporains ne dédaignent pas les subventions, etc.

En fait ce rapport à l'argent est le signe extérieur de richesse du rapport à l'instance de pouvoir. Les artistes célèbres ont fort souvent organisé et agrémenté le siège du pouvoir de leur époque, que ce fut un temple, un palais, ou un hôtel particulier. Le Brun aménagea l'hôtel de Fouquet avant de penser le palais de Louis XIV. Ces rémunérations étaient nationales comme internationales. Vélasquez passa du statut de peintre du roi à celui de surintendant des travaux royaux, puis à celui de grand chambellan du roi, passant de 20 à 700 ducats de rétribution. Il commença par peindre des tableaux, puis fut invité à penser toute la décoration du palais royal.

Nous pensons donc que la mondialisation fait que l'art va où l'argent le commande. Et aujourd'hui la commande vient pour partie du tourisme.

Le tourisme fut d'ailleurs à ses débuts une histoire d'argent et d'amour pour l'art. Seuls les aristocrates ou bourgeois fortunés, ou les artistes suffisamment dotés, pouvaient s'offrir le luxe d'un tour. Le tourisme faisait partie de la bonne éducation, comme d'une certaine formation artistique à la recherche de nouvelles lumières, Goethe en Sicile, Stendhal en Italie, Delacroix au Maroc, Gauguin aux Marquises. Le lien entre art, argent et tourisme fut remarquablement mis en scène dans *La mort à Venise* de Mann, adapté par Visconti. Au XXe siècle le tourisme est devenu aussi une affaire de masse et d'industrie. Ce qui était le privilège des âmes illustres est devenu le divertissement des prolétaires.

Il y a deux rapports de l'art au tourisme de masse :

Le premier consiste, comme nous l'avons déjà noté, à faire de *l'offre artistique*, posée comme le haut de gamme d'une offre culturelle, la plus value spirituelle d'un temps et d'un espace de loisir par une fructification du capital symbolique. En ce sens, qu'on le déplore, qu'on s'y résigne ou qu'on s'en accommode, l'art devient une distraction. Les œuvres majeures, ainsi livrées à l'industrie du tourisme, passent donc du sérieux au jeu. On peut, par exemple, observer au Louvre des étrangers qui, avec force rires et sourires, s'amusent à se prendre en photographie devant la *Victoire de Samothrace* sans nullement regarder l'œuvre ni essayer de la comprendre, comme des Français peuvent s'amuser à mettre leurs mains sur les seins ou les fesses de déesses antiques à Naples ou Athènes... Devenu un badaud de la culture, le touriste, sans être nécessairement un béotien, a un rapport accidentel et contingent à l'art. Pour compenser ou corriger cela, toutes sortes de *médiations* se proposent d'éclairer le touriste, espérant convertir le badaud distrait en amateur éclairé ;

Le second consiste à inscrire l'art dans le processus même de l'accueil touristique, plus particulièrement faire de l'hôtel un espace artistique à part entière. Sans faire une histoire de l'hôtellerie, qui dépasse nos compétences et le présent cadre d'étude, force est de constater que l'hôtel de tourisme du XIX^e^ siècle dérive de l'hôtel particulier des siècles précédents. Les exemples les plus éclatants en sont le palais Dandolo à Venise, connu comme hôtel Danieli, l'hôtel de Crillon à Paris, monument historique[33] conçu par l'architecte Gabriel, et l'hôtel de Gramont, à la façade de Mansart, également monument historique[34], connu sous le nom de Ritz après que l'hôtelier suisse l'a racheté. De même en Inde maints palais de maharajas sont devenus des hôtels touristiques, comme le palais du raja d'Udaïpur au Rajasthan.

Nous voyons ici, initialement auprès d'une classe privilégiée, le lien entre art, argent et mondialisation. Faisant le tour d'un pays ou du monde, les voyageurs internationaux fortunés, aristocrates ou riches marchands se recevaient dans des palais qui étaient des œuvres d'art total, des lieux de loisirs avec jardins ou bains d'agrément, ce qui a constitué le diapason du tourisme, y compris du tourisme de masse. En effet, les *resorts* des *tour-operators* copient le modèle du palais avec de vastes demeures, aux jardins et bassins fleuris, des sculptures disposées çà et là. Même si tout y est toc et bon marché, l'important est de faire « grand genre » pour une clientèle ordinaire.

À l'ère de la mondialisation consciente d'elle-même, nous observons qu'au niveau global l'hôtellerie de luxe, représentant un brassage d'argent extraordinaire, se veut être un lieu d'art par le recours à des architectes, des artistes réputés, qu'ils soient peintres, sculpteurs, designers, décorateurs, et un lieu dédié à l'art. Et ce pour deux raisons. Pour un motif symbolique d'abord: la jouissance et l'appropriation d'œuvres d'art font partie du capital culturel[35], et en ce sens légitime la puissance matérielle par un ascendant spirituel. Ensuite par un mobile économique: la mondialisation génère de nouvelles richesses, donc de nouveaux riches qui, pour ce motif symbolique, activent le marché de l'art et du luxe, aujourd'hui florissant. La chute du mur de Berlin n'a pas marqué la fin de l'histoire, contrairement à ce que croyait naïvement Fukuyama, mais a ouvert la désinhibition du capital. Dans ce courant, les palaces internationaux ont donc intérêt à convertir un lieu d'hébergement en marché local de l'art international avec une clientèle captive. Cela redore leur blason et flatte leur clientèle.

Voyons un cas d'école : le Royal Monceau, récemment rénové[36]. Alors que la fermeture pour travaux avait donné lieu à une *demolition party* avec des performances d'artistes ou des vidéos de publicitaires (comme Jean-Baptitse Mondino), la réouverture récente a été l'occasion d'une *arty party*, rassemblant toutes sortes de vedettes du *show bizz*, de la mode et du marché de l'art. Cet établissement a été aménagé par l'étoile du design, Philippe Starck. Il veut devenir un lieu de référence dans la production artistique et culturelle.

D'où, en premier lieu, la constitution d'espaces d'expression artistique. Cela comprend le design de Philippe Starck ou de Thomas Boog, comme des œuvres commandées *in situ* : *Un jardin à la française*, plafond peint par le muraliste français Stéphane Calais, une grande théière de fer forgé de la portugaise Joana Vasconcelos dans le jardin paysagé par Louis Benech, une tapisserie de l'américaine Pae White dans le salon, des rideaux pour le restaurant italien imaginés par l'américaine Rosson Crow, des lithographies du russe Nikolay Polissky.

Suit, en second lieu, une déclinaison de services artistiques ou culturels. Le bâtiment comprend une salle de cinéma réservée à la clientèle ou à des avant-premières. Il inclut un studio d'enregistrement mobile à la disposition des compositeurs et interprètes de passage. Il a ouvert l'*art district*, espace dédié à des expositions d'artistes contemporains et internationaux, comme Basquiat[37]. Ce qui permet une nouvelle offre commerciale, « l'expérience artistique », *package* incluant la chambre, le petit-déjeuner, une visite de l'exposition interne sur Basquiat, et une visite guidée V.I.P. de l'exposition Basquiat au M.A.M. Il détient « La collection photos », un ensemble de tirages de photographes anciens ou actuels, exposé dans les chambres et en vente sous forme de tirage limité, l'hôtel se présentant alors comme un médiateur entre l'artiste et l'amateur. Il offre un service de suivi des ventes aux enchères. Il propose une librairie des beaux-arts et un blog culturel. Enfin, il dispose d'un service d'*art-concierge*[38]. L'*art-concierge* se présente comme l'organisation mondialisée, dans le domaine de l'industrie des arts visuels, d'un service personnalisé fournissant une aide aux collectionneurs d'art, consultants, galeristes et marchands d'art, commissaires d'exposition, musées ou artistes d'envergure internationale, dans diverses places d'art internationales. Ce n'est donc pas un type d'art (comme on dit *art language* pour de l'art conceptuel), mais une sorte de conciergerie, i.e. de service à la personne, intégrée ou non dans une structure hôtelière. Au Royal Monceau la mission de cette conciergerie spécialisée est d'informer les clients désireux de suivre l'activité artistique sur tout ce qui touche à l'art dans Paris.

Comment interpréter un tel parti pris? Une telle orientation, appuyée à grand renfort de communication et de service de presse, peut être sincère. Elle correspond de fait à un double intérêt. D'abord situer cet hôtel sur un créneau traditionnel dans l'hôtellerie (le palais princier où se croisent tous les arts), mais finalement assez peu exploité aujourd'hui, et ainsi lui conférer une singularité innovante, propre à raviver l'attrait d'une clientèle désœuvrée et vite blasée. Ensuite, capter la clientèle d'artistes internationaux qui pourra ainsi trouver de quoi avoir des éléments de travail à disposition dans l'hôtel même. Autrement dit, l'art est non seulement l'objet de transactions, un symbole de puissance et de légitimité, l'ornement du pouvoir, mais encore un créneau *marketing*. Nous sommes donc bien ici aux antipodes de Socrate, avec lequel nous commencions. L'art n'est même plus au service des sophistes, mais de voyageurs de commerce. Il est passé d'Apollon à Hermès, de la Chambre du roi à la chambre de commerce.

## Conclusion

Qu'à l'ère de la mondialisation l'art exprime le milieu des fortunes mondiales ne devrait pas plus nous étonner que lorsqu'il traduisait la propagande des pharaons, des Papes ou des Princes. La différence, toutefois, est que, même si ces œuvres passées n'étaient que le décor de puissances absolues, un tel spectacle du pouvoir se voulait être un recueillement, alors qu'aujourd'hui il avoue n'être que divertissement.

Comprenons bien: l'art pris au cœur des tractations argentées de la mondialisation, comme objet de transaction ou comme blason de la ploutocratie, n'abolit pas la ligne de partage entre le sérieux et le plaisant, mais il la déplace. L'art continue de faire sérieux, d'avoir la réputation d'être la trace de l'âme ou une promesse d'éternité. Mais que peut valoir une demande de contemplation, de méditation par l'œuvre quand toute notion de contemplation est d'emblée ridiculisée pour répondre à du *fun* international, et quand le temps social est celui du remplacement incessant et précipité? Bien des artistes d'aujourd'hui sont un peu comme les castrats d'hier: ils incarnent une valeur marchande et par là même représentent un signe de puissance du collectionneur ou du mécène qui offre la fête de sa nouvelle gloire.

La mondialisation est mondaine : elle se donne en spectacle, et cette société du spectacle demande aux artistes de la mettre en scène dans tous ses lieux. Faut-il en être chagriné ? Après tout le spectacle de la richesse n'est pas pire que celui de la misère, qui conduit certains reporters peu scrupuleux à la course à l'image apitoyante, négligeant les damnés de la terre auxquels ils doivent leur *scoop* et leur salaire. Comme toujours la mort fera son tri, séparant l'écume des jours des persistances de l'existence. *Sic transit gloria mundi.*

Christophe Genin
Professeur à l'univerité de Paris 1-Sorbonne, UFR 04

## Notes

1. Aristote, *Politique*, VIII, trad. Tricot, Vrin, Paris, 1962. Nous pouvons ponctuellement retoucher la traduction.
2. *Prodieirgásthai psychèn,* littéralement « préparer l'âme », comme on prépare la terre, dans *Éthique à Nicomaque* : IX, 6 h 1 179 b24.
3. Voir Platon, *Sophiste*, 223-224.
4. *Aùtoû metacheirizetai* : se prendre en main*; Politique*, VIII, 1 341 b12.
5. *Ion*, 535 e.
6. *République*, X, 580 e.
7. Cf. Xénophon, *Mémorables*, I, 6, 1 (13).
8. *Idem*, dans Diels/Kranz, *Fragmente der Vorsokratiker*, Weidmann, 1985, t. II, p. 336.
9. Platon, *Sophiste*, 224 a.
10. Pline L'Ancien, *Histoire naturelle*, XXXV, §77, §88, Paris, Les Belles-Lettres, 1985.
11. *Politique*, VIII, 2, 1 337 b 6, VIII, 7, 1 342 a19.
12. *Politique*, VIII, 5, 1339 b 14.
13. Cf. la traduction de la *Politique* d'Aristote par H. Rackham, *Politics*, Harvard University Press, 1977, p. 653 *sq*.
14. *Politique*, 1 339 b 17.
15. *Éthique à Nicomaque*, 1128a 22.
16. *Métaphysique*, L 7, 1 072 b.
17. *Idem*, A, 981 b 18.
18. *Politique*, VIII, 5, 1 340 a.
19. Voir notre ouvrage, *Kitsch dans l'âme*, Paris, Vrin, 2010.
20. Nous entendons par là toute production d'images par des outils techno-industriels, comme l'affiche, le poster, la carte postale, le *magnet*, les giclées.
21. Cf. Jean-Pierre Leduc-Adine, « Les arts et l'industrie au XIXe siècle », dans *Romantisme*, 1985, vol. 15, n° 55, p. 67-78.

22. Lettre de protestation contre la construction de la tour Eiffel, adressée à Jean-Charles Alphand, publiée dans *Le Temps*, 14 février 1877, cosignée, entre autres, par, Bonnat, Bouguereau, Alexandre Dumas fils, Garnier, Gounod, Maupassant.
23. Saint-Beuve, « La littérature industrielle », dans *Revue des Deux Mondes*, tome XIX, juillet à septembre 1839, p. 675-691.
24. *Lois*, II.
25. *La dialectique de la raison*, « la production industrielle de biens culturels », Paris, Gallimard, 1974, p. 166.
26. Cf. *Ivanhoe*, Classics illustrated, États-Unis, Eliot Publishing, n° 2, 1941, 68 p., réédité en 1946 et 1947. *Ivanhoé*, par Jess Jodloman, États-Unis, Marvel Classics Illustrated, n° 16, 1976. *Ivanhoé*, par Yann et Sanchez, France, Paris, Delcourt, 2010.
27. *Ivanhoe*, 1952, avec Richard Thorpe comme réalisateur, et Elizabeth Taylor, MGM, 106 mn.
28. *Ivanhoe*, série historique créée par Peter Rogers au Royaume-Uni, pour ITV, avec Roger Moore dans le rôle principal. Diffusion en une saison de trente-neuf épisodes de 25 minutes, du 5 janvier 1958 au 4 janvier 1959.
29. Cf. Déclaration de Mexico sur les politiques culturelles, « patrimoines culturels », art. 23, 6 août 1982.
30. Déclaration universelle sur la diversité culturelle, série diversité culturelle n° 1, « Une plate-forme conceptuelle », texte établi par Arjun Appadurai, Paris, Unesco, 2003, p. 15.
31. *Idem*.
32. Déclaration universelle sur la diversité culturelle, série diversité culturelle n° 1, « Une boîte à idées à mettre en œuvre », texte établi par Yves Winkin, Paris, Unesco, 2003, p. 17-60.
33. Les façades ont été classées MH depuis 1900. Par la suite, ont été classés le Grand salon dit des Aigles, la décoration du salon Louis XVI, adjacent au salon des Aigles vers l'est, donnant sur la place de la Concorde et improprement appelé de Marie Antoinette, et l'ensemble les toitures.
34. Inscrit aux MH le 4 mai 1927. Sont classés aux MH depuis le 17 mai 1930 les salon, cabinet du XVIII^e^ siècle et boudoir donnant sur la place, au premier étage.
35. Voir Pierre Bourdieu, *passim*.
36. Précisons – mais est-il besoin de le signaler ? – que cette étude ne constitue en rien une publicité.
37. Cette exposition d'œuvres sur papier de Basquiat se tient corrélativement à l'exposition du Musée d'Art Moderne (MAM) de Paris.
38. Même si les mots sont français, la formule est américaine.

# Les Bonus de l'art contemporain

## *The Business Art After Andy Warhol*

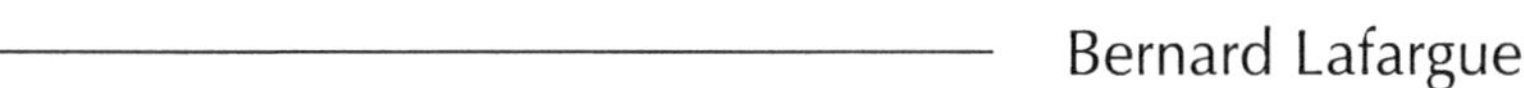

Bernard Lafargue

> « J'ai commencé comme artiste commercial et je veux finir artiste d'affaires. Faire de bonnes affaires, c'est l'art le plus fascinant. »
>
> Andy Warhol, *Ma philo de A à B*[1]

Qu'est-ce qu'un homme riche peut bien faire de son argent ? De l'argent, répond Marx après l'Harpagon de Molière. L'argent appelle l'argent. Acheter ceci ou cela, c'est n'acheter que ceci ou cela ; et par le fait même montrer ses failles, sa vulnérabilité. Le comble de la richesse est de ne pas la dépenser ; sauf, à l'image des Régent(e)s de Hals, à l'investir dans ce qui produit plus de valeur encore, une valeur infinie, incommensurable : Dieu. Si l'argent est le symbole de l'éternité divine, le temps lui donne des visages différents. Pour les Pinault, Abramovitch, Black, Al-Thani, Broad, Cohen, Cingillioglu, Tek, Koons, Murakami, Hirst..., qui suivent le modèle de la *Factory* warholienne, acheter, montrer et revendre des œuvres d'art contemporain en faisant des plus-values faramineuses, qui plus est non imposables, est le Bonus suprême. Une manière de vivre qui distingue les riches éthérés de l'Olympe, faisant mine de dépenser « la part maudite » de leur fortune avec un panache « bataillien[2] », des riches affairés du monde sensible en leur donnant ce petit air spirituel et dégagé des « *cosa mentale* » hors de prix qu'ils mettent en scène dans des architectures merveilleuses, dans des lieux merveilleux pour les offrir au regard émerveillé du grand public des touristes. Le *Summun Bonum*... non pas au paradis, mais dans un monde de l'art qui fait montre de lui ressembler tout en stimulant, non sans sagesse, les passions agonistiques de ses principaux acteurs.

Reste à savoir ce qui, aujourd'hui, fait la valeur des œuvres d'art ? Quelle est, pour le dire d'après Nietzsche, la valeur de la valeur de l'art ? Pour répondre à cette question, il faut commencer par dresser un petit arbre généalogique de la valeur de la valeur de ces œuvres qui sont désignées et appréciées, à partir de la révolution copernicienne opérée par La Renaissance italienne, comme des œuvres de l'art.

Pour les hommes de la Renaissance, une œuvre est belle de participer à l'Idée du Beau. Limpide. Toutefois, si l'Idée du Beau est, selon le *Phèdre*, celle que toutes les âmes contemplent avant de se réincarner car elle est plus resplendissante (*ekphanestata*) et désirable (*erasmiotata*) que ses deux sœurs, l'Idée du Vrai et du Bien, Platon, le maître à penser de La Renaissance, peine à la définir. Il hésite entre deux discours : celui, scientifique, de l'harmonie des couleurs, formes, masses, volumes, poids, rythmes et celui, esthétique, de la callilogie négative selon laquelle elle est indéfinissable. Ces deux discours sont les deux principaux *topoi* des écrits de Vinci, Alberti, Brunelleschi, et de leurs mille épigones, académiciens, critiques, experts... jusqu'à nos jours.

– Le premier *topos* se réfère aux critères de l'amateur, soit toujours depuis Platon le riche usager dégagé du labeur manuel, qui sait évaluer le travail du *teknetes* – artiste-artisan – à son « juste prix[3] ». Il ressortit au jugement que Kant nomme « déterminant » ; c'est-à-dire un jugement habile à subsumer un objet produit dans une catégorie préalablement définie. Bien sûr, il y a des exceptions... qui confirment la règle; notamment les œuvres de Zeuxis, Parrhasios ou Phidias qui atteignent des prix démesurés ; des prix à la mesure de la passion des riches amateurs qui se battent pour les posséder dans des joutes agonistiques, dans lesquelles l'aura de l'œuvre va de pair avec ce que le Marx de Baudrillard appelle « le fétichisme de la marchandise »... et d'un « je-ne-sais-quoi » qui relève d'une autre catégorie, d'un autre *topos*.

– Le second *topos* relève d'une expérience esthétique que, toujours d'après Platon, la tradition phénoménologique occidentale désigne, non pas comme aporétique, mais tout au contraire comme « ineffable », voire mystique. Elle témoigne d'une beauté indéfinissable et donne lieu à un jugement que Kant nomme « réfléchissant ». Le « je-ne-sais-quoi » de cette beauté serait créé par un *poietes* (*Sophiste*) en proie à une divine *mania* (*Phèdre*, *Ion*). Incommensurable car « au-delà de l'essence – *epekeina tès ousias* – » et inimitable car, comme le précise *La Critique de la faculté de juger*, « on ne saurait en donner aucune règle déterminée, alors même qu'elle donne ses règles à l'art », elle est hors de prix. L'expérience mystique de la transverbération de sainte Thérèse d'Avila est l'acmé de cette forme d'expérience esthétique ; et « le dard d'or de l'amant divin » le pendant de *l'agalma* de l'œuvre qui ravit le spectateur en extase énamouré.

Chaque époque se définit par sa manière d'harmoniser ces deux *topoi* et d'apprécier l'art.

## La valeur de l'art à l'âge classique

Louis commande, Lebrun fait (faire), Colbert paie. Le triumvirat du XVII^e siècle français résume fort bien le mode de valorisation de l'art à l'âge classique. Les artistes travaillent sur commande. Ils savent, pour reprendre les quatre causes aristotéliciennes, en quoi, comment, pour quoi et pour qui leur œuvre doit être faite. Pour devenir des artistes patentés, ils passent par un certain nombre d'ateliers, d'écoles ou d'académies. Nul n'est maître s'il n'a d'abord été apprenti. Nul n'est artiste s'il n'a d'abord été artisan. Un certain nombre d'étapes rituelles scande la dialectique ascendante de ce *teknetes-poietes* vers le sommet de la hiérarchie: L'Académie Royale. Des hiérogrammates égyptiens, qui répètent minutieusement leurs abécédaires aux grandes leçons de Lebrun, en passant par les peintres du Mont Athos qui reproduisent les prototypes acheiropoïètes, les sculpteurs romans et gothiques ou même Vinci qui apprend à faire ses anges dans l'atelier de Verrochio, la formation est similaire. Est un bon artiste celui qui s'exerce sans relâche à recopier le plus parfaitement possible les modèles sacrés, voire acheiropoïètes dans la tradition byzantine. Le manuel du peintre du mont Athos, qui enjoint le moine peintre à pratiquer l'hesychasme et l'épiclèse pour réaliser des icônes parfaites, dit l'idéal de cette figure de l'artiste artisan[4]. Est beau ce qui répète. Toutefois, l'art serait mort de tant de perfection. L'innovation se niche dans la répétition. Mais pas n'importe comment.

Est adoubé *poietes* le *teknetes* qui invente sur le fond d'une tradition, qui relève (*aufhenbung*) l'histoire de l'art dont il hérite. C'est lui qui, *in fine*, sort du lot, devient maître d'atelier et fait école. « La différance » œuvre dans la répétition. Du Moyen Âge à la Renaissance, le statut de l'œuvre et de « l'artiste-artisan » change. Vinci sait que ses œuvres naissent de son esprit – *ingenium/ingegno* –. Une formule du *Trattato* résume admirablement la nouvelle donne et fait florès: « *La pittura e cosa mentale* ». Elle est au moins l'égale de la poésie. Elle lui est même souvent supérieure, car elle utilise les mathématiques, l'optique, la géométrie et... par-dessus tout la philosophie. Le peintre pense en peinture. « *Fingebat* » sera souvent la signature que le peintre écrira sur sa toile pour bien signifier qu'il a peint une figure/fiction que son *ingenium/ingegno* a échafaudée. Élevée au rang des « *artes liberales* », la peinture devient le fer de lance des Beaux-arts. Sculpture et architecture réclameront également très vite leur autonomie. Le Quattrocento donne aux artistes une liberté sur commande. Commande des mécènes, Papes, cardinaux ou Médicis, ouverts aux inventions des Raphaël, Michel-Ange et même Caravage, qui font mine d'être d'obédience chrétienne alors même qu'elles braconnent, rhizoment?, en terres païennes. Cette mise en (s)cène de l'art, où les artistes rivalisent de savoir faire, d'ingéniosité et de *métis* ulysienne pour créer des œuvres dont la valeur d'usage va de pair avec la valeur d'échange et la valeur esthétique se maintiendra jusqu'à la Révolution française. Ensuite, du 1er Empire au second, que Marx qualifie de farce bourgeoise, la classe dominante des académiciens pompeux cède la place aux Refusés orgueilleux.

## L'aura hors de prix de l'art moderne

Picasso, aussi habile à tenir le pinceau que le porte-monnaie, aimait à dire à ses marchands que, si ses tableaux ne commençaient pas par déplaire, ils n'auraient jamais de valeur. Samuel Kootz, le premier showgaleriste newyorkais, l'entend et prend « le marché Picasso » à Kanhweiller. Si on fait débuter l'art moderne avec *Impression soleil levant* ou *Le Déjeuner sur l'herbe*, ces tableaux épinglés « impressionnistes », soit « vomissures », objets d'opprobre et d'hilarité au salon des Refusés et qui, quelques années plus tard seront élevés au rang de chefs-d'œuvre, la boutade de Picasso en pointe très précisément les nouvelles règles. Toute l'histoire de la reconnaissance et de la valorisation de l'art moderne tient dans ce « retard d'art » entre les rares amateurs éclairés qui savent voir le génie des « albatros isolés » et la masse qui ne le verra que quand celui-ci sera devenu une « beauté commune ». Proust le dit merveilleusement en filant la métaphore de l'oculiste :

> Pour réussir à être ainsi reconnus, le peintre original, l'artiste original procèdent à la façon des oculistes. Le traitement par leur peinture, par leur prose, n'est pas toujours agréable. Quand il est terminé, le praticien nous dit : Maintenant regardez. Et voici que le monde... nous apparaît entièrement différent de l'ancien, mais parfaitement clair. Des femmes passent dans la rue, différentes de celles d'autrefois, puisque ce sont des Renoir, ces Renoir où nous nous refusions jadis à voir des femmes. Les voitures aussi sont des Renoir, et l'eau, et le ciel... Tel est l'univers nouveau et périssable qui vient d'être créé. Il durera jusqu'à la prochaine catastrophe

> géologique que déchaîneront un nouveau peintre ou un nouvel écrivain originaux.

Qui sont ces hommes de goût avant-gardistes? Ce sont en cette fin de XIX$^{e}$ siècle, des marchands-galeristes à l'image du père Tanguy ou de Théo Van Gogh, des critiques d'avant-garde à l'image d'Aurier ou de Duret et quelques riches amateurs éclairés par ces derniers. De Vollard à Castelli, de Duret à Greenberg, des boutiques parisiennes aux galeries new-yorkaises, puis aux musées d'art moderne, la conséquence est bonne et les affaires juteuses. Les découvreurs exposent, les critiques nomment, les bourgeois éclairés achètent et les musées d'art moderne suivent.

Van Gogh meurt en 1890, inconnu, pauvre et fou en « suicidé de la société »; en 1918, le divin Picasso, célèbre, riche et fou des rois, touche les premiers dividendes. À la fin des années cinquante, « New York vole à Paris l'idée d'art moderne », Castelli achète « ceux qui font l'histoire » et Greenberg fait de Pollock le nouveau messie du Nouveau Monde. Ainsi se met en place, sur le modèle des *factories* américaines habiles à se faire coter en bourse, la mise en scène messianique de la découverte, de l'exposition, de la reconnaissance et de la valorisation de l'art moderne. Une œuvre a d'autant plus de valeur qu'elle est découverte par un Castelli, exposée dans les *Friend Galleries* internationales de Sonnabend/Castelli, célébrée par un Greenberg, achetée par un riche collectionneur, puis revendue au MoMA avec une forte plus-value.

Impossible d'aller à rebours de la téléologie des avant-gardes dans le marché capitaliste. Même son courant le plus critique, celui des dadaïstes, use des réseaux internationaux. L'artiste, qui veut être reconnu en tant que tel, doit prendre le bon wagon. Il ne peut subvertir le système capitaliste qu'en s'en servant, au risque de se prendre à son propre jeu. La boutade de Picasso en communiste bourgeois s'avère donc, in fine, une variante de la célèbre maxime de l'esthétique kantienne, qui signait la fin de la mise en scène théologico-politique de l'art classique: « Est beau ce qui déplaît d'abord universellement sans concept ». En invitant le citoyen frais émoulu des Droits de l'homme de La Révolution française au devoir de trouver beau, avec un certain retard, ce que les papes, rois, puis *happy few* éclairés par les critiques d'avant-garde de Duret à Greenberg ont distingué comme relevant du « grand art », cette mise en scène messianique de l'aura hors de prix de l'art moderne fait, à l'insu de son plein gré, le creuset de la mise en scène des Factories warholiennes de l'art postmoderne.

## Les Bonus de l'art contemporain (*The Business Art After Andy Warhol*)

En 1962, Andy Warhol fonde la *Factory*. Délaissant le fusain fait main de l'artiste commercial[5], il se métamorphose en *Business Machine Artist*. Servi par une équipe de « *Friends Freaks* », il produit des sérigraphies célébrant l'*American Way of Life* (boîtes de *Campbell's Soup, Brillo, Coca-Cola, stars,* hommes politiques, etc.), comme le symbole d'un monde qui a pris conscience qu'il est devenu un monde de l'art. Et dans ce monde de l'art, dont Duchamp a préfiguré le visage sous la forme d'un jeu de roulettes ou d'échecs et dont La Bourse est l'épicentre et le cœur, l'artiste ne peut plus prendre le masque de l'albatros-messie crucifié puis ressuscité comme Van Gogh ou Pollock; il doit être une machine capitaliste brillant de tous ses feux dans tous les médias. Dans un monde, que « le crépuscule des idoles » a transformé en un monde d'images, l'artiste est une « machine téléphotosérigraphieuse » qui met en scène et abyme le désir le plus important de l'homme nouveau: être une image télégénique habile à passer le plus souvent possible sur les écrans de télévision.

Pop star glamour aux mille sosies, idole de la *jet-set, The Warhol Machine* instaure l'ère du *Business Artist* et révèle le désir de l'artiste moderne d'entrer au musée, d'être riche et célèbre[6]. *Exit* la culpabilité de Pollock, ultime maudit enrichi « se drippant », voiture ivre, sur un arbre! L'artiste Pdg laisse la gloire sévère, sublime et posthume aux séides de Van Gogh; il choisit la célébrité, chatoyante, médiatique et immédiate, des richissimes stars d'Hollywood. Étalant les sérigraphies des *Faucille* et *Marteau* à côté de celles des *Étiquettes, Timbres, Billets de banque, Campbell's Soup, Vaches* ou *Fleurs,* comme des sortes de labels ou de publicités surannés[7], il signe l'effondrement des manifestes de la modernité et ouvre l'ère, acidulée et cynique, des temps postmodernes. La légende dorée de Citizen-Warhol-Kane, en relevant l'air de rien celle de Duchamp-Mutt, nous donne à comprendre que c'est désormais la valeur marchande d'une œuvre qui légitime sa qualité esthétique. Cette légende met en scène trois figures de l'artiste.

## L'artiste en Boss Kane

En achetant chez *Mott Iron Works* un urinoir qu'il demande à R. Mutt de présenter à *The Society of Independent Artists, Incorporated* sous le nom de *Fountain* pour le vendre au riche collectionneur

Arensberg avec une plus-value illimitée, Duchamp montrait dès 1917 que les arrhes de l'art n'allaient pas sans celles de la « phynance ». Nonobstant, « l'anartiste » tiraillé entre les pasilalies révolutionnaires de l'art abstrait de Malevitch ou Kandinsky, le chamanisme dionysien ou christique de l'*Action Painting*, du *Land-art* ou du *Body Art*, un affairisme douteux et un « gigolisme » facétieux, n'est jamais parvenu à vivre de son art. C'est Warhol qui tire les dividendes de « l'eiconomie » duchampienne. Il encaisse le chèque que Richard Mutt-Duchamp, plus soucieux de jeux d'échecs ou de dames, n'avait pas osé toucher. Nonobstant, dans les années soixante, on ne peut plus faire l'artiste en quincaillier comme Mutt, ni même en banquier collectionneur comme Arensberg. Warhol sait, comme Nietzsche, que « tout ce qui est profond aime le masque ». « Superficiel par profondeur », il se maquille en Pdg d'une *Factory* glamour où gravitent, non les ouvriers de Lang, Gropius ou Léger, mais une vingtaine de *freaks*, habiles à parodier le procès de production capitaliste du monde imagologique des derniers *Citizen Kane*. Et, si *the Boys and the Girls* répliquent les modèles du patron comme dans toute usine capitaliste, ce n'est pas simplement pour étendre le rayonnement de *The Warhol's Factory*, ni même produire plus de plus-value mais pour nous donner à comprendre que l'artiste est un « Boss Xerox » transparent[8]. Warhol ne veut dépasser ni Raphaël, ni Vasarely, ni même Kane, il veut mieux: être une hypermachine dont le centre est partout[9] et les rayons partout. C'est avec son compatriote Kafka et sa machine à tuer/écrire de *La Colonie pénitentiaire* que Warhol rivalise en se métamorphosant en une TéléXerox qui imprime des portraits de *Wanted Stars* condamnées comme des stars du showbiz, de la politique ou des supermarchés[10]. Dans sa philosophie *From A to B and back again*, il le martèle comme un mantra de *cool serial killer*: « *I want to be a machine* », une mante téléphotosérigraphieuse.

## L'artiste en mante téléphotosérigraphieuse

Les meilleurs artistes ont toujours utilisé et détourné les techniques de pointe de leur temps. Baudelaire peut railler la photographie comme un procédé mécanique, prosaïque, voire pornographique qui signerait la mort de l'art; Delacroix, Courbet, Degas, Manet et les impressionnistes n'auront de cesse de rivaliser avec elle. Dès 1854, Delacroix dessine d'après les photographies de nus qu'il commande à Eugène Durieu, Courbet trouve l'origine du monde près des cons pornographiques d'Auguste Belloc[11] qui circulent sous le manteau, Monet se fait palette enregistrant passivement les variations de la lumière des Meules, Cathédrales, ou Nymphéas, etc.. Sans doute, Warhol s'inscrit dans ce courant[12] mais, à l'instar du Picasso de *Guernica*, c'est d'abord des photographies de journal qu'il s'inspire. Et la différence est beaucoup plus importante que Duve ne le pense. Les pionniers pouvaient croire qu'ils rivalisaient avec l'évidence pornographique de la photographie ; Warhol, lui, ne se bat plus contre la photographie ou alors « tout contre » selon le mot de Guitry. Il constate que le monde est devenu une image photographique plus ou moins télégénique et il le parcourt, le polaroïd en bandoulière en photographiant tout ce que son appareil rencontre car « *all is pretty* ». C'est ce devenir simulacre du monde, pour parler comme Deleuze, qu'il dépeint ; génialement.

Warhol trouve son sujet artistique fondamental dans son tableau intitulé : *129 Die in Jet* de 1962. Ce tableau reproduit en gros caractères le titre du NEW YORK MIRROR : 129 DIE IN JET pour en faire le cadre esthétique d'un avion écrasé que contemplent des silhouettes massives et indifférentes de bandes dessinées. Tout l'œuvre de Warhol est en filigrane dans cette œuvre qui accomplit la loi de la modernité et instaure celle de la postmodernité. En effet, d'une part, le *Business Artist* rompt avec la *Blotted Line* de sa première période qu'il parodie dans l'aile noire de l'avion, « crashée » comme le dripping abstrait de Kline ou Motherwell qui s'effondre lui aussi... D'autre part, en faisant d'un pochoir de chiffres et lettres du *Mirror de New York* rehaussés d'un bout de *La Statue de la Liberté* et d'un petit bulletin météo : « *fair with little change in temperature* » l'écrin/écran de la photographie d'un accident mortel, le *Boss Xerox* nous donne à voir que les sériphotographies des médias sont devenues le prisme à travers lequel nous regardons le monde. Or, si Picasso s'empresse d'oublier la une du *Soir* du 1er mai 1937 qui fait la trame de *Guernica* en prenant la carte du parti communiste, tout l'œuvre de Warhol déploie les leçons de la première page du *New York Mirror* du 4 juin 1962 projetée sur la toile et recopiée à l'acrylique. Telle est, pour le dire avec Cézanne et Bergson, « la petite sensation » fondamentale de Warhol. Quand Rauschenberg colle des photographies dans ses tableaux comme Picasso et Braque mêlaient des cordes ou des morceaux de toile cirée à leurs peintures au début du siècle, Warhol, lui, instaure un nouveau *kunstwollen* qui exprime une nouvelle *weltanschaung*[13], néo-nietzschéenne : Le monde est un phénomène sans noumène, une apparence sans être. Nimbées d'une couleur artificielle, rose, verte ou bleue, les photosérigraphies des *Accidents, Émeutes, Bombes atomiques, Chaises électriques*, etc., flirtent avec les *Marylin, Fleurs* ou *Vaches... dans* un monde où l'image ne renvoie plus qu'à l'image. « On n'imagine pas le nombre de personnes qui accrochent chez elles les sérigraphies des *Chaises électriques*, surtout si les coloris de la toile s'harmonisent avec celles des rideaux » commente Warhol en ventant une énième chaise rouge sur fond vert à Thomas Amman. À l'ère de la télévision, on ne va plus des images de la caverne aux Idées dont elles participent ni même de la ville à l'écran, mais de l'écran aux reflets de la ville. Le monde du *Mirror* n'est plus celui du *Soir*, ni celui de *129 Die in Jet* celui de *Guernica*. Le monde des *Songes et mensonges de Franco* peut prendre la forme des bandes dessinées du pop art, il demeure sérieux. Il est affaire de maîtres penseurs et d'idéologues qui s'affrontent en Ubus tragiques et pompeux. Le monde des sérigraphies des *Mao* rehaussés d'or est au contraire une plaisanterie manifestement kitsch; il est affaire d'imagologues qui badinent sur tout et rien.

C'est assurément l'exposition de la série: *Marteau et faucille* en janvier 1977 dans « la très branchée » galerie new-yorkaise de Léo Castelli qui illustre le mieux cet « effet-Warhol » qui change le monde l'air de rien. Si le vernissage rassemble l'ensemble des personnalités du monde de l'art, personne ne s'indigna alors même que toute la série de Warhol célèbre le plus fameux symbole du monde communiste, toujours diabolisé derrière son rideau de fer par les médias de l'Ouest libre. Comment la série de Warhol réussit-elle à transfigurer ces emblèmes idéologiques en images artistiques, *cool and fun*? On peut repérer quatre traits distinctifs:

1) Beaucoup d'éléments sont de grandes dimensions, à peu près de la taille des grands Mao réalisés quelques années auparavant, c'est-à-dire 6 pieds sur 7, comme pour transformer les grandes pancartes à la gloire du Grand Timonier ou des meilleurs travailleurs stakanovistes, exhibées sur les places rouges lors des fêtes du Travail ou de La Révolution, en ces panneaux publicitaires qui brillent sur les murs des villes des pays capitalistes et autrement démocratiques.

2) Dans plusieurs éléments, le marteau ne croise pas la faucille, comme c'est le cas dans le sigle communiste, où ils symbolisent l'union de travailleurs, qui peuvent se transformer en soldats à tout moment, si le paradis sans classe se trouve menacé par l'abominable homme du monde libéral. En séparant les deux outils/armes, fût-ce légèrement, parfois en figurant des ombres portées d'ampleur différente, la série de Warhol donne à voir la désintégration de l'idéal communiste.

3) On sait que Warhol a acheté le marteau et la faucille dans une quincaillerie new-yorkaise (*Cutrone* selon Bokris) et qu'il les a photographiés avant de les sérigraphier, de telle sorte qu'on peut nettement lire sur le manche des outils: « Champion n° 15 », imprimé au-

dessus du nom commercial : *True Temper*, écrit en italique. Le label commercial, indique, dans un rôle d'admoniteur, dont on soulignera avec Louis Marin l'opaque transparence ou, avec Bertand Rougé, la texture intertopique[14], et la transformation du sigle communiste en emblème de la libre entreprise capitaliste, et l'obsolescence d'une vision du monde qui s'entêterait à travailler/lutter avec des faucilles et des marteaux à l'ère des moissonneuses mécaniques et des chars.

4) Accrochés sur les murs de la galerie Castelli, comme de belles enseignes scintillant du rouge chaud à l'orange acidulé, les Faucilles et Marteaux de Warhol invitent le spectateur à passer, l'air de rien, du pas du défilé politique à la flânerie d'une expérience esthétique, remarquablement perverse dans son désintéressement kantien même, habile à opérer la réminiscence d'une promenade dans les gondoles de grands magasins. L'installation de l'artiste étalagiste, en effet, implique le visiteur dans une démarche (syn)esthétique, qui lui donne à comprendre, mieux que tous les grands essais de philosophie politique de l'époque, que le système théologico-politique qui a donné son sens à l'emblème communiste fait désormais partie d'une légende désuète.

Quelques mois plus tard, Léo Castelli expose la série de Warhol à la galerie Templon de Paris. Giovani Agnelli, le célèbre grand patron italien, achète la série des *Marteau et Faucille*. Capitaliste jusqu'au bout des ongles, il accroche la série sur les murs de son salon, comme le trophée esthétique d'un vieil ennemi vaincu. Un signe avant coureur ! Quant à Paulette Godard, elle demanda à Warhol de monter la faucille et le marteau en une broche sertie de diamants ; ce que l'esprit *Camp* du *Business Artist*, éloigné de tout militantisme revanchard, se garda bien de faire. Sérigraphier le devenir kitsch d'un monde de l'art pacifié suffit à son « gai savoir ».

Avec plus de dix ans d'avance, les natures mortes politiques et prophétiques des *Marteau et Faucille* de Warhol annoncent l'écroulement du mur de Berlin, la dissémination du bloc soviétique, l'Internationalisation d'un nouveau système économico-politique libéral, d'une nouvelle mythologie, faite de belles images publicitaires fortes à chanter les vertus, *cool and fun*, de l'*American Way of Life* et l'instauration d'un nouveau genre humain. Touristico-esthétique ! Dans son Manuel : *Ma philo de A à B*[15], Andy Warhol célèbre la sagesse démocratique, à la fois modeste et frivole, de l'*American Way of Life*, qui permet à tout un chacun, pour une somme modique, de boire un coca et manger un macdo absolument identiques à ceux que peut consommer le président des États-Unis, tout en regardant à la télévision le même match de football américain ou au cinéma les mêmes stars dans les mêmes films.

> Pour tout l'or du monde, vous ne pourrez pas avoir un coca meilleur que celui que le clodo boit au coin de la rue. Tous les cocas sont identiques et ils sont tous bons. [...] Ce qu'il y a de plus beau à New York, Stockholm, Paris, etc., c'est le McDonald; Pékin et Moscou n'ont rien encore de beau[16].

Tel est le diagnostic délivré, en mante phototélésérigraphieuse, par Warhol: *All is Pretty*, tout est joli, tout est image, et toute image, même celle des dollars, est un leurre mortel. Plus l'image est (dé)multipliée et plus elle perd ses amarres en s'évanouissant dans les airs. Les lèvres de Marilyn flottent dans le vide, « désamourées », comme le sourire du chat d'Alice. De ses baisers offerts à tous et à personne, elle meurt sans réponse comme tous ceux qui ont consommé ces boîtes de thon empoisonnées que Warhol étale à côté des *Soup Campbell's* ou des *Skulls*. Et ces *disasters* importent aussi peu dans le cours du monde que les dollars que le *Business Artist* jette dans L'East River « rien que pour les voir flotter » ou les objets qu'il collectionne au hasard d'une anesthésie néo-duchampienne. Tout se vaut et rien ne vaut, car « *All is Pretty* ». Et Warhol applique bien sûr ce raisonnement aux œuvres d'art en général et aux siennes en particulier en s'amusant à les mettre à la portée de tous par un processus mécanique de duplication ou de « *Do it yourself* » tout en les fétichisant en y laissant entr'apercevoir l'aura byzantine des stars: modèle ou artiste. Un bonus, bataillen pour le coup, qui donne à ses collectionneurs: Pinault, Abramovitch, Black, Al-Thani, Broad, Cohen, Cingillioglu, Tek, Koons, Murakami, Hirst..., un air dégagé sans pour autant les protéger ni des crises (de l'art[17]) ni de leur « avoir-à-mourir ». Rivalisant en *Vanités* hors de prix (si la réalisation du crâne serti de diamants de *For the love of God* a coûté à Hirst près de 20 millions de dollars, *Lullaby Spring*, une banale armoire à pharmacie présentant 6 136 pilules peintes à la main, s'est vendue pour 14,2 millions d'euros chez Sotheby's en 2007), les deux meilleurs *Business Artists* néo-warholiens: Koons et Hirst, délivrent le check-up du *Hanging Heart* de notre temps (l'une des cinq versions du cœur magenta et or de Koons s'est vendue 23,6 millions de dollars chez Sotheby's cette même année 2007). Il bat en alternant le cynisme mortifère et l'humour tragique[18]. Ces cinq dernières années, la cote du *Hanging Heart* et de *Lullaby Spring* a chuté du tiers de sa valeur. Va-t-elle rechuter ou bien remonter *For the love of God*? Les nouvelles lentilles nous le donneront à voir.

Bernard Lafargue
Professeur d'esthétique et d'histoire de l'art
à l'Université Michel de Montaigne, Bordeaux 3

**Notes**

1. Andy Warhol, *Ma philo de A à B,* Flammarion, 1975 p. 79.
2. C'est l'esprit de la belle exposition : « Luxe : mode d'emploi » réalisée par Nicolas Liucci-Goutnikov et Bernard Blistène dans une mise en scène d'Éric Madeleine à L'Espace de Retz (Paris) cet été 2012.
3. Cf. *Figures de l'art VII,* Artiste/Artisan (dir. B. Lafargue), Pup, 2004.
4. *Ibid.*
5. De 1949 à 1962, Warhol fut dessinateur publicitaire pour Vogue, Harper's Bazaar et Miller Shoes. En 1957, il reçut l'Art Directors' Club Medal, la plus prestigieuse récompense du dessin publicitaire.
6. Cf. L'article, pertinent et drôle, de Serge Guilbaut sur l'enrichissement des Abstraits américains dans les années 50 : « Le marketing de l'expressivité à New York au cours des années cinquante » in *Le commerce de l'art de la Renaissance à nous jours,* sous la direction de Laurence Bertrand Dorléac, éd. La Manufacture, 1992, p. 243-287.
7. Arthur Danto, dans un article superbe de brio : « La bouteille de coca-cola expressionniste abstraite » paru dans le Catalogue de l'exposition *Art et Publicité,* éd. du Centre G. Pompidou, 1991 et repris puis traduit in *Après la fin de l'art,* Seuil, 1996, p. 179-197, remarque très finement que la faucille et le marteau, qui portent clairement leur marque de fabrication gravée sur le manche, ne se croisent pas. Il en conclut très justement que cet emblème marxiste de la force unie des travailleurs est transfiguré en sigle publicitaire annonçant, en 1977, l'effondrement du bloc soviétique (1989) et la désintégration du prolétariat.
8. Sur le modèle de la *Factory,* comparé à celui de la Bohème ou de l'atelier de l'artiste maudit, cf. le très brillant article de Duve in *Cousus de fils d'or,* Art Édition, 1990, p. 27-50.
9. D'août à décembre 1962, la *Factory* tire 2000 toiles.
10. Lors de l'Exposition universelle de 1964, Warhol installa sur la façade du New York State Pavillon les portraits des *Thirteen Most Wanted men,* sérigraphiés à partir des photographies d'avis de recherche du FBI. Sous la pression du gouverneur Nelson Rockfeller, il les effaça en les recouvrant d'une peinture argentée.
11. La superbe exposition : *L'art du nu au XIX*[e] *siècle, le photographe et son modèle* réalisée par Sylvie Aubenas, Sylviane de Decker-Hefler, Catherine Mahon et Hélène Pinet à la Bibliothèque nationale de France François Mitterand (14 octobre 1997-18 janvier 1998) ne laisse aucun doute sur cette influence. Cf. aussi le remarquable article de Dominique de Font-Réaulx, « Courbet et la photographie » dans le Catalogue, Hazan, 1997, p. 84-91.
12. Comme le rappelle justement Duve, *op. cit.*, p. 42.
13. Selon l'interprétation heideggerienne de la volonté de puissance en tant qu'art in *Nietzsche,* t. 1, trad. fr. P. Klossowski, Gallimard, 1971, p. 11-199.
14. En herméneute marinien, Bertrand Rougé est celui qui a le mieux mis en évidence la nature ironique du mélange des médiums et des pratiques plastiques opérée par le pop art, même si, en héritier du formalisme kantien, il ne s'intéresse guère à la sémantique politique des œuvres de Warhol. Cf. « Pop Art américain, ironie et collage. Une poétique de la répétition », *Artstudio,* n° 23, 1991, p. 68-83 ; et « Le Pop Art et l'entr'acte : Une esthétique ironique », *Figures de l'art,* n° 3, éd. Spec, 1997-1998, p. 121-155.
15. Andy Warhol, *op.cit.*
16. Andy Warhol, *op.cit.*, p. 65.
17. Dans les années quatre-vingt, de nombreuses banques, notamment la Banque du Louvre, la BNP, l'Union Française de Gestion, la Citibank créent d'importants secteurs d'investissements en art.

18. Michel Houellebecq, dans *La Carte et le Territoire* (Flammarion, 2010), propose une interprétation un peu différente de ces deux figures majeures de l'art contemporain.

# La dévaluation esthétique

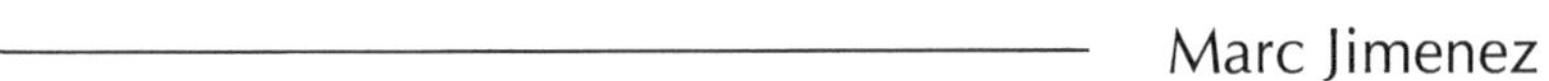

Marc Jimenez

En dépit de l'éclatement du système ancien des beaux-arts et de l'hétérogénéité actuelle des pratiques artistiques, notre époque supporte difficilement l'effondrement des valeurs traditionnelles. La nostalgie subsiste. On se plaît à penser que les notions de valeur et de qualité, plutôt malmenées l'une et l'autre en ces temps de mercantilisation agressive des sphères artistique et culturelle, pourraient encore servir de repères et permettre la formulation de jugements esthétiques plus assurés. Dans un ouvrage récent, *Faire voir, l'art à l'épreuve de ses médiations*[1], Nathalie Heinich montre de façon convaincante que l'intégration d'objets à prétention artistique dans le monde de l'art dépend essentiellement d'une série impressionnante de médiations : pairs, conservateurs, commissaires, critiques d'art, experts, historiens de l'art, galeristes, assureurs, transporteurs, commissaires priseurs, restaurateurs, encadreurs, thèses d'étudiants, photographes, etc., avant d'atteindre le public. De valeur ou de qualité esthétique, il n'est aucunement question ici. Faut-il considérer que chacune de ces « médiations », constitue, à sa manière, une instance implicite d'évaluation et de valorisation de l'œuvre ou de l'artiste en question ? On peut en douter. Médiation et médiatisation priment sur les qualités propres à l'œuvre, et le philosophe de l'art, contrairement au sociologue, est contraint de constater, non sans dépit, que la mode, les relations, la spéculation financière et les campagnes de pub sont des agents de valorisation et de reconnaissance beaucoup plus efficaces que les savantes critiques des esthéticiens. En somme, l'accréditation d'une œuvre et sa reconnaissance au sein du monde de l'art semblent reposer purement et simplement sur une série de procédures qui excluent d'emblée la question de la valeur artistique et esthétique. Pour appuyer sa démonstration, Nathalie Heinich choisit l'exemple des affiches lacérées de Jacques Villeglé, mais l'affaire va bien au-delà des affiches lacérées et du nouveau réalisme des années 1960. C'est tout l'art duchampien et post-duchampien qui est concerné, voire la quasi-totalité des productions inscrites sous le label « art contemporain », de Duchamp à Jeff Koons. Et la question revient inlassablement depuis *Fontaine* de savoir si l'impact réel du jeu des médiations dans lesquelles « l'œuvre » est, de fait, imbriquée ne disqualifie pas d'emblée la notion même de valeur et si tout discours au sujet de celle-ci est encore digne d'intérêt. Dès lors que l'artistique est soumis à la loi de l'exhibition – tel est le rôle des médiations – l'esthétique ne peut que se réfugier dans la subjectivité, et le fossé se creuse entre l'évaluation subjective, individuelle, personnelle – le jugement de goût – et ce qui émane précisément de la sphère médiatrice lorsqu'elle « promeut » une œuvre sans que soient déterminés de façon explicite les critères de cette « valorisation ».

Il est devenu banal de dire que le spectaculaire s'affirme chaque jour davantage comme le mode d'existence dominant des objets d'art et de culture dans l'Occident consumériste et exhibitionniste. Sorte de trou noir de la culture, le culturel absorbe et annihile tout ce qui relève de la distance, de la protestation, de la rébellion et de l'engagement. En revanche, l'inédit réside dans la mobilisation des affects et l'exploitation émotionnelle qui assurent la conservation et le renouvellement du grand showbiz artistique. L'exposition de Christian Boltanski *Personnes* au Grand Palais, à Paris (*Monumenta 2010*) est, à cet égard, exemplaire. Les critiques ont été unanimement dithyrambiques. Un concert de louanges a célébré la « démesure physique et dramatique de son travail », la sacralité du lieu transformé en cathédrale, le caractère liturgique de la manifestation, l'évocation du Jugement dernier, la psychostasie, l'iconographie de la Shoah et des camps de concentration et, comme il se doit, la mort. Pléthore d'affects donc, et inflation de sens possibles au détriment de la signification de l'œuvre !

Analysant les œuvres de certains artistes contemporains, dont celles précisément de Christian Boltanski, Catherine Grenier relève que l'émotion se substitue à la réflexion, abolissant la distance entre l'œuvre et le spectateur[2]. Le spectateur, devenu otage de l'émotion, deviendrait incapable d'exercer son jugement esthétique. Il est clair qu'un spectateur sourd et aveugle à la critique n'a assurément que faire de la valeur d'une œuvre. Le nouveau régime de l'art est peut-être celui dont bénéficie le « spectateur émancipé » dont parle Jacques Rancière mais il est aussi et surtout celui de la dévaluation sans précédent de l'art actuellement victime d'un paradoxal désintérêt esthétique. Rancière veut en finir à juste titre avec la représentation, avec la mimésis. Mais ce qui triomphe aujourd'hui sur l'avant-scène mondialisée de l'art, c'est précisément la similitude programmée et précisément institutionnalisée entre l'art et la vie, mimésis au premier degré, celle-là même qu'avait annoncée dans les années 90 l'esthétique relationnelle : mimésis dont on ne sait plus de quoi au juste elle est mimésis ! Mimésis chargée de pathos, d'émotions. Mieux qu'un « partage du sensible », ne vaudrait-il pas mieux un partage du sens, c'est-à-dire de la signification, de la compréhension ? Le passage du concept à l'affect, là où la forme de la connaissance sensible – esthétique – prédominante est celle de la connaissance pathétique, est très exactement ce qu'attend le système occidental actuel de gestion économique et politique des arts et de la culture. Émile Durkheim entendait par « anomie » la perte des valeurs morales, religieuses, civiques. S'il est politiquement et idéologiquement parfaitement défendable, l'axiome de l'égalité, de l'absence de hiérarchie, de partage du sensible prôné par Rancière peut fort bien correspondre à un régime d'anomie esthétique, c'est-à-dire à la suppression de toute instance évaluative ou, au mieux, à la confusion de toutes les valeurs, celle-là même qui mine aujourd'hui le monde de l'art. La déconnexion des différents régimes de valeurs – artistique, esthétique et marchande – est certainement l'une des conséquences les plus patentes de ce phénomène. Cette déconnexion entraîne à son tour des distorsions « axiologiques » que le fossé grandissant entre la culture des experts (le « monde de l'art ») et la culture profane (le « grand public ») rend de plus en plus perceptibles. Ces distorsions ont existé de tout temps mais elles étaient occultées dès lors que le régime unique imposé par le système des beaux-arts reposait sur des valeurs de référence considérées comme universelles et intangibles, elles-mêmes cautionnant des normes, critères, conventions, règles et canons. Si l'on retient la distinction de Jürgen Habermas, on peut émettre l'hypothèse que pour les experts, les trois régimes de valeur se confondent : la valeur marchande est fondée sur la valeur artistique et sur une évaluation esthétique, lesquelles justifient en retour la valeur marchande, valeur elle-même dépendante de la spéculation et du marché de l'art international. C'est vrai pour ceux que l'on considère comme les grands noms de l'art moderne (Giacometti, Picasso, Brancusi, etc.). C'est probablement moins vrai pour l'art contemporain : pour certaines œuvres de Damien Hirst, Jeff Koons, Lucian Freud où la valeur marchande et la « cote » se déterminent en relative indépendance par rapport à la valeur esthétique et artistique.

C'est probablement au sein de la culture profane, celle du « grand public », que les distorsions sont les plus fortes, notamment au sujet de l'art actuel. Si le *Puppy* de Koons a fait l'unanimité en sa faveur, ce public rechigne – le mot est faible - à « valoriser » esthétiquement, artistiquement et commercialement une des 90 boîtes « *Merda d'artista* » de Manzoni ou bien un étron de *Cloaca* (Wim Delvoye) ou bien encore ou le veau conservé dans le formol exposé à la Tate Gallery de Londres (Damien Hirst). En somme, le système ou le complexe de valorisation qui vaut pour le « petit monde de l'art », experts, spécialistes, initiés, ne vaut pas pour le grand public.

C'est au niveau de la réception « grand public » que le hiatus est le plus patent entre la valeur esthétique (définie ici comme ce qui est ressentie comme affect digne d'intérêt par le sujet), la valeur artistique (propriétés ou qualités inhérentes à l'objet) et la valeur marchande. Et c'est à destination de ce public élargi qu'on fait jouer le choc émotionnel contre la réflexion esthétique. L'émotion tend bien à se substituer à la réflexion. Dans un cas, l'œuvre d'art (Koons par exemple) est valorisée dans un premier temps selon les catégories de l'esthétique, par des experts dont l'autorité est reconnue. Cette valorisation est encore strictement qualitative. Dans un second temps, advient la valorisation économique, assise sur la première, qui transforme une estimation qualitative en prix, c'est-à-dire en valeur monétaire. Mais le public non spécialisé n'est absolument pas obligé de se rallier à cette estimation, c'est-à-dire à cette corrélation qui lui échappe entre valorisation esthétique et valorisation marchande.

La crise du système de l'art aboutit donc à une véritable dérégulation des critères d'évaluation et de jugement esthétiques. Les effets de cette dérégulation ne se font pas sentir à l'intérieur du petit « monde de l'art », celui des experts, des spécialistes, des connaisseurs qui retrouvent toujours leurs repères ou au besoin créent leurs propres codes. En revanche, cette dérégulation a des effets sur le public, les consommateurs de culture, qui se pressent dans les festivals, les biennales et les expositions. Cette crise est une aubaine pour ce que d'aucuns nomment le « business des biens culturels », pour ces formes commercialement très rentables de conditionnement, notamment lorsque l'émotion, la curiosité, le choc, le scandale interdisent la réflexion et le jugement critique. On se souvient peut-être des vives polémiques déclenchées par les expositions de Jeff Koons, Xavier Veilhan ou Takashi Murakami au Château de Versailles. Une grande partie de l'art contemporain, pris en charge par les médias ou par les institutions, joue d'ailleurs non seulement sur l'émotion mais sur les pulsions. Or, dans cet affrontement pulsions *versus* valeurs, ce sont les pulsions qui gagnent et les valeurs qui perdent. C'est en ce sens que je parle de « dévaluation esthétique » désignant ainsi la disqualification de la question de la valeur au bénéfice du régime pulsionnel des œuvres, porte ouverte à toutes les formes de manipulations politique et idéologique.

Marc Jimenez
Philosophe, professeur émérite à l'université Paris 1-Panthéon Sorbonne

## Notes

1. Nathalie Heinich, *Faire voir. L'art à l'épreuve de ses médiations*, Paris, Les Impressions nouvelles, 2009.
2. Catherine Grenier, *La revanche des émotions. Essai sur l'art contemporain*, Paris, Le Seuil, 2008.

# Sociologie et questions de société aux éditions L'Harmattan

## Dernières parutions

**PRÉCARITÉS ET MARGINALITÉS AU QUOTIDIEN**
*Verite Catherine, Texier Jean-Pierre*
Ces textes dévoilent des configurations sociales très variées, de nouvelles formes de précarité vécues au quotidien par les franges les plus fragiles de la population, que la période de crise que nous traversons actuellement exacerbe.
*(Coll. Dossiers Sciences Humaines et Sociales, 20.00 euros, 206 p.)*
*ISBN : 978-2-336-00921-6, ISBN EBOOK : 978-2-296-51572-7*

**HISTOIRE DE LA PLURIACTIVITÉ**
**Du polisseur de pierres au webmaster**
*Boudy Jean-François*
Ce livre retrace la longue histoire de la pluriactivité en France et révèle une réalité beaucoup plus complexe, faite d'un foisonnement de trajectoires. Il fait ainsi apparaître quelques grands types qui ont marqué notre passé, tels le journalier-propriétaire, le tisserand-manoeuvrier, l'artisan-colporteur ou encore l'ouvrier-paysan. Une partie est consacrée à la place méconnue que la pluriactivité a tenue dans les courants d'idées politiques, économiques et sociaux.
*(Coll. Logiques sociales, 24.00 euros, 228 p.)*
*ISBN : 978-2-336-00697-0, ISBN EBOOK : 978-2-296-51538-3*

**AUTOMÉDIATISATION (L') – Une autre forme de communication sociale**
*Amara Mohamed*
L'automédiatisation est une demande de communication sociale qui, grâce à l'usage de la vidéo, permet aux personnes filmées, de s'approprier leurs discours et leurs relations. L'ouvrage se centre sur l'utilisation de cette démarche dans les dispositifs d'insertion. Comment l'outil vidéo crée-t-il et renforce-t-il les liens entre les participants d'un groupe de parole, comment fait-il évoluer les capacités d'auto-analyse ?
*(28.50 euros, 274 p.)* *ISBN : 978-2-296-99780-6, ISBN EBOOK : 978-2-296-51660-1*

**HONNEURS ETHNIQUES ET FIDÉLITÉ**
**Des migrants aux diasporas africaines**
*Amougou Emmanuel*
Les populations immigrées, ou plus précisément les fractions des diasporas mobilisées sur le territoire hexagonal ou ailleurs, entretiennent les mêmes croyances aux appartenances - fictives ou réelles - à base ethnique. Celles-ci constituent un des ressorts essentiels des mobilisations et revendications collectives ou individuelles caractéristiques de ces populations. Ce sont les mécanismes et les pratiques liés à ces imaginaires, presque massivement partagés, que tente d'explorer cet ouvrage.
*(Coll. Pensée Africaine, 18.00 euros, 192 p.)*
*ISBN : 978-2-336-00707-6, ISBN EBOOK : 978-2-296-51646-5*

**CONCEPT DE CULTURE (LE )**
**Comprendre et maîtriser ses détournements et manipulations**
*Sous la direction de Fred Dervin*
Qui utilise la culture comme excuse, pour qui et pour quoi ? Comment la culture est-elle remise en question, négociée, transformée mais aussi manipulée ? Et quelles sont les conséquences pour les acteurs impliqués ? Le concept de culture aurait perdu ses pouvoirs explicatif et interprétatif. Ce concept polysémique et souvent vide de sens n'est-il pas récupéré de façon abusive par les décideurs et les chercheurs eux-mêmes ?
*(Coll. Logiques sociales, 20.00 euros, 200 p.)*
*ISBN : 978-2-336-00908-7, ISBN EBOOK : 978-2-296-51569-7*

**SOCIALISATION ET VIOLENCES**
**Violences de l'école, violences à l'école**
*Sy Harouna*
Les rapports de la société avec la violence sont ambigus : la violence est organisatrice de la société tout comme celle-ci est organisatrice de la violence. En révélant qu'au Sénégal chaque groupe social est spécifiquement porteur d'une violence à l'école, les données légitiment la déconstruction de la relation quasi bijective qu'un déterminisme a hâtivement établie entre les classes populaires et la violence comme faits d'apprenants habitant les quartiers et banlieues pauvres.
*(32.00 euros, 316 p.)* *ISBN : 978-2-296-99551-2, ISBN EBOOK : 978-2-296-51657-1*

**UNE ANTHROPOLOGIE DU TATOUAGE CONTEMPORAIN**
**Parcours de porteurs d'encres**
*Müller Elise*
Le tatouage connaît un vif succès dans notre société. Engagement à vie, il n'autorise guère de retour en arrière. Tour à tour, le tatouage se cache, se dévoile ou s'exhibe. Mais lorsqu'on le montre, que montre-t-on, et que démontre-t-on ? Ces pages le disent bien : c'est une partie de leur identité que les «porteurs d'encres» arborent à fleur de peau. Donnant la parole à tatoueurs et tatoués, cet ouvrage analyse finement cette pratique ancestrale longtemps marginale.
*(Coll. Des Hauts et Débats, 17.50 euros, 176 p.)*
*ISBN : 978-2-343-00043-5, ISBN EBOOK : 978-2-296-51669-4*

**MÉTHODOLOGIE DE LA RECHERCHE EN SCIENCES SOCIALES**
*Zagre Ambroise*
Ce manuel est destiné à présenter aux étudiants les principales caractéristiques attendues dans un rapport écrit et une soutenance orale de mémoire de maîtrise. Les informations qu'il contient sont à considérer comme des conseils pratiques destinés à faciliter la rédaction, la mise en forme et la lecture du mémoire ainsi que la clarté de l'exposé.
*(14.00 euros, 128 p.)*
*ISBN : 978-2-343-00104-3, ISBN EBOOK : 978-2-296-51712-7*

**EMPLOI, NE PAS RENONCER**
**Lafond Eric, Beley Vincent - Préface d'Hervé Sérieyx**
Sept millions de chômeurs, à peine 60% de la population active a un travail, telle est la réalité de l'emploi en France. Pourtant, la politique suit obstinément les mêmes méthodes depuis 40 ans. Concevoir la vie professionnelle de façon moins linéaire, définir un nouveau pacte intergénérationnel, simplifier notre fiscalité, faire naître une entreprise qui soit génératrice de richesse et acteur social, repenser l'école. Une nouvelle organisation économique et sociale est une obligation.
*(Coll. Questions contemporaines, 14.50 euros, 146 p.)*
*ISBN : 978-2-336-00824-0, ISBN EBOOK : 978-2-296-51409-6*

**AGROALIMENTAIRE ET RISQUES SANITAIRES**
**Retour sur un demi-siècle de défis et de progrès**
*Rosso Laurent*
A quoi devons-nous les crises sanitaires alimentaires des 20 dernières années ? Les risques sont-ils plus faibles aujourd'hui qu'hier ? Pourquoi l'expertise scientifique a-t-elle autant été mise à contribution et parfois critiquée ? L'intensification de la production alimentaire et de la distribution de masse s'est accompagnée de défis sanitaires totalement nouveaux. Ce livre retrace l'évolution de ces enjeux, les solutions mises en oeuvre et les pistes pour demain.
*(26.00 euros, 256 p.)* *ISBN : 978-2-336-29027-0, ISBN EBOOK : 978-2-296-51504-8*

**MOINS DE $CO_2$ POUR PAS TROP CHER**
**Propositions pour une politique de l'énergie**
*Prévot Henri*
La France peut devenir presque autonome en énergie et diviser par trois ses émissions de CO2. Pour cela, elle peut fonder sa transition énergétique sur deux ressources : les énergies renouvelables et l'énergie nucléaire. Un impôt CO2 d'un type nouveau et un mode de

financement original diminueront l'incertitude née de l'imprévisibilité du prix du pétrole et nous inciteront tous à faire des investissements utiles et peu onéreux.
*(Coll. Intelligence stratégique et géostratégie, 18.00 euros, 176 p.)*
*ISBN : 978-2-296-99759-2, ISBN EBOOK : 978-2-296-51495-9*

**FUKUSHIMA – Chronologie d'un désastre nucléaire annoncé**
*Haber Daniel, De Bonnefoy Raymond*
La catastrophe naturelle du 11 mars 2011 au Japon, qui fit des milliers de morts, fut également responsable d'un désastre nucléaire de répercussion mondiale. Quelles sont les causes principales de ce désastre ? Comment les événements se sont-ils réellement déroulés ? Comment a été gérée cette situation de crise ? Quelles sont les conséquences de cette tragédie et quelles sont les leçons à en tirer ?
*(15.00 euros, 192 p.)* *ISBN : 978-2-336-00654-3, ISBN EBOOK : 978-2-296-51408-9*

**C'EST BIENTÔT LA RENAISSANCE ?**
**Pour sortir de la crise écologique**
*Lerond Michel*
Michel Lerond publie depuis 5 ans sur son blog des chroniques hebdomadaires concernant l'actualité en environnement et développement soutenable. Les 100 premières avaient été publiées en 2010 sous le titre *Qu'est-ce qu'on attend ?* L'expérience est ici renouvelée avec des chroniques écrites entre 2010 et 2012. Elles sont classées par grandes thématiques : économie, sociétal, environnement, et gouvernance.
*(16.00 euros, 156 p.)* *ISBN : 978-2-336-29086-7, ISBN EBOOK : 978-2-296-51450-8*

**UNE SOCIOLOGIE ÉLECTORALE DES COMMUNAUTÉS PLURIETHNIQUES**
*Zamfira Andreea*
Quelle est l'influence du facteur ethnolinguistique sur le comportement électoral ? Afin de répondre à cette question, deux grandes pistes de recherche ont été suivies : d'une part, l'élaboration d'un tableau des comportements électoraux dans les communautés plurilinguistiques et, d'autre part, la construction d'un nouveau modèle d'analyse, capable de restituer la complexité du phénomène du vote dans les pays ayant connu une longue mixité culturelle.
*(Coll. Questions contemporaines, 25.00 euros, 250 p.)*
*ISBN : 978-2-336-00537-9, ISBN EBOOK : 978-2-296-51418-8*

**FASCINANT / FASCISANT**
**Une esthétique d'extrême droite**
*Chevarin Alain*
Qu'est-ce qui fait que des gens aussi différents en apparence que des «nationalistes révolutionnaires» adeptes de rock et de cérémonies païennes, des catholiques intégristes rêvant d'oriflammes et des vitraux de Chartres, des conservateurs férus de mélodies et de couchers de soleil peints, peuvent se trouver liés et alliés au sein des extrêmes droites dans leurs détestations en matière d'art ? Cet ouvrage aborde les principaux aspects des conceptions culturelles et artistiques des extrêmes droites françaises.
*(Coll. Questions contemporaines, 26.00 euros, 252 p.)*
*ISBN : 978-2-336-00531-7, ISBN EBOOK : 978-2-296-51524-6*

**REGIONAL MECHANISMS OF COLLECTIVE SECURITY**
**The new face of Chapter VIII of the UN Charter?**
*Douhan Alena F. - Preface by Fouad Nohra*
Today, nearly seven decades after the adoption of the UN Charter, voices are often heard claiming that the Charter's regime is obsolete and that greater autonomy is needed for regional organizations. This book focuses on the changes, factors and activities that have appeared in the sphere of regional organizations' operations during the last few decades, and tries to determine the face of collective security at the universal and regional levels.
*(Coll. Diplomacy and Strategy, 25.00 euros, 244 p.)*
*ISBN : 978-2-343-00082-4, ISBN EBOOK : 978-2-296-51526-0*

**BIEN-ÊTRE (LE)**

*Sous la direction de Florin Agnès, Préau Marie*

La notion de bien-être est multiforme. Elle peut être appréhendée comme une dimension du progrès social, être présentée comme un phénomène complexe, pluridimensionnel, qui recouvre aussi bien les conditions de vie matérielles, la santé, l'éducation, le travail, que la participation à la vie politique, les liens et les rapports sociaux, l'environnement, l'insécurité. Dès lors, comment mesurer le bien-être ? Quels éléments privilégier ?

*(Coll. Logiques sociales, 31.00 euros, 306 p.)*

*ISBN : 978-2-336-00844-8, ISBN EBOOK : 978-2-296-51441-6*

**AMOURS ET TOURISME**

*Origet du Cluzeau Claude - Préface d'Yves Michaud*

Le mariage de l'amour et du tourisme, voilà une évidence qui saute aux yeux et qui pourtant n'a jamais été sérieusement traitée : cela va de la drague occasionnelle au voyage de noces dûment programmé. Tour-opérateurs et professionnels de l'accueil des amants, responsables de destinations romantiques, animateurs de sites de rencontres numériques, qui se concrétisent invariablement dans un lieu touristique, observateurs des vacances gays, philosophes, chercheurs, consultants participent à l'exploration du tourisme à motivation amoureuse.

*(12.00 euros, 112 p.)* *ISBN : 978-2-336-00846-2, ISBN EBOOK : 978-2-296-51464-5*

**CÉLIBATAIRES (LES), DES FEMMES SINGULIÈRES**

**Le célibat féminin en France (XVIIe-XXIe siècle)**

*Guilpain Geneviève*

L'auteure présente quelques figures de femmes du XVIIe au XXe siècle et invite à écouter les propos étrangement familiers et résolument actuels que nous adressent quelques-unes de ces singulières. Ce livre se fait l'écho de récits alertes et d'analyses lucides du fonctionnement d'une société patriarcale qui surveille les aspirations et les comportements jugés hors normes.

*(Coll. Questions contemporaines, 26.00 euros, 246 p.)*

*ISBN : 978-2-336-00039-8, ISBN EBOOK : 978-2-296-51372-3*

**TROIS COMÉDIES DOCUMENTAIRES**

**Profanations - Pick up - Boulevard movie**

*Sanchez Lucia*

3 courts métrages. *Pick-up* (36 minutes, 2005). Une station balnéaire du sud de l'Espagne remplie de vacanciers du troisième âge. Un paradis terrestre d'une inquiétante étrangeté. *Profanations* (26 minutes, 2008). À 16 ans, je faisais partie d'une confrérie religieuse... Prix du Public au Festival de Créteil. *Boulevard movie* (12 minutes, 2012). Jean-Marc Barr arpente les trottoirs et interroge les passants : «un film de boulevard»...

*(20.00 euros)* *ISBN : 978-2-336-00782-3*

**DIAGNOSTIC ET ÉVALUATION**

**La boîte à outils du sociologue**

*Coordonné par Lung Fanny, Vendassi Pierre*

Quels sont les « outils » mis en place par les sociologues pour diagnostiquer et évaluer les pratiques sociales et politiques ? Des plus classiques, tels que le questionnaire et l'entretien semi-directif, aux plus originaux que sont l'analyse lexicométrique, l'analyse de réseau ou l'intervention sociologique, sans oublier la comparaison, la boîte à outils du sociologue présente une variété de ressources pour construire une vision et une compréhension du social propice à l'action.

*(Coll. Logiques sociales, 17.00 euros, 166 p.)*

*ISBN : 978-2-336-00201-9, ISBN EBOOK : 978-2-296-51265-8*

**L'HARMATTAN, ITALIA**
Via Degli Artisti 15; 10124 Torino

**L'HARMATTAN HONGRIE**
Könyvesbolt ; Kossuth L. u. 14-16
1053 Budapest

**ESPACE L'HARMATTAN KINSHASA**
Faculté des Sciences sociales,
politiques et administratives
BP243, KIN XI
Université de Kinshasa

**L'HARMATTAN CONGO**
67, av. E. P. Lumumba
Bât. – Congo Pharmacie (Bib. Nat.)
BP2874 Brazzaville
harmattan.congo@yahoo.fr

**L'HARMATTAN GUINÉE**
Almamya Rue KA 028, en face du restaurant Le Cèdre
OKB agency BP 3470 Conakry
(00224) 60 20 85 08
harmattanguinee@yahoo.fr

**L'HARMATTAN CAMEROUN**
BP 11486
Face à la SNI, immeuble Don Bosco
Yaoundé
(00237) 99 76 61 66
harmattancam@yahoo.fr

**L'HARMATTAN CÔTE D'IVOIRE**
Résidence Karl / cité des arts
Abidjan-Cocody 03 BP 1588 Abidjan 03
(00225) 05 77 87 31
etien_nda@yahoo.fr

**L'HARMATTAN MAURITANIE**
Espace El Kettab du livre francophone
N° 472 avenue du Palais des Congrès
BP 316 Nouakchott
(00222) 63 25 980

**L'HARMATTAN SÉNÉGAL**
« Villa Rose », rue de Diourbel X G, Point E
BP 45034 Dakar FANN
(00221) 33 825 98 58 / 77 242 25 08
senharmattan@gmail.com

**L'HARMATTAN TOGO**
1771, Bd du 13 janvier
BP 414 Lomé
Tél : 00 228 2201792
gerry@taama.net

629166 - Novembre 2015
Achevé d'imprimer par

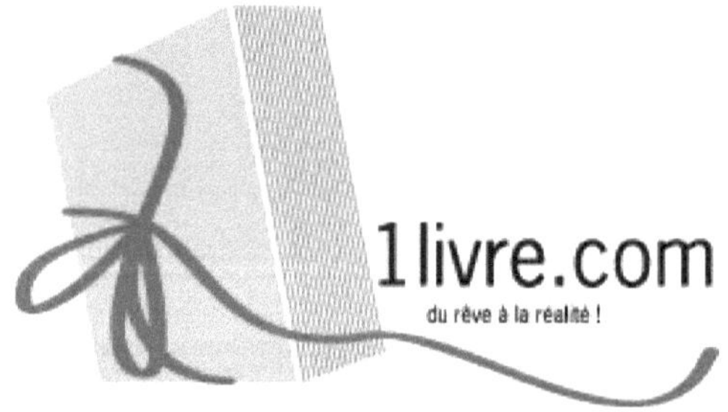